中国石油石化
安全生产与应急管理行业发展
蓝皮书
（2022—2023）

中 国 应 急 管 理 学 会
中国石油集团安全环保技术研究院有限公司 组织编写
中国应急管理学会石油石化安全与应急工作委员会

中国石化出版社

内 容 提 要

《中国石油石化安全生产与应急管理行业发展蓝皮书(2022—2023)》集成中国应急管理学会、中国石油安全环保技术研究院与中国石油、中国石化、中国海油、国家管网等集团公司的专家团队，对涉及石油石化安全应急领域需求和未来发展趋势的重大问题和行业问题进行深入分析，运用专业分析方法提出关于企业和行业发展未来需求等重大问题的分析观点。全书分为政策分析篇、行业动态篇、实践探索篇、技术发展篇、数据统计篇及附件六部分。

本书具有较强的权威性和时效性，对于理论研究者和实际工作者具有一定的参考价值。

图书在版编目(CIP)数据

中国石油石化安全生产与应急管理行业发展蓝皮书. 2022-2023 / 中国应急管理学会，中国石油集团安全环保技术研究院有限公司，中国应急管理学会石油石化安全与应急工作委员会组织编写. —北京：中国石化出版社，2023.5(2024.4重印)

ISBN 978-7-5114-7022-5

Ⅰ.①中… Ⅱ.①中… ②中… ③中… Ⅲ.①石油化工企业-安全生产-研究报告-中国-2022-2023 ②石油化工企业-安全管理-研究报告-中国-2022-2023 Ⅳ.①F426.22 ②TE687

中国国家版本馆 CIP 数据核字(2023)第 056044 号

中国石化出版社出版发行

地址:北京市东城区安定门外大街 58 号

邮编:100011　电话:(010)57512500

发行部电话:(010)57512575

http://www.sinopec-press.com

E-mail:press@sinopec.com

北京科信印刷有限公司印刷

全国各地新华书店经销

*

710×1000 毫米 16 开本 18 印张 315 千字

2023 年 5 月第 1 版　2024 年 4 月第 3 次印刷

定价:138.00 元

编写指导委员会

编 写 组

主　　编： 雍瑞生

执行主编： 储胜利

副 主 编： 王　驰　孙志刚　王　勇　郑文培　李荣军
栾国华　刘　义　张广文　林　辉　李　鑫

成　　员（以姓氏笔画为序）：

王文刚　王　宠　付　帅　毕逢东　刘伟明
汤　毅　孙　剑　杜　鹏　杨志强　李　华
李　佩　辛　琦　宋文娟　张金明　张宝森
陈　兵　陈　硕　周林华　赵成斌　赵秦峰
姜拥军　洪　涛　姚红星　袁才道　倪　银
栾　海　涂　翔　龚建华　常　浩　梁玉磊
董冠婴　曾　铮　蒲　刚　雷绿银　翟志刚

前言 PREFACE

党的二十大报告提出："坚持安全第一、预防为主，建立大安全大应急框架，完善公共安全体系，推动公共安全治理模式向事前预防转型。推进安全生产风险专项整治，加强重点行业、重点领域安全监管。"这一论述深刻体现了党中央对安全生产与应急管理工作的高度重视，既对安全生产与应急管理工作提出了更高的要求，也为安全生产与应急管理工作赋予了更广阔的发展天地，是做好安全生产与应急管理工作的根本遵循和行动指南。建立大安全大应急框架，要求我们站在总体国家安全观的高度来思考和谋划安全生产工作，牢固树立"人民至上、生命至上"理念，重点突出重大危险源、重大隐患的防控和治理，遏制重特大事故灾难，构建"事前预防预备预控、事发报警监测预警、事中应对处置救援、事后调查整改恢复"的全生命周期治理体系。

石油石化行业是关乎国计民生的战略性产业，在我国国民经济和社会发展中有着举足轻重的地位，发挥着不可替代的基础性保障作用，对国家的综合国力和人民生活水平有着直接的影响。随着国家对石油石化行业提出了更高的要求，各石油石化企业在发展过程中更加重视安全生产与应急管理体系建设，更加重视安全生产与应急处置技术创新发展，更加重视现代化、专业化应急救援队伍建设，更加重视企业与政府之间、企业与企业之间的协同应急机制建设，从而不断提升企业生产安全事故预防与应急处置救援能力。

2022年，中国应急管理学会与中国石油安全环保技术研究院联合中国石油、中国石化、中国海油国家管网等集团公司的专家团队，首次编撰发布了《中国石油石化安全生产与应急管理行业发展蓝皮书（2021—2022）》，为石油石化企业厘清安全生产与应急管理工作发展思路、启发各界对未来行业发展的思考提供了参考和依据。2023年，在总结经验的基础上，按照资料研阅、调研访谈、实践研究、交流总结的工作思路和步骤，编撰《中国石油石化安全生产与应急管理行业发展蓝皮书（2022—2023）》，通过政策分析、行业动态、实践探索、技术发展以及数据统计五个篇章，擘画石油石化行业安全生产与应急管理发展新蓝图，以期待在"大安全大应急框架"战略部署下为行业政策制定者提供决策参考依据，为石油石化企业创新发展安全生产与应急处置技术和装备、完善应急救援队伍建设等提供理论和实践依据，更希望有助于石油石化企业的持续、健康、稳定、高质量发展。

由于编者水平有限，疏漏之处在所难免，恳请读者批评指正。

编　者

2023年4月

目录 CONTENTS

政策分析篇

行业动态篇

实践探索篇

技术发展篇

数据统计篇

附件　2022年国家政策法规标准清单

政策分析篇

第一章　国家政策

2022 年，国家相继出台了部门规章和规范性文件共 62 项，其中部门规章 4 项，规范性文件 58 项，详见本书附件附表 1、附表 2。2022 年 1 月 1 日起开始实施的安全生产与应急有关标准 240 项，标准分类涉及 GB、SY、SH、AQ、GA 等多个领域，详见本书附件附表 3。

第二章　国家安全生产重要活动

一、全国安全生产培训工作视频会议

2022 年 1 月 25 日，全国安全生产培训工作视频会议在北京召开。会议以习近平新时代中国特色社会主义思想为指导，深入贯彻落实全国安全生产电视电话会议和全国应急管理工作会议精神，分析安全生产培训面临的突出问题，研究部署当前和今后一段时期安全生产培训工作重点任务。建议集团公司按要求对照落实相关工作，开展专项整治，严防“灯下黑”。

会议强调，要深刻认识安全生产培训工作的重要性，从建设高素质劳动大军的战略高度深刻把握安全生产培训工作的时代要求，从应急管理体系和能力建设的内在要求准确理解安全生产培训工作的根本要义，从防范化解重大安全风险的现实需要充分认识安全生产培训工作的重要作用。

会议指出，在应急管理部党委坚强领导下，经各级应急管理部门共同努力，安全生产培训工作在重点突破、开局起步中取得了阶段性成效，但也要清醒认识到当前安全生产培训工作存在的企业培训责任落实不到位，培训考试质量有待提升，培训秩序有待进一步规范，执法培训工作有待加强等问题和不足。

会议要求，各地区、各单位坚持目标导向、问题导向，要加强安全生产培训宏观指导、督促企业落实培训主体责任，要严格“三项岗位人员”考核、提升安全生产考试规范化水平，要依法整顿安全生产培训行业乱象、建立常态化监管工作机制，要加大对安全监管执法人员培训、强化执法队伍建设，以高质量安全生产培训服务高水平安全发展工作大局。

二、应急管理部调研中国石油和中国石化危险化学品安全风险集中治理工作

2022 年 3 月，应急管理部赴中国石油和中国石化集团总部调研，分别召开专题座谈会，推动中央企业深入学习贯彻习近平总书记关于安全生产的重要指示批示精神，扎实开展为期一年的危险化学品安全风险集中治理，为党的二十大胜利

召开营造良好的安全环境。

会议指出，2022 年下半年将召开党的二十大，是党和国家政治生活中的一件大事，中央企业承担着保障国家能源安全的重大使命，要把防范化解重大安全风险摆在突出重要位置，切实发挥石油石化行业国家队、排头兵作用，正确处理好发展与安全的关系，全力抓好集中治理工作落实，以实际行动和实际效果践行“两个维护”。

会议强调，要清醒认识我国石油石化行业面临的安全风险挑战，结合实际、聚焦重点突破攻坚。要紧盯重大危险源风险防控，扎实开展大型油气储存基地、高危细分领域、老旧装置、海洋石油等安全专项治理，落实“一企一策”整治提升措施。要发挥国有特大型企业集团优势，着力推进安全风险分级管控和隐患排查治理双重预防数字化转型，加快“工业互联网+危化安全生产”试点建设，持续提升安全风险数字化智能化管控水平。

会议要求，要加强集团层面统筹，建立领导干部工作职责清单和年度任务清单，健全完善工作机制，落实“最先一公里”责任，有力带动全系统开展好集中治理。要强化对下属企业的督促指导，加强全过程跟踪调度，及时发现和解决问题，确保各项任务按照时间节点推进完成。要坚持高标准严要求，勇于突破创新，加强央地联动，形成一批好的经验做法，为全国提供示范、创造经验，共同推动以高水平安全服务高质量发展。

三、国务院安委会制定十五条措施坚决防范遏制重特大事故

2022 年 4 月 1 日，全国安全生产电视电话会议在京召开，部署了进一步强化安全生产责任落实、坚决防范遏制重特大事故的十五条措施：

（1）严格落实地方党委安全生产责任。

（2）严格落实地方政府安全生产责任。

（3）严格落实部门安全监管责任。

（4）严肃追究领导责任和监管责任。

（5）企业主要负责人必须严格履行第一责任人责任。

（6）深入扎实开展全国安全生产大检查。

（7）牢牢守住项目审批安全红线。

（8）严厉查处违法分包转包和挂靠资质行为。

（9）切实加强劳务派遣和灵活用工人员安全管理。

（10）重拳出击开展“打非治违”。

（11）坚决整治执法检查宽松软问题。

（12）着力加强安全监管执法队伍建设。

（13）重奖激励安全生产隐患举报。

（14）严肃查处瞒报谎报迟报漏报事故行为。

（15）统筹做好经济发展、疫情防控和安全生产工作。

国务院安委会指出，十五条措施有5个突出特点：一是突出责任落实；二是突出督查检查；三是突出治理违法违规行为；四是突出源头治理；五是突出严格执法。其中，突出治理违法违规行为方面，国务院安委会要求，严格落实事故直报制度，生产安全事故隐瞒不报、谎报或者拖延不报的，对直接责任人和负有管理和领导责任的人员依规依纪依法从严追究责任。对初步认定的瞒报事故，一律由上级安委会挂牌督办，必要时提级调查。

自2022年4月中旬至6月底，国务院安委会组织16个综合检查组，对31个省(自治区、直辖市)和新疆生产建设兵团安全生产大检查情况进行综合督导，并同步开展国务院2021年度省级政府安全生产和消防工作考核巡查及国务院安委会成员单位安全生产工作考核，采用“线下”检查和“线上”督导检查形式，坚持明察暗访和媒体曝光相结合。10月，开展“回头看”检查，督促各地区、各有关部门和企业单位守牢安全生产底线红线。

十五条措施是近年来继《中共中央 国务院关于推进安全生产领域改革发展的意见》等中央重要文件和《全国安全生产专项整治三年行动计划》等重大部署之后，进一步推动和加强安全生产工作的又一重大综合性举措。

四、全国油气管道规划建设和保护工作会议

2022年4月21日，国家能源局组织召开全国油气管道规划建设和保护工作会议，推动油气“十四五”规划落地实施，加快管道基础设施建设，统筹做好管道保护工作。

会议强调，油气是现代能源体系的重要组成部分，事关国计民生。管道作为油气行业承上启下的关键一环，发挥着输送油气资源、连接供需两端的桥梁纽带作用。加快油气管道建设意义重大，是产业高质量发展的重要支撑，是保障能源安全的必然要求，是碳达峰碳中和工作的有机组成部分，是经济稳增长的有效助力。2022年是“十四五”规划落地实施的关键一年，各部门、地方和企业要深入学习贯彻习近平总书记关于“能源的饭碗必须端在自己手里”重要指示精神，提高政治站位，强化责任担当，扎实做好各项工作。

会议要求，进一步压实工作责任，强化规划落地实施，抓好重大工程建设，

确保供需高效衔接。各管道企业、地方管道保护主管部门要以管道保护法为遵循，坚决落实企业管道保护主体责任，坚决完成管道占压清理专项任务，坚决做好重大活动期间管道保护，推动管道保护工作再上新台阶。

五、应急管理部部署开展危险化学品重大危险源企业2022年第一次安全专项检查督导

2022年5月，应急管理部印发通知，部署开展危险化学品重大危险源企业2022年第一次安全专项检查督导工作。

本次专项检查督导是落实国务院安委会安全生产十五条措施、全国安全生产大检查和危险化学品安全风险集中治理部署的具体举措，是巩固近年危化监管和消防救援“消地协作”机制、完善构建重大危险源常态化管控体系的制度性安排。通过企业自查、市级检查、省级抽查、部级督导核查，全覆盖排查治理重大危险源安全风险隐患，坚决遏制重特大事故。

通知要求，要统筹好专项检查督导与服务经济发展、疫情防控大局的关系，根据疫情防控形势变化合理安排推进；鼓励企业自查自改，坚持检查与服务相结合，对未按要求自查自改的依法严肃查处；强化分类治理，突出对典型问题和重大隐患整改跟踪督办；运用危险化学品安全生产风险监测预警系统，实行专项检查结果线上录入、线上调度，进一步提升信息化智能化水平。

其间，应急管理部加强了对典型问题和重大隐患的曝光，强化警示教育，并结合国务院安委会安全生产综合督查和考核巡查等工作，对专项检查督导工作落实情况进行督促检查，确保工作取得实效。

六、全国自建房安全专项整治电视电话会议

2022年5月7日，国务院安委会召开电视电话会议，开展全国自建房安全专项整治。会议要求认真学习贯彻习近平总书记重要指示精神，按照李克强总理批示要求，深刻吸取湖南长沙居民自建房倒塌事故教训，开展全国自建房安全专项整治，严防重特大事故。建议集团公司及各企业制定整治方案，开展辖属酒店、员工宿舍等自建物业安全专项整治，消除自建房生产安全风险。

会议指出，从福建泉州“3·7”、山西襄汾“8·29”、江苏苏州“7·12”再到湖南长沙“4·29”自建房事故，近三年来发生4起建筑倒塌重特大事故，自建房领域已经形成了系统性的安全风险，存在大量建筑集中老化、建筑质量差、监管不到位等共性问题。会议要求，要坚持人民至上、生命至上，彻查湖南长沙居民

自建房倒塌事故原因，依法从严处理相关责任人。全力抓好专项整治，重点整治涉及公共安全的自建房。建立专项整治领导机制，严格落实地方各级党委政府属地责任，坚持行业管理部门既要管行业，也要管安全。要全面分类整治，逐户逐栋排查，“一栋一策”整改。严厉打击危及建筑安全的违法行为，严格落实安全责任。健全长效机制，强化设计施工队伍、房屋鉴定机构和从业人员监管。会议强调，要抓紧推进全国安全生产大检查，主动排查和消除各类安全隐患，强化城市火灾防治等工作，坚决扭转事故多发局面。坚持稳中求进、统筹全局，把各项工作做细做实。

七、全国危化品安全防范工作紧急视频会议

2022 年 6 月 21 日，应急管理部召开全国危化品安全防范工作紧急视频会议。会议指出，截至 6 月 18 日，全国上半年共发生化工事故 67 起、死亡 80 人，同比分别上升 21.8%和 12.7%。特别是 6 月份，10 天之内茂名石化、甘肃滨农科技和上海石化连续发生火灾爆炸，事故反弹势头明显。会议要求，要坚持问题导向，针对吸取事故教训有差距、屡屡重蹈覆辙，落实安全责任有差距、履职尽责不到位，整顿治理有差距、质量效果打折扣等短板问题，立足于从根本上消除隐患、解决问题，结合安全生产“十五条硬措施”落实落地，举一反三研判安全风险，一厂一策解决问题。

会议强调，各地区、各单位要立即行动起来，聚焦危化品重大安全风险防控，深入开展安全生产大检查，精准施策、主动出击，查漏补缺、全力攻坚。会议提出了 8 个“从严治理”：

一是从严治理产业转移安全风险把关不严的问题。

二是从严治理老旧装置风险隐患根除不了的问题。

三是从严治理特殊作业和检维修环节事故多发频发的问题。

四是从严治理化工园区和应急管理部门安全监管责任不落实的问题。

五是从严治理央企总部安全履职不力的问题。

六是从严治理集中治理不深不实的问题。

七是从严治理重大危险源安全风险防控硬伤的问题。

八是从严治理打击非法违法行为不彻底的问题。

八、全国燃气安全防范专题视频会议

2022 年 7 月 4 日，国务院安委办在京召开全国燃气安全防范专题视频会议。

根据国务院安委会部署要求，国务院安委办、应急管理部、住房城乡建设部、市场监管总局决定从即日起至10月底开展燃气安全“百日行动”。建议有关燃气经营企业对照会议重点检查问题和“五个坚决”执法要求，组织好燃气自检排查整治和入户安全检查工作。

此次行动由地方党委政府统一领导、安委会牵头组织，住建、市场、商务、公安、交通、消防等各有关部门集中开展统一行动。会议指出，要聚焦公共安全重点整治，紧盯公共场所进行全面排查，重点检查燃气管道占压、穿越密闭空间、擅自改造等问题；紧盯关键环节，严厉打击违规充装、居民区等人员密集场所的非法储存和“黑气瓶”“黑燃气”，重点打击燃气灶具、燃气报警器生产销售的“地下市场”等；紧盯突出问题，严厉查处燃气新建、改造等工程违规转包、违法分包和从业人员无证上岗、违规违章作业，燃气管网外部野蛮施工等问题。要理直气壮严格执法，此次行动严格做到“五个坚决”，即对使用燃气的餐饮场所未安装燃气泄漏报警器的，坚决依法处罚；对存在重大隐患、不符合安全条件的餐饮场所，坚决按规定停止使用燃气并落实安全防范措施；对不按要求加臭、违规供气的燃气企业，坚决依法严厉打击；对因燃气企业入户检查不认真而导致的事故，坚决严格倒追燃气企业相关责任；对燃气企业不符合市场准入条件且整改后仍不符合法定条件的，坚决依法清出燃气市场。要加强宣传教育和企业服务，开展常态化燃气安全宣传，发动街道、社区加强入户宣传和提醒，督促燃气使用单位对依规操作、安全用气作出承诺，行动期间组织燃气企业对餐饮等商业用户集中开展一次入户安全检查，开展燃气经营业务的中央企业和国有企业要带好头、做表率。

九、应急管理部赴天津调研重点石化企业安全生产工作

2022年7月，应急管理部工作组在天津调研危化品安全生产工作，实地察看了滨海新区天津诺力昂公司、壳牌石油储运公司、天津商储库、中国石油大港石化、中国石化天津石化和南港乙烯项目，以及南港工业区安全管理工作情况，并召开危化品企业和基层安全监管专题座谈会。

调研指出，党中央、国务院高度重视危化品安全生产工作，相继作出重要决策部署，各级领导干部要进一步强化抓落实、防风险的政治责任，压实企业主体责任，突出抓好重大危险源管控，组织开展企业自查、市级交叉检查、省级抽查和部级督导核查；突出抓好高危细分领域专家指导服务，硝化、氟化、硝酸铵、苯乙烯等，一个领域一个领域治理，一家企业一家企业筛查，找出短板企业分类

整治；突出抓好化工园区整治提升，争取年底前达到一般或较低风险等级，建成“优等生俱乐部”；突出抓好油气领域风险防控，落实好大型油气储存基地、油气长输管道专项治理工作要求。要立足“两个根本”，加快提升企业本质安全水平、人员素质水平、智能化管控水平，按期完成双重预防机制数字化建设目标任务，运用“工业互联网+危化安全生产”等先进手段，有效解决安全管理痛点问题。

十、国家防办、应急管理部会商部署防汛工作

2022 年 7 月 10 日，国家防汛抗旱总指挥部办公室、应急管理部组织防汛抗旱专题视频会商调度。针对防汛工作，会商指出，当前全国正处于主汛期，防汛工作不能有丝毫松懈，谨防局部旱涝急转。有关省份要严格落实以行政首长负责制为核心的防汛责任制，督促各级防汛包保责任人下沉一线，靠前指导，夯实基层防汛责任；强化监测预报预警，密切监视雨情汛情灾情发展变化，抓好薄弱环节防范，切实做好山洪地质灾害防范和水库淤地坝安全度汛等工作，坚决避免人员伤亡。要突出抓好人员转移避险，严格落实临灾预警“叫应”机制，坚决落实“三个紧急转移”，确保人民群众生命安全。辽宁省要重点做好辽河流域洪水防范应对工作，加强巡查防守，进一步加大农田和群众居住地排涝工作力度，细化排涝方案，落实抢排措施，努力减少农业损失，确保秋粮丰收。

“叫应”机制，是指各市县防指组织建立直达基层以及“最后一公里”群众的临灾暴雨预警的机制。当发布暴雨红色预警信号时，市（县）气象部门要通过电话报告同级三防指挥部指挥长，并第一时间通知受影响区域的基层三防行政责任人，可视情况扩大通知对象范围；基层责任人接到预警信息后，应第一时间采取应急措施，并按照值班信息报送规定及时反馈给上级三防办或应急管理部门，确保既要“叫醒”也要“回应”。

“三个紧急转移”，即：危险隐患点强降雨时紧急转移、隐患点发生异常险情时紧急转移、对隐患点险情不能准确判断时紧急转移，坚决避免犹豫不决、瞻前顾后、当机不断等情况发生。

十一、全国安全生产电视电话会议

2022 年 7 月 11 日，国务院安委会召开全国安全生产电视电话会议，中共中央政治局常委、国务院总理李克强作出重要批示。批示指出：安全生产须臾不可放松。今年以来一些地区和行业领域事故多发，教训十分深刻。各地区、各有关

部门和单位要以习近平新时代中国特色社会主义思想为指导，认真贯彻党中央、国务院决策部署，统筹发展和安全，树牢底线思维，层层压紧压实安全生产责任和措施，有效防范化解重大安全风险。要进一步强化安全监管执法，持续夯实安全生产基础，提升安全发展水平。扎实开展经营性自建房安全隐患和城镇燃气等安全风险整治，进一步强化交通运输、矿山、建筑施工、危化品、水上船舶、消防等重点行业领域专项治理，对敷衍塞责、治理不力的要严肃问责，坚决防范遏制重特大事故发生，切实保障人民群众生命财产安全。

会议强调，要清醒认识当前安全生产形势的严峻性、复杂性，强化底线思维，咬紧牙关，坚持不懈地抓好各项工作，千万不可掉以轻心，尤其要建立严格的责任制，主要负责同志要有“婆婆嘴”“天天叨”，不能放松。要紧紧围绕“防风险、保安全、迎二十大”这条主线，锚定遏制重特大事故这个目标，狠抓“五个落实”，全力维护安全生产形势持续稳定。一是强化安全责任制的落实，把防范化解重大安全风险作为重大的政治责任，切实增强“时时放心不下”的责任感。二是围绕防范重大风险抓落实，抓住主要矛盾和矛盾的主要方面，强化安全生产大检查和整治攻关。三是堵塞盲区漏洞抓落实，密切关注风险上升领域、社会管理方式变化带来的风险以及小、散、软单位，及时查缺补漏，不留死角。四是严格监管执法抓落实，严厉打击各类违法行为，加强风险预测，实行有奖举报并将违法行为曝光于众。五是强化担当作为抓落实，对涉及人民生命安全的重大风险立刻解决，对历史形成的难点问题、存量风险积极推动化解，同时加大监督检查力度，严肃追责问责，全力以赴为党的二十大胜利召开营造安全稳定环境。

十二、国务院安委办部署加强油气储存安全管理工作

2022 年 8 月，国务院安委会办公室印发通知，部署各地、各企业加强油气储存安全管理工作，开展油气储罐区专项隐患排查。

通知强调，石油储备、石油化工企业储存设施集中、储量大、危险性高，一旦发生事故，极易造成重大人员伤亡和重大社会影响。各地各有关部门和单位要提高政治站位，强化风险意识、底线思维，层层传导压力、压实责任，精准防范化解各类重大安全风险，坚决防止发生“灰犀牛”“黑天鹅”事件，为党的二十大胜利召开营造稳定的安全环境。

通知要求，有关企业要切实落实安全生产主体责任，加强隐患自查自改，针对当前暴雨、雷电天气多发的实际，组织开展专项隐患排查，确保油气储罐区防雷、防静电措施和消防设施落实配备到位。地方各级安委会要组织相关部门对本

地区危险化学品、矿山、冶金等重点行业领域的安全状况进行集中会商研判，开展检查督导，举一反三消除各类风险隐患。各级应急管理部门和消防救援机构要强化应急救援联动机制建设，充分做好石油化工火灾爆炸事故的各项灭火救援准备，确保救援人员生命安全。

十三、国务院安委办组织开展燃气安全“百日行动”明察暗访

2022 年 9 月 1 日起，国务院安委会办公室组织住房城乡建设部、市场监管总局等有关部门开展燃气安全“百日行动”明察暗访。检查重点围绕餐饮等公共场所用气安全，重点督导燃气使用单位自查、燃气企业入户安检、部门安全排查等“三项重点任务”落实情况，进一步把百日行动真正落实到燃气、餐饮企业等基层一线，扎实开展全面排查整改，督促燃气企业履行入户安检义务。按照“五个坚决”要求，对存在严重安全隐患、不具备经营和使用条件的餐饮场所采取有效管控措施，依法严格执法处罚，重拳打击燃气安全违法违规行为。此次明察暗访采取部委督导检查和省际交叉互检两种方式对重点省区进行督导，通过现场交流、突击检查、暗访暗查等方式方法开展检查，配备燃气专家，提高检查的科学性、精准性，及时曝光一批突出安全隐患。

十四、应急管理部调研检查海上平台安全风险专项治理和防台风工作

2022 年 9 月，应急管理部赴中国海油渤海油田调研检查海上平台安全风险专项治理和防台风工作，实地检查了曹妃甸作业公司 CEPJ 平台和海洋石油浮式生产储油装置安全生产情况，并在平台进行了座谈交流。调研检查组强调，要针对近期专项督查发现的问题隐患剖析深层次原因，找准症结所在，层层压实各级各部门安全生产主体责任。要对标对表，深入推进安全风险专项治理，对不符合自评要求的平台要及时“补课”，对不符合深度评估要求的平台要开展“回头看”，对不符合主结构安全评估要求的老龄化设施要进行评估过程“复核”，确保真实反映平台的安全状况，为采取针对性防控措施提供科学依据。要创新方式方法，根据海洋石油特点，进一步完善海洋石油安全风险监测预警系统，不断提高安全管理效能。要坚决防止经验主义、侥幸心理，扎实做好防台风各项工作措施落实。要立足现状、主动作为，多措并举增强海洋石油安全监管力量，强化精准执法力度，防控重大风险，坚决防范遏制海洋石油安全事故的发生。

十五、应急管理部部署开展危险化学品重大危险源企业 2022 年第二次安全专项检查督导工作

2022 年 9 月，应急管理部印发通知，部署开展危险化学品重大危险源企业 2022 年第二次安全专项检查督导工作。

本次专项检查督导将继续通过企业自查、市级交叉检查、省级抽查、部级督导核查四个层面推进，实现对全国近 7000 家危险化学品企业、2.2 万余个重大危险源全覆盖，深入排查治理安全风险隐患，坚决遏制重特大事故和有较大影响的事故。

通知要求，要结合疫情防控情况和工作实际，统筹安排好检查督导工作，实现重大危险源覆盖率、企业对标自查率、市级层面交叉检查覆盖率、隐患问题整改率四个 100%；进一步强化"消地协作"，落实联合监管各项机制，加强对重点地区和重点企业的指导，鼓励企业自查自改，对未按要求自查自改的依法严肃查处；深刻吸取典型事故教训，持续强化液化烃、液氯等安全风险防控，融合推进油气储存检查督导；用好危险化学品安全生产风险监测预警系统，完善隐患线上录入和整改闭环管理，巩固深化重大危险源安全风险防控长效机制。

十六、应急管理部召开全国风险监测和综合减灾工作会议

2022 年 9 月 7 日，全国风险监测和综合减灾工作会议在北京召开。会议指出，全国风险监测和综合减灾工作取得积极成效，灾害综合监测预警体系逐步健全，综合减灾统筹作用更加凸显，全国自然灾害综合风险普查顺利推进，自然灾害防治重点工程统筹实施，重点领域抗灾设防和综合减灾水平明显提升。会议强调，要加强灾害综合监测预警体系建设，健全完善灾害风险隐患报送体系，继续统筹推进自然灾害防治重点工程实施，高质量完成全国自然灾害综合风险普查，推动"十四五"国家综合防灾减灾规划主要任务和重大工程落实落地，完善综合减灾示范创建机制，强化监测减灾干部人才队伍支撑，强化灾害监测预警和会商研判，严格落实防灾减灾各项责任措施，实现监测减灾工作再上新台阶。

十七、国务院安委会召开全国安全生产电视电话会议

2022 年 9 月 23 日，国务院安全生产委员会召开全国安全生产电视电话会议，要求认真学习贯彻习近平总书记重要指示精神，按照李克强总理批示要求，全力以赴抓好各项安全责任措施落实，尽心尽责、担当作为，为党的二十大胜利召开

营造良好氛围。

会议强调“六个必须”：必须坚持人民至上、生命至上，统筹发展和安全，将安全生产要求贯穿到各项工作全过程，牢牢守住安全底线。必须严格落实责任，主要领导和分管领导加强统筹，各有关部门担起各自职责。必须深入排查风险，盯紧看牢矿山、危化、交通、建筑、消防、渔船、燃气等高危行业领域重大风险，重大隐患拉出单子、盯住整改，重大危险源落实包保责任。必须依法依规办事，督促各类企业严格落实安全生产法定职责，对重大隐患拒不整改、交通“三超一疲劳”、瞒报谎报事故等严重违法行为要依法严惩，发生事故的严肃追责。必须有力应急处置，制定完备的应急预案和防范措施，重点部位、重点单位24小时值守，出现突发情况及时报告、果断处置。必须高效做好统筹，把安全要求贯穿疫情防控各环节，切实支持经济社会发展大局。

十八、党的二十大报告推进国家安全体系和能力现代化

2022年10月16日，中国共产党第二十次全国代表大会开幕。习近平代表第十九届中央委员会向大会作了题为《高举中国特色社会主义伟大旗帜 为全面建设社会主义现代化国家而团结奋斗》的报告。

针对“推进国家安全体系和能力现代化，坚决维护国家安全和社会稳定”，报告指出，国家安全是民族复兴的根基，社会稳定是国家强盛的前提。必须坚定不移贯彻总体国家安全观，把维护国家安全贯穿党和国家工作各方面全过程，确保国家安全和社会稳定。要坚持以人民安全为宗旨、以政治安全为根本、以经济安全为基础、以军事科技文化社会安全为保障、以促进国际安全为依托，统筹外部安全和内部安全、国土安全和国民安全、传统安全和非传统安全、自身安全和共同安全，统筹维护和塑造国家安全，夯实国家安全和社会稳定基层基础，完善参与全球安全治理机制，建设更高水平的平安中国，以新安全格局保障新发展格局。要健全国家安全体系，完善高效权威的国家安全领导体制，完善国家安全法治体系、战略体系、政策体系、风险监测预警体系、国家应急管理体系，构建全域联动、立体高效的国家安全防护体系。增强维护国家安全能力，坚定维护国家政权安全、制度安全、意识形态安全，确保粮食、能源资源、重要产业链供应链安全，维护我国公民、法人在海外合法权益，筑牢国家安全人民防线。提高公共安全治理水平，坚持安全第一、预防为主，完善公共安全体系，提高防灾减灾救灾和急难险重突发公共事件处置保障能力，加强个人信息保护。完善社会治理体系，健全共建共治共享的社会治理制度，提升社会治理效能，畅通和规范群众诉

求表达、利益协调、权益保障通道，建设人人有责、人人尽责、人人享有的社会治理共同体。

十九、专家访谈《以新安全格局保障新发展格局》

2022 年 10 月 30 日，中央电视台《焦点访谈》栏目播出《以新安全格局保障新发展格局》节目。节目指出，党的二十大报告用专章对推进国家安全体系和能力现代化，坚决维护国家安全和社会稳定进行了全面部署，这在党的历次代表大会上是第一次，充分体现了以习近平同志为核心的党中央对国家安全工作的高度重视。

总体国家安全观是习近平新时代中国特色社会主义思想的重要组成部分，是新时代国家安全工作的根本遵循和行动指南。2014 年 4 月 15 日，习近平总书记在中央国家安全委员会第一次全体会议上，创造性地提出了总体国家安全观。党的十九大将总体国家安全观纳入了中国特色社会主义的基本方略。总体国家安全观在实践中不断丰富发展，现已涵盖政治、军事、国土、经济、文化、社会、科技、网络、生态等领域。党的二十大报告系统阐述了总体国家安全观的核心要义，其中包含“五大要素”：坚持以人民安全为宗旨、以政治安全为根本、以经济安全为基础、以军事科技文化社会安全为保障、以促进国际安全为依托，为安全工作提供了根本的遵循。

统筹发展和安全是中国取得一系列伟大成就的基本经验，而能否有力防范化解重大风险是顺利推进中国式现代化的关键。党的二十大报告首次提出要“以新安全格局保障新发展格局”。安全是发展的前提，发展是安全的保障，发展和安全犹如车之两轮，鸟之两翼。以新安全格局保障新发展格局，蕴含着统筹发展和安全的重要战略思想，构建新发展格局，必须牢牢守住安全发展这条底线，打造与之相适应的新安全格局，实现高质量发展和高水平安全的良性互动，把发展建立在更加安全、更为可靠的基础之上。党的二十大报告指出，加快构建新安全格局要从四个方面发力：健全国家安全体系，增强维护国家安全能力，提高公共安全治理水平，完善社会治理体系。

其中围绕提高公共安全治理水平，党的二十大报告指出，坚持安全第一、预防为主，建立大安全大应急框架，完善公共安全体系，推动公共安全治理模式向事前预防转型。应急管理部党委书记、部长王祥喜指出，提高公共安全治理水平，对于有力防范化解风险挑战，更好统筹发展和安全，为人民安居乐业，社会安定有序，国家长治久安，编织全方位、立体化的公共安全网，具有十分重要的意义。我国的许多城市和行业领域基础设施和设备老化，进入了风险集中的显露期，同时，新产业、新业态、新技术的快速发展，也带来了新的安全风险。要重点围绕完善体系，预防为主，专项整治，提升能力来抓好落实。要健全统一指挥，专常兼备，反应灵敏，上下联动的中国特色应急管理体系。推进预警和响应一体化机制建设，加强应急预案管理，强化基层应急管理，进一步压实地方领导干部安全生产的领导责任、部门的行业监管责任、企业的主体责任。同时要抓源头治理、工程治理，聚焦矿山、危化、消防等重点行业领域，加强安全监管，着力从根本上消除隐患，从根本上解决问题。

国家安全体系和能力现代化是中国式现代化的题中之义，更是推动中国式现代化行稳致远的重要保障。面对波谲云诡的国际形势、复杂敏感的周边环境、艰巨繁重的改革发展稳定任务，既要有防范风险的先手，也要有应对和化解风险挑战的高招；既要打好防范和抵御风险的有准备之战，也要打好化险为夷、转危为机的战略主动战。以发展促安全，以安全保发展，努力建久安之势，成长治之业。

二十、应急管理部与生态环境部签署建立突发生态环境事件应急联动工作机制协议

2022 年 11 月 4 日，应急管理部与生态环境部签署建立突发生态环境事件应急联动工作机制协议。应急管理部部长王祥喜和生态环境部部长黄润秋出席签约仪式。

王祥喜指出，应急管理部、生态环境部双方签署建立应急联动工作机制协议，是深入贯彻落实习近平生态文明思想和总体国家安全观的具体举措，对于建立大安全大应急框架，完善公共安全体系、现代环境治理体系，严密防控安全风险和环境风险，保障人民群众生命财产安全和生态环境安全具有重要意义。近年来，两部门通力协作，及时有效处置了危险化学品、尾矿库等领域一批突发环境事件，最大限度减少了损失危害。希望以协议签署为契机，推动各级应急管理部门和生态环境部门进一步加强联动、深化合作。强化联合处置，加强突发环境事件的会商研判和信息共享，统筹调配力量物资，确保第一时间联合应对处置；强化风险防范，充分发挥双方专业优势，加强法规标准、监管执法等方面的协同配合，坚决遏制各类安全事故和环境事件；强化务实合作，进一步拓展合作广度和深度，建立健全长效机制，实现合作共赢的更大成效。

黄润秋指出，双方签署建立突发生态环境事件应急联动工作机制协议的意义

重大，是深入贯彻落实党的二十大精神的具体举措，是新时代新征程上协同做好生态环境保护和应急管理工作的迫切需要。长期以来，两部门认真贯彻落实党中央、国务院决策部署，在推进蓝天、碧水、净土保卫战，危险废物专项整治、安全生产、防灾减灾救灾等方面开展了一系列深度合作，筑牢了生态环境安全屏障。下一步，将落实好协议内容，做好制度衔接，加强学习交流，推动优势互补和资源共享，进一步形成保护生态环境和应急管理合力，为建设人与自然和谐共生的美丽中国、全面建设社会主义现代化国家、全面推进中华民族伟大复兴作出新的更大贡献。

根据协议，双方将在联合监管执法、情况通报、信息共享、处置联动、协商交流、能力建设、宣传推广、联合研究等方面加强合作，协同推进突发生态环境事件防范与应对工作。

二十一、国务院安委会部署开展岁末年初安全生产重大隐患专项整治和督导检查

2022 年 12 月 7 日，为认真贯彻落实习近平总书记关于安全生产重要指示精神，坚决防范和遏制重特大事故发生，国务院安委会决定自即日起至明年 3 月在全国范围开展岁末年初安全生产重大隐患专项整治和督导检查。

此次专项整治和督导检查，要求各省级政府结合本地实际和各重点行业领域重大安全隐患判定标准，部署开展重大隐患专项整治。消防方面重点整治劳动密集型企业、高层建筑、大型商业综合体、仓储物流等重大隐患，建筑施工方面重点整治工程转包、违法分包、不按方案施工以及盲目抢工期赶进度等重大隐患，燃气方面重点整治液化石油气供应企业以及餐饮经营场所、农贸市场等人员密集场所重大隐患，道路交通方面重点整治“两客一危一货”“三超一疲劳”非法营运、货车和农用车违法载人等重大隐患，水上交通和渔业船舶方面重点整治商渔船碰撞、“四类重点船舶”、超 10 人作业渔船等重大隐患，矿山方面重点整治盗采资源、超能力生产、超层越界、煤矿采掘接续紧张、非煤矿山不按设计施工等重大隐患，危险化学品方面重点整治重大危险源、非法违法“小化工”、精细化工等重大隐患，工贸方面重点整治冶金、粉尘涉爆、铝加工(深井铸造)、有限空间作业等重大隐患，以及其他重点行业领域重大隐患。

国务院安委会要求有关成员单位开展专项督导检查，按照“管行业必须管安全”要求，指导服务地方因地制宜确定本行业领域的重大隐患和整治标准，制定本部门专项检查方案，因时制宜、因疫制宜开展多种形式专项督导。国务院安委

会加强对各地、各有关部门督促指导，派出工作组对工作情况开展重点抽查检查。

国务院安委会要求，要高度重视岁末年初安全生产重大隐患专项整治和督导检查工作，统筹好安全生产督导检查与服务经济发展、疫情防控大局的关系，科学合理研究制定方案，在全国通用标准基础上，明确本地重点，确保查大问题、除大隐患、防大事故。充分运用座谈交流、视频汇报、“四不两直”明察暗访、受理举报等方式，组织专业力量深入基层严督细查，加强重大隐患标准阐释服务，提高督导检查质效，确保问题隐患整改到位。同时，不得随意下达一律停工停产指令，坚决避免简单化、“一刀切”。

第三章　国家政策法规标准要点分析

一、国家法律规章解读

（一）《特种设备事故报告和调查处理规定》

2022年1月7日，国家市场监督管理总局发布《特种设备事故报告和调查处理规定》（国家市场监督管理总局令第50号），于3月1日起施行。

该规定所称特种设备事故，是指列入特种设备目录的特种设备因其本体原因及其安全装置或者附件损坏、失效，或者特种设备相关人员违反特种设备法律法规规章、安全技术规范造成的事故。根据规定，特种设备发生事故后，事故现场有关人员应当立即向事故发生单位负责人报告；事故发生单位的负责人接到报告后，应当于1小时内向事故发生地的县级以上市场监督管理部门和有关部门报告。

对于跨区域发生、事故调查处理情形复杂、舆论关注和群众反响强烈的特种设备事故等情况，上级市场监督管理部门可以对事故调查进行督办，必要时可以直接进行调查。事故调查组有权向有关单位和个人了解与事故有关的情况，并要求其提供相关文件、资料。有关单位和个人不得拒绝，并对所提供情况和文件、资料的真实性负责。

事故发生单位的负责人和有关人员在事故调查期间不得擅离职守，并应当随时接受事故调查组的询问。事故调查处理情况由组织调查的市场监督管理部门按照《中华人民共和国政府信息公开条例》的有关规定，依法向社会公开。

（二）《道路运输车辆动态监督管理办法》

2022年2月14日，交通运输部、公安部、应急管理部颁布《关于修改〈道路运输车辆动态监督管理办法〉的决定》（交通运输部、公安部、应急管理部令2022年第10号），自公布之日起施行。

根据国办有关通知要求，结合交通运输执法领域突出问题专项整治行动工作需要，交通运输部于2021年组织开展了“与行政处罚法不相符清理”和“不合理罚款规定清理”工作。根据清理结果，对《道路运输车辆动态监督管理办法》进行相应修改。

（1）适当降低罚款额度，明确处罚对象

为切实保障货车司机等交通运输从业人员合法权益，进一步优化道路运输营商环境，一是适当降低有关道路运输经营者、监控平台等违规行为的罚款额度，进一步减轻行业企业和从业人员负担；二是删除了在实践中因违法行为较难界定，执法矛盾较多的条款；三是对于处罚对象不够明晰的条款予以明确。（第三十五、三十六、三十七条）

（2）删除标准符合性技术审查相关内容

为贯彻落实国务院“放管服”改革要求，进一步优化道路运输营商环境，2019年12月，交通运输部印发了《关于贯彻落实习近平总书记重要指示批示精神　切实加强道路运输安全监管工作的通知》（交办运〔2019〕101号），决定废止标准符合性技术审查制度。为落实上述改革要求，此次修订相应删除了《办法》中有关标准符合性技术审查的内容。

（三）《特种设备安全监督检查办法》

2022年5月26日，市场监管总局制定颁布《特种设备安全监督检查办法》（国家市场监督管理总局令第57号），自7月1日起施行。建议集团公司所属企业根据4类检查检视自身特种设备管理情况，强化隐患自查整改。建议集团公司针对项目各环节审查流程和审查要点进行深入研读对照，依法合规做好各环节报审工作。

《办法》规定了特种设备安全监督检查的4类方法。一是采用“双随机、一公开”方式实施常规监督检查，随机抽取被检查单位和特种设备安全监督检查人员，并定期公布监督检查结果。常规监督检查重点单位包括：近两年使用的特种设备发生过事故并对事故负有责任的；涉及特种设备安全的投诉举报较多，且经调查属实的等。二是在特定时间内对特定区域、领域的特种设备生产、经营、使用单位和检验、检测机构实施专项监督检查。三是对市场监督管理部门许可的特种设备生产、充装单位和检验、检测机构是否持续保持许可条件、依法从事许可活动实施证后监督检查。证后监督检查重点单位包括：上一年度自我声明承诺换证的；上一年度生产、充装、检验、检测的特种设备发生过事故并对事故负有责任，或者因特种设备生产、充装、检验、检测问题被行政处罚的；上一年度因产品缺陷未履行主动召回义务被责令召回的；涉及特种设备安全的投诉举报较多，且经调查属实的等。同一年度，对同一单位已经进行证后监督检查的不再进行常规监督检查。四是对其他部门移送、上级交办、投诉、举报等途径和检验、检测、监测等方式发现的特种设备安全违法行为或者事故隐患线索，根据需要可以对特种设备生产、经营、使用单位和检验、检测机构实施监督检查。

（四）《应急管理行政执法人员依法履职管理规定》

2022年10月13日，应急管理部印发《应急管理行政执法人员依法履职管理规定》（应急管理部令第9号），于2022年12月1日起施行。

（1）制定的背景及必要性

《中共中央 国务院关于推进安全生产领域改革发展的意见》要求制定各有关部门安全生产权力和责任清单，尽职照单免责、失职照单问责；建立安全生产监管执法人员依法履行法定职责制度，激励保证监管执法人员忠于职守、履职尽责。2018年5月，中共中央办公厅印发的《关于进一步激励广大干部新时代新担当新作为的意见》对激励监管执法人员勇于执法、担当作为提出了明确要求。2019年1月，《国务院关于在市场监管领域全面推行部门联合"双随机、一公开"监管的意见》明确各地区、各有关部门可以根据实际，细化追责免责相关办法，既严格问责追责，又有效保护基层执法检查人员担当作为、干事创业的积极性。2019年9月，《国务院关于加强和规范事中事后监管的指导意见》要求明确履职标准和评判界限。

应急管理行政执法涉及面广、任务艰巨、责任重大。近年来各地各有关部门深入贯彻落实党中央、国务院决策部署，积极推进应急管理综合行政执法改革，不断加大行政执法力度，取得了积极成效。但是应急管理行政执法人员依法履职、尽职免责规定还不够明确，有必要以应急管理部名义出台《规定》，全面贯彻落实行政执法责任制和问责制，监督和保障应急管理行政执法人员依法履职尽责，激励新时代新担当新作为。

（2）主要内容

《规定》从监督、保障两个方面，对应急管理行政执法人员履职尽责作出规定，坚持约束与激励并重，强调有错必纠、容纠并举，尽职免责、失职问责，《规定》共21条，主要内容如下：

适用范围。各级应急管理部门监督和保障应急管理行政执法人员依法履职尽责，适用本《规定》。应急管理行政执法人员是指应急管理部门履行行政检查、行政强制、行政处罚、行政许可等行政执法职责的人员。应急管理系统矿山安全监察机构、地震工作机构、消防救援机构有关行政执法人员，按照本《规定》的相关规定执行。根据依法授权或者委托履行应急管理行政执法职责的乡镇政府、街道办事处以及开发区等组织，监督和保障有关行政执法人员依法履职尽责的，可以参照本《规定》执行。

基本原则和履职标准。监督和保障应急管理行政执法人员依法履职尽责，应当坚持党的领导，遵循职权法定、权责一致、过罚相当、约束与激励并重、惩戒与教育相结合的原则，做到尽职免责、失职问责。从履职标准上，《规定》从两个方面作出规定。一是对应急管理部门，提出了三项要求：编制本部门权责清单、分解落实执法职责；按照年度计划和工作部署组织开展监督检查、专项治理、依法查处违法行为和举报的事故隐患等，确保对辖区内安全监管重点企业按明确的时间周期固定开展“全覆盖”执法检查，及时组织查处严重违法行为、消除重大事故隐患；制定行政许可等事项的办事指南和运行流程图。二是对执法人员，要求其根据本部门的安排或者当事人的申请，在法定权限范围内依照法定程序履行行政执法职责，做到严格规范公正文明执法。

严格责任追究。一是在追责情形上，根据有关法律法规梳理了共 18 项具体追责情形，5 种从重追责情形、5 种从轻减轻追责情形。二是在责任追究程序和方式上，明确应当依照《行政机关公务员处分条例》等规定进行调查处理。三是对行政执法责任追究与纪检监察责任追究作出衔接性规定，确保行纪衔接贯通，责任追究到位。

明确尽职免责。参照建立容错纠错机制激励干部担当作为的相关规定，结合应急管理工作实际，《规定》明确了 12 项尽职免责的情形，包括行政执法中的 11 项情形，以及行政执法改革创新中因缺乏经验、先行先试出现失误的情形，并严格限定了免责的适用条件，鼓励和保障应急管理行政执法人员积极担当作为。

保障依法履职。《规定》对行政执法人员依法履职受法律保护予以强调重申，对领导干部违规干预执法活动记录作出规定，强化行政执法人员名誉权和人身安全保护，同时还明确应当做好行政执法考核评议工作，对行政执法中做出突出贡献的行政执法人员按规定给予表彰奖励。

（五）《危险化学品企业安全风险智能化管控平台建设指南（试行）》

2022 年 2 月 9 日，应急管理部印发《危险化学品企业安全风险智能化管控平台建设指南（试行）》，以指导危险化学品企业建平台、用平台，运用信息数字等先进技术手段强化安全风险防控能力，推动危险化学品安全风险管控数字化转型、智能化升级。

危险化学品企业安全风险智能化管控平台将突出安全基础管理、重大危险源安全管理、安全风险分级管控和隐患排查治理双重预防机制、特殊作业许可与作业过程管理、智能巡检、人员定位等基本功能模块建设，以推动企业安全基础管理数字化、风险预警精准化、风险管控系统化、危险作业无人化、运维辅助远程化。

应急管理部要求，已经认定公布涉及重大危险源的取得危险化学品安全生产、使用许可证的企业应参照指南，全面开展平台建设。其他有关企业要结合实际，建设相关功能，提升安全风险防控能力。同时。应急管理部鼓励有条件的危险化学品企业在完成指南中要求的平台基本功能与基本内容基础上，拓展建设功能模块，提升应用水平。

（六）《危险化学品生产使用企业老旧装置安全风险评估指南（试行）》

2022 年 2 月 23 日，应急管理部印发《危险化学品生产使用企业老旧装置安全风险评估指南（试行）》，旨在认真落实全国危险化学品安全风险集中治理方案部署，指导各地区、各有关企业全面排查并精准评估老旧装置安全风险，有效管控老旧装置安全风险，不断提高本质安全水平。按照全国危险化学品安全风险集中治理工作安排，近日，国务院安委办印发专项方案并组织视频宣贯培训，全面启动为期一年的危险化学品生产使用企业老旧装置安全风险防控专项整治。

随着我国化学工业的快速发展，部分早期建设的化工装置已运行较长年限，设备疲劳、管道老化、系统故障率上升等问题逐步显现，稳定性可靠性降低、安全风险增大，近年来已引发多起事故。开展老旧装置安全风险防控专项整治，是全面排查、精准管控化工行业发展进程中积累风险的重要举措，是统筹好发展和安全、坚决遏制重特大事故的必然要求。

专项整治聚焦涉及重大危险源、高危工艺、毒性气体和爆炸品的装置，从基础管理、设备与管道安全、工艺安全、仪表控制系统安全等四个方面，全面评估老旧装置安全风险等级，建立线上台账；区分高、较高、一般和较低四类风险，开展“一装置一策”分类整治，推动不符合安全条件的老旧装置依法淘汰、改造提升和常态化严格管控。

专项整治分为企业对标自评、省级层面和中央企业总部深度评估、分类整治及执法检查四个阶段推进，国务院安委办建立月调度通报机制，强化跟踪督办，适时组织督导核查，曝光突出问题和典型违法违规行为，确保工作取得实效。

根据以上部署，企业需全面组织排查评估老旧装置安全风险，确定安全风险等级，实施分类整治。经评估，老旧装置工艺或设备列入国家相关淘汰目录以及存在其他无法整改的重大风险隐患的，依法依规淘汰退出；评估为高安全风险的，立即完善安全、设备和工艺管理措施，改造自动化控制、监测监控设施，达不到安全生产条件的责令停产整顿；评估为较高安全风险的，限期落实必要安全管控措施；评估为一般安全风险的，落实常态化管控措施，结合检维修计划进行整改。通过这些办法，实现“淘汰退出一批、改造提升一批、常态化严格管控一批”的目标。

（七）《危险化学品生产建设项目安全风险防控指南（试行）》

2022年6月22日，应急管理部、国家发展改革委、工业和信息化部、市场监管总局联合印发《危险化学品生产建设项目安全风险防控指南（试行）》。全文包括总则、基本要求、项目安全准入风险防控、项目安全条件审查风险防控、安全设施设计审查风险防控等十章内容。

《指南》要求，各地应制定新建危险化学品生产建设项目安全准入条件，从产业规划、国家政策、地方要求、项目投资、工艺技术、反应风险评估、自动化控制程度等方面提出项目准入规定，解决“怎么选择项目、什么项目能落地”的问题。

《指南》提出，要认真落实中办、国办《关于全面加强危险化学品安全生产工作的意见》要求，对拟建项目在立项过程中进行决策咨询服务，包括园区预审、市级审核和省级专家评审等环节，由发展改革、工业和信息化、生态环境、自然资源、应急管理等部门共同参与，解决“谁来审”的问题，构建危险化学品生产建设项目安全风险防控长效机制。此外，还提出了危险化学品生产建设项目决策咨询服务、安全审查、安全设施建设、试生产、安全设施竣工验收等全过程的主要风险、审查要求和安全风险防控要点，解决“怎么审、审什么”的问题。

《指南》要求，各地要严把危险化学品生产建设项目审批安全关，不得“边审批、边设计、边施工”，不达安全标准的不能上马和开工，牢牢守住项目审批安全红线，扎实做好重大安全风险防范化解工作。

（八）《安全生产预防和应急救援能力建设补助资金管理办法》

2022年9月2日，财政部、应急管理部、国家矿山安全监察局联合印发《安全生产预防和应急救援能力建设补助资金管理办法》。

《办法》指出，安全生产预防和应急救援能力建设补助资金，是指中央财政通过一般公共预算安排的用于支持地方政府和相关生产经营单位落实安全生产责任，提高安全生产基础能力和监管水平，加大安全生产预防和应急救援能力建设投入的共同财政事权转移支付。安全生产补助资金政策实施期限到2026年。

《办法》明确，补助资金重点支持范围包括安全生产应急救援力量建设；危险化学品重大安全风险防控；尾矿库风险隐患治理、煤矿及重点非煤矿山重大灾害风险防控；党中央、国务院确定的其他促进安全生产工作。

《办法》强调，安全生产补助资金不得用于人员日常工资、奖金和福利等支出，不得用于修建楼堂馆所及住宅、弥补生产经营单位亏损和偿还债务等支出。

《办法》按照全过程预算绩效管理有关要求，对新增重大项目开展事前绩效评估，严格绩效目标管理，做好绩效运行监控，强化绩效评价，加强绩效结果应用。对危险化学品重大安全风险防控、尾矿库风险隐患治理等支出的支持重点和中央财政分档补助办法，分别进行了明确。根据地域分档，四川、陕西、甘肃、新疆等 12 省(区、市)划为第一档，危险化学品重大安全风险防控支出的中央财政补助最高不超过 80%，单个项目补助金额最高不超过 2400 万元。不符合法律、行政法规等有关规定，政策到期，相关目标已经实现或实施成效差、绩效低的事项，以及已从中央基建投资等其他渠道获得中央财政资金支持的项目，不得申请安全生产补助资金支持。

针对安全生产应急救援力量建设和危险化学品重大安全风险防控支出，每年 10 月底前，应急管理部会同财政部发布下一年度项目申报工作指南，明确工作要求。每年 12 月底前，省级应急、财政部门按项目申报工作指南，将审核后的项目实施方案报应急管理部、财政部。每年 3 月底前，应急管理部、财政部组织项目遴选，确定补助项目。

二、重要文件解读

(一)《“十四五”国家应急体系规划》

2022 年 2 月 14 日，国务院印发《“十四五”国家应急体系规划》，对“十四五”时期安全生产、防灾减灾救灾等工作进行全面部署。

《规划》指出，坚持党的领导、以人为本、预防为主、依法治理、精准治理、社会共治。到 2025 年，应急管理体系和能力现代化建设取得重大进展，形成统一指挥、专常兼备、反应灵敏、上下联动的中国特色应急管理体制，建成统一领导、权责一致、权威高效的国家应急能力体系，防范化解重大安全风险体制机制不断健全，应急救援力量建设全面加强，应急管理法治水平、科技信息化水平和综合保障能力大幅提升，安全生产、综合防灾减灾形势趋稳向好，自然灾害防御水平明显提升，全社会防范和应对处置灾害事故能力显著增强。到 2035 年，建立与基本实现现代化相适应的中国特色大国应急体系，全面实现依法应急、科学应急、智慧应急，形成共建共治共享的应急管理新格局。

《规划》明确了七类“十四五”时期量化约束性指标，包括生产安全事故死亡人数下降 15%、重特大生产安全事故起数下降 20%、单位国内生产总值生产安全事故死亡率下降33%、工矿商贸就业人员十万人生产安全事故死亡率下降20%等。明确了安全生产治本攻坚十大重点。其中，危险化学品方面，要重点关注化工园区本质安全整治提升、企业分类治理整顿、重大危险源管控、硝酸铵等高危化学品和精细化工等高危工艺安全风险管控、自动化控制、特殊作业安全管理、城区内化学品输送管线、油气站等易燃易爆剧毒设施等环节；消防方面，重点关注石油化工企业等高风险场所、人员密集场所、电化学储能设施等单位；交通运输方面，道路、铁路、水上运输把危险货物运输作为重点环节；危险废物方面，明确了危险废物贮存、利用、处置环节违规堆存、随意倾倒、私自填埋危险废物等重点问题。

《规划》部署了七方面重点任务，分别是：深化体制机制改革，构建优化协同高效的治理模式；夯实应急法治基础，培育良法善治的全新生态；防范化解重大风险，织密灾害事故的防控网络；加强应急力量建设，提高急难险重任务的处置能力；强化灾害应对准备，凝聚同舟共济的保障合力；优化要素资源配置，增进创新驱动的发展动能；推动共建共治共享，筑牢防灾减灾救灾的人民防线。围绕上述重点任务，《规划》安排了五类共17项重点工程。

（二）《“十四五”国家消防工作规划》

（1）《规划》的主要内容

《规划》初次构建起国家、地方衔接配套的消防规划体系，内容涵盖城乡消防、森林消防、草原防灭火和公安、住建等部门消防工作，从国家视角谋篇布局未来五年“全领域”消防发展蓝图。一是总结“十三五”发展成效，分析挑战与机遇，提出“十四五”时期指导思想、基本原则和主要目标。《规划》特别指出，“十四五”核心指标要求百万人单位火灾事故死亡率降到0.29%及以下，十万人拥有消防站提升至0.74个及以上。二是部署“十四五”时期消防改革发展的重点任务，包括防范化解消防安全风险、构建中国特色消防救援力量体系、加强应急救援综合保障、加强公共消防设施建设、强化科技引领和人才支撑、筑牢消防治理基础等六方面26项任务。三是配套布局消防安全治理、尖刀救援力量、装备现代化等十方面54项工程。四是提出保障措施，从加强组织领导、经费保障、政策支撑、评估考核等方面推动《规划》落实。

（2）《规划》的主要特点

《规划》聚焦加快高质量发展这一主题，抓住防范化解重大安全风险、增强全灾种救援能力两条主线，扭住夯实消防治理基础、补齐改革发展短板、加快队伍全面发展三个着力点，始终坚持党的领导、两个至上、深化改革、预防为主、科技引领五项基本原则，统筹推进防范化解消防安全风险、构建中国特色消防救援力量体系等六方面重点任务，扎实推进十类重大工程。一是突出主责主业。聚焦消防救援队伍职能定位，坚持防消一体、防救并重，全面提升“防风险、救大灾”的能力。二是突出改革创新。靶向治理“高低大化”、易地搬迁场所、电化学储能设施等消防安全“老问题、新风险”，盘活社会资源发展航空救援力量，加快消防“新基建”推进共建共享。三是突出工程支撑。统筹实施消防安全、尖刀力量、装备现代化、航空救援、科技支撑、战勤保障、人才建设、消防宣传、社会力量等一大批工程，推动配套建立相关标准，强化项目实施保障。四是突出构建体系。坚持“全国一盘棋”，构建国家、地方衔接配套的消防规划体系。

（三）《“十四五”危险化学品安全生产规划方案》

2022 年 3 月 21 日，应急管理部印发《“十四五”危险化学品安全生产规划方案》，明确了“十四五”时期危险化学品安全生产工作的指导思想、基本原则、主要目标和具体举措，对全国危险化学品安全生产工作作出系统谋划部署。

（1）明确 2025 年工作目标及 2035 年远景目标

《规划方案》提出了 2025 年具体工作目标，即到 2025 年，化工、油气和烟花爆竹事故起数、死亡人数持续下降，其中，化工事故起数和死亡人数、较大及以上事故起数和死亡人数比“十三五”时期下降 15%以上，油气事故起数和死亡人数比“十三五”时期下降 15%以上，烟花爆竹生产经营事故起数和死亡人数比“十三五”时期下降 20%以上。

《规划方案》提出的 2035 年远景目标为，危险化学品安全生产责任体系健全明确并得到全面落实，重大安全风险得到有效防控，安全生产进入相对平稳阶段，10 万从业人员死亡率达到或接近发达国家水平，基本实现安全生产治理体系和治理能力现代化。

（2）聚焦数智管控方式升级，提升本质安全水平

《规划方案》指出，要围绕危险化学品系统性安全风险防范，按照问题、目标与效果导向，制度性措施与工程性措施同步实施，落实一批制度举措和建设项目。构建危险化学品安全治理体系，要抓好安全生产责任体系、隐患排查治理体系、安全预防控制体系、本质安全发展体系、从业人员培训体系、基础支撑保障体系等六个方面工作。

在提升本质安全水平方面，《规划方案》提出实施化工园区安全提质、大型油气储存基地安全防控、企业安全改造、安全培训网络建设、“工业互联网+危化安全生产”等“五大工程”。其中：大型油气储存基地安全防控工程要求推动对

大型油气储存基地实施设备设施、控制系统升级改造，实现气体检测、视频监控、紧急切断、雷电预警"四个系统"装备率和有效投用率达到100%，外部安全防护距离不足企业清零。危险化学品企业安全改造工程要求协同有关部门有序推进城镇人口密集区危险化学品生产企业搬迁改造，对企业内部不满足要求的平面布局实施改造，持续实施安全仪表系统、自动化控制、工艺优化和技术更新改造，开展安全风险监测预警、罐区仓库智能化信息化管理能力提升改造，推进高危工艺装置现场无人化示范项目。

（3）分类施策、精准管控重点领域安全风险

《规划方案》在强化分类施策，精准管控重点领域安全风险方面提出了多项要求，其中对化工行业及危险化学、油气行业也提出要求。

针对化工行业及危险化学品相关环节安全风险防控，《规划方案》指出，化工行业要严格取得安全许可的企业监管，严格落实重大危险源、重点危险化工工艺管控措施，严格其他使用危险化学品的化工企业安全风险辨识管控；危险化学品经营要严格落实重大危险源管控措施，建立并逐步完善全国危险化学品经营安全监管系统，开展化学品储罐区安全风险评估并分类整治，规范新型车用燃料经营，开展智能加油站建设试点，研究制定加氢站安全规范；危险化学品废弃处置要深入推动危险废物安全专项整治，协调推动企业强化重点环保设施和环保改造项目安全风险评估论证；危险化学品运输要深入开展危险化学品运输安全集中整治，突出特别管控危险化学品运输监管，加强充装过程安全管控，加快推动地方规划建设危险化学品停车场，大力推行危险化学品运输电子运单系统；危险化学品使用要突出重大危险源和重点监管的危险化学品安全风险管控，严格落实危险化学品"一书一签"制度，研究危险化学品最小豁免量监管措施。

针对油气行业安全风险防控，《规划方案》指出，突出陆上、海洋油气开采和长输管道以及储存设施安全，建立企业总部全面负责、政府部门监督检查的安全监管新机制，完善落实油气开采、储运重大安全风险管控措施、制度措施和标准体系，实施油气开采、油气长输管道本质安全提升工程，建设安全生产风险监测预警系统，持续提升油气增储扩能安全保障能力。

（四）《"十四五"国家安全生产规划》

2022年4月6日，国务院安全生产委员会印发《"十四五"国家安全生产规划》。

按照国家"十四五"专项规划编制工作的统一部署和应急管理领域"1+2+N"规划体系布局（"1"即《"十四五"国家应急体系规划》，为"十四五"时期应急管理领域最上位规划；"2"和"N"即安全生产、综合防灾减灾规划和消防、矿山安全、

防震减灾、装备发展、应急力量建设等规划），应急管理部于 2019 年 7 月牵头启动了《规划》编制工作，选调专业力量成立了《规划》编制专班，与《“十四五”国家应急体系规划》及其他规划同步部署、同步研究、同步编制。

（1）《规划》的编制思路

《规划》从服务服从于总体国家安全观，着眼安全生产治理体系和治理能力现代化建设全局出发，重点把握好以下几个方面：

在规划思想上，以习近平新时代中国特色社会主义思想为指导，全面贯彻落实党的十九大和十九届历次全会精神，统筹好发展和安全，坚持人民至上、生命至上，立足从根本上消除事故隐患，从根本上解决问题，以高水平安全保障高质量发展。

在规划重点上，聚焦防范化解重大安全风险，系统回答“十四五”时期“谁来防控风险”“怎么防控风险”“防控哪些重大风险”“用什么防控风险”等安全生产工作的基础性问题，处理好综合监管与行业监管指导、政府安全监管与企业安全管理的关系。

在规划布局上，坚持目标、问题、结果导向相结合，生产安稳、生活安定、生命安全相统一，谋划好重大工程项目、重大政策、重大改革举措，解决好当前安全生产最现实、最紧迫的突出问题及短板，为事业长远发展打下坚实基础。

（2）《规划》的主要内容

《规划》共包括十一个章节，主要分三个板块。其中：

第一板块，属于《规划》的总论，包括第一章和第二章，总结了“十三五”期间取得的进展和成效，分析了“十四五”时期面临的重大机遇与严峻挑战，明确了“十四五”时期全国安全生产工作的指导思想，确定了“系统谋划、标本兼治，源头防控、精准施治，深化改革、强化法治，广泛参与、社会共治”的基本原则，提出到 2025 年安全生产形势趋稳向好、到 2035 年基本实现安全生产治理体系和治理能力现代化的奋斗目标，以及“十四五”时期要实现的六项具体指标。

第二板块，属于《规划》的分论，是《规划》主体结构，包括第三章~第十章，按照“目标指引任务、任务引导工程”的原则，提出了七个方面的主要任务（织密风险防控责任网络、优化安全生产法治秩序、筑牢安全风险防控屏障、防范遏制重特大事故、强化应急救援处置效能、统筹安全生产支撑保障、构建社会共治安全格局），凝练了六类重大工程（重大安全风险治理工程、监管执法能力建设工程、安全风险监测预警工程、救援处置能力建设工程、科技创新能力建设工程、安全生产教育实训工程）。

第三板块，属于《规划》的保障措施，即第十一章，从明确任务分工、加大政策支持、推进试点示范、强化监督评估等四个方面，提出了建立健全规划实施保障的机制与举措。

（五）《“十四五”应急管理标准化发展计划》

2022 年 4 月 26 日，应急管理部印发《“十四五”应急管理标准化发展计划》，提出健全优化应急管理标准体系，完善构建“结构完整、层次清晰、分类科学、强标为主、强推互补”的应急管理标准体系；坚持需求导向和问题导向，加快推进急需短缺应急管理标准制修订；强化应急管理标准宣贯实施和监督管理，落实标准实施主体责任和实施监管责任；规范专业标准化技术委员会建设，加快建设标准化工作信息平台，制定出台标准化经费管理办法；指导地方应急管理部门推进地方应急管理标准化工作，引导社会团体、企业加强标准化管理；积极参与标准化国际交流活动，建立“一带一路”沿线国家标准合作机制，推动标准互认互通。

《计划》明确，要密切跟踪研究事故灾害暴露的标准化短板问题，加快与人民生命安全关系最直接的标准供给。加强基础通用标准，个体防护装备标准，事故调查统计相关标准，矿山安全、危险化学品安全、烟花爆竹安全生产、石油天然气开采安全标准，以及粉尘防爆、涂装作业、冶金有色、工贸安全等领域重要标准制修订；加快制修订消防救援队伍队站建设、装备建设、作战训练，消防通信指挥信息化、消防监督检查、消防产品监督管理、社会消防治理、火灾调查等相关标准；完善应急管理术语、符号、标记和分类等基础通用标准，风险监测和管控标准，水旱灾害应急管理标准，地震灾害、地质灾害应急救援相关标准，应急装备标准，应急管理信息化标准，救灾和物资保障标准，应急预案制定和演练、救援现场指挥、专业应急救援力量建设等标准规范。

（六）《城市燃气管道等老化更新改造实施方案（2022—2025 年）》

2022 年 6 月 10 日，国务院办公厅印发《城市燃气管道等老化更新改造实施方案（2022—2025 年）》。《实施方案》要求，在全面摸清城市燃气、供水、排水、供热等管道老化更新改造底数的基础上，马上规划部署，抓紧健全适应更新改造需要的政策体系和工作机制，加快开展城市燃气管道等老化更新改造工作，彻底消除安全隐患。2022 年抓紧启动实施一批老化更新改造项目。2025 年底前，基本完成城市燃气管道等老化更新改造任务。

《实施方案》从四个方面部署了重点工作。一是明确任务。明确更新改造对象范围，合理确定更新改造标准，组织开展城市燃气等管道和设施普查，编制地方城市燃气管道等老化更新改造方案。二是加快组织实施。加强统筹协调，加快推进项目实施，同步推进数字化、网络化、智能化建设，加强管道和设施运维养护。三是加大政策支持力度。落实专业经营单位出资责任，建立资金合理共担机制，加大财政资金支持和融资保障力度，落实税费减免政策。四是完善配套措施。加快项目审批，切实做好价格管理工作，加强技术标准支撑，强化市场治理和监管，推动法治化和规范化管理，强化组织保障。

（七）《“十四五”国家综合防灾减灾规划》

2022 年 7 月 21 日，国家减灾委员会印发《“十四五”国家综合防灾减灾规划》。这是贯彻落实习近平总书记关于防灾减灾救灾重要论述的具体举措，是我国国家层面第四个防灾减灾综合性规划，是指导新时代国家防灾减灾救灾事业发展的纲领性文件，对防范应对重大自然灾害风险，推进自然灾害防治体系和防治能力现代化具有重要意义。

《规划》的总体目标是：第一阶段，到 2025 年，基本建立统筹高效、职责明确、防治结合、社会参与、与经济社会高质量发展相协调的自然灾害防治体系；第二阶段，力争到 2035 年，基本实现自然灾害防治体系和防治能力现代化，重特大灾害防范应对更加有力有序有效。《规划》在体制机制、抗灾设防、监测预警、风险评估、基层减灾、救灾救助等方面设定了分项目标，特别是明确到 2025 年，将建成国家自然灾害综合风险基础数据库，编制综合风险图和防治区划图，预警信息发布公众覆盖率将达到 90%；将增设中央救灾物资储备库，加强预警与应急响应联动，确保灾害发生 10 小时之内受灾群众基本生活得到有效救助。

《规划》突出基础性。坚持综合施策，提高城乡自然灾害设防水平，夯实全社会防范应对基础。重点与已部署实施的自然灾害防治工程相衔接，推进实施病险水库除险加固、山洪灾害防治、抗旱供水保障、城市防洪和内涝治理、地质灾害综合治理、农村危房改造、地震易发区房屋设施加固、重点林区防火应急道路等工程。值得企业注意的是，《规划》要求实施基层应急能力提升计划，推广灾害风险网格化管理，推进基层社区应急能力标准化建设。

《规划》突出综合性。提出编制自然灾害综合风险图和防治区划图、建设灾害综合监测预警系统、强化灾害预警和应急响应联动机制、加强应急力量建设和物资装备保障、强化自然灾害保险服务等主要任务和重点工程。建议企业与地方政府积极联络沟通，主动参与制图工作和预警系统搭建，加强响应联动。

《规划》突出前瞻性。在全球气候变化背景下，把握灾害孕育、发生和演变规律等特点，统筹谋划加强防灾减灾科研和技术攻关等主要任务和重点工程，提供防灾减灾人才储备和技术储备，提高极端情况下大震大汛等大灾防范应对能力。建议集团公司将防灾减灾技术和重大工程建设和运行安全技术相结合，开展科研和技术公共工作。

（八）《“十四五”全国道路交通安全规划》

2022 年 7 月 28 日，国务院安委会办公室印发《“十四五”全国道路交通安全规划》。《规划》指标要求，“十四五”期间，道路交通事故万车死亡率相较于“十三五”末年均下降 3%左右；较大道路交通事故起数年均下降 4%左右；重特大道路交通事故起数年均控制在 4 起左右。据查，我国 2020 年道路交通事故万车死亡人数为 1.66 人。

《规划》明确，要建立健全道路运输等企业单位主要负责人、实际控制人的第一责任人法定责任制度。第一责任人应组织制定本单位道路交通安全规章制度和操作规程，保证本单位道路交通安全投入的有效实施，督促、检查本单位的道路交通安全相关工作，及时消除交通事故隐患，组织制定并实施本单位的道路交通事故应急救援预案。

特别是针对提升载货汽车安全，《规划》要求，推动重型货车严格按照相关标准装备车道偏离预警系统和车辆前向碰撞预警系统，严格自卸半挂车、平板式清障车等违规情形较多车型的安全技术规范，提升轻型货车被动安全性能，制定实施载货车辆货物装载与栓固国家标准，提高常压液体危险货物罐式车辆罐体防撞、防漏性能，推动低平板挂车退出散货运输市场，推动在用重型货车安装右侧盲区消除预警装置等安全装置。此外，探索驾驶行为动态监测装置等辅助安全装置应用，研究在“两客一危”、货车等重点车型安装应用酒精锁。

（九）《“十四五”矿山安全生产规划》

2022 年 8 月 11 日，应急管理部、国家矿山安全监察局印发《“十四五”矿山安全生产规划》。《规划》提出，到“十四五”末，矿山安全法规标准体系更加完备、安全生产责任体系更加健全、安全预防控制体系更加科学、安全监管监察体制更加完善、信息化智能化水平大幅提高、基础保障能力明显增强、监管监察效能显著提升，矿山安全综合治理效能取得重大进展，并提出非煤矿山事故起数下降 10%，矿山事故死亡人数下降 10%，重特大事故得到有效遏制等主要指标。

主要任务方面，一是健全安全法治体系。完善矿山安全法律法规，加强矿山安全标准建设，健全普法工作长效机制，严格规范精准执法。二是健全安全责任体系。严密矿山安全层级治理，强化地方党政领导责任，落实企业安全主体责任。三是健全防灾治灾救灾体系。完善灾害治理工作机制，推广先进适用防治技术，提升应急救援处置能力。四是强化科技支撑体系。加强科技研发转化平台建设，加强矿山安全技术装备攻关，加强先进适用技术推广应用，增强矿山装备安全保障能力。五是提升基础保障能力。提高矿山安全管理水平，加强矿山自动化智能化建设，提升矿山从业人员素质，推进矿山“一优三减”。六是强化安全治本攻坚。严格矿山安全准入，推动落后产能淘汰退出，加快矿山企业改造升级。七是提升监管监察能力。强化监管监察人才队伍建设，强化监管监察信息化建设，强化执法技术装备支撑保障。八是健全社会共治体系。构建矿山安全社会监督机制，加大技术服务机构支撑力度，强化矿山安全生产宣传教育，加强矿山安全生产国际合作。

（十）《“十四五”公共安全与防灾减灾科技创新专项规划》

2022 年 11 月 10 日，科技部、应急管理部印发《“十四五”公共安全与防灾减灾科技创新专项规划》。《规划》明确了总体目标，到 2025 年，在公共安全与防灾减灾应用基础研究、共性关键技术与核心装备研发等方面取得重大突破，重大灾害事故防控技术创新体系进一步完善，重大自然灾害防控、重点行业领域安全生产、重大灾害事故应急救援装备技术水平大幅提升。推动实施自然灾害防治技术装备现代化工程和安全应急装备创新发展工程，建设公共安全与防灾减灾领域国家战略科技力量，实现精密监测、精确预警、精准防控、高效救援，支撑建设更高水平的平安中国。

《规划》提出，以“突发公共事件应急处置能力显著增强，自然灾害防御水平明显提升，发展安全保障更加有力”为目标，以重大自然灾害监测预警与风险防控、危险化学品与矿山安全风险防控、城市建设与运行安全风险防控、重大灾害事故应急救援等为重点，加快突破关键核心技术，研发先进适用装备，统筹“项目—基地—人才”，推动重大成果产出和科技成果转化，着力提升重大自然灾害、安全生产风险防控能力，有力支撑国家应急管理体系和能力现代化。

围绕深化应用基础研究、攻克重大灾害事故风险防控关键技术、研制监测预警与应急救援技术装备、建设高水平科研创新基地、培养高水平科技创新人才队伍的具体目标，《规划》明确了三大重点任务：深化基础研究，夯实理论基础；研发技术装备，补短板强弱项；强化示范应用，推进成果转化。

《规划》指出，强化云计算、大数据、物联网、工业互联网、人工智能等数字技术在重大灾害事故监测预警和应急救援技术装备研发中的创新应用，重点研发重大自然灾害监测预警与风险防控、安全生产风险监测预警与事故防控以及应急救援等核心关键技术装备，着力提升重大自然灾害、安全生产风险的主动应对能力。

《规划》提到，推动实施科技成果示范，优先支持国家科技计划项目成果的深度开发与转化应用，加快科技成果在国家可持续发展议程创新示范区、国家安全应急产业示范基地落地实施与示范推广。充分发挥创新联合体和产业技术创新联盟作用，促进安全应急装备工程化应用和产业化，培育发展监测预警、自动化协同、处置救援、应急服务等安全应急产业。

在保障措施中，《规划》指出，建立以国家科技创新平台为核心、省部科研院所和高等院校为支撑、企业为主体的科技创新资源体系；强化国家科技经费与国家工程专项资金、地方财政资金、民营资本等结合，引导金融资本加大对安全应急装备研发和产业发展支持。

（十一）《危险化学品目录》调整

2022 年 11 月 7 日，应急管理部会同工业和信息化部、公安部、生态环境部、交通运输部、农业农村部、卫生健康委、市场监管总局、铁路局、民航局正式发布公告，依照《危险化学品安全管理条例》（国务院令第 591 号）有关规定，决定调整《危险化学品目录（2015 版）》，将“1674 柴油［闭杯闪点≤60℃］”调整为“1674 柴油”。应急管理部将配套补充完善《危险化学品分类信息表》。公告自 2023 年 1 月 1 日起施行。此后柴油的生产、储存、使用、经营和运输，均将按照危险化学品进行安全管理，开展办理危险化学品相关行政许可、登记等合规工作。

一直以来关于柴油是否属于危险化学品范畴，市场多有争议，按照之前相关规定，仅-20#及以下牌号的车用柴油属于危险化学品范畴。另外与汽油相比，柴油应用领域较为广泛且需求量较大，市场批发贸易环节表现较为活跃，市场参与主体众多，关于柴油的运输、仓储、经营各个环节管理较为混杂。随着近几年成品油流通市场专项整治管理趋严，此公告的下发令市场行业整顿再次升级。具体影响包括：

对于整体柴油贸易环节，柴油被列入危险化学品监管，贸易环节必须取得危险化学品经营许可证，对于无证单位，以及原经营范围内只有“成品油批发（不含危险化学品）”的单位将集中整顿或清除市场，另外结合近期出台的“停止办理成品油无仓储设施危险化学品经营许可证”的有关政策，柴油贸易市场准入门槛大幅提升，市场贸易份额短期内将大幅减少。

对于炼油厂和主营批发环节，市场消息称，危险化学品经营许可证中没有柴油项目的贸易商、分销商客户将无法从主营单位购买柴油，因此不排除后期地炼单位对客户要求度的提升。因中间贸易环节正规化，市场客户群体锐减，主营单位批发环节销量份额将随之下降。而地炼方面资源流通乱象减少，配合后期金税四期对企业的成品油全流程涉税问题监管加强，市场资源流通将愈加清晰化。

对于终端加油站环节，加油站属于经营储存单位，因北方加油站汽油经常与-20#及以下牌号的柴油一起流转运输及储存，汽油、柴油相关经营资质相对较为完善，但存在部分单位特别是南方民营加油站资质上缺少柴油项目的情况，这些单位或将统一申办新的危险化学品经营许可，否则不允许经营柴油业务。因中间贸易端市场份额减少，零售端市场份额将增加，此政策在一定程度上利好加油站环节。

对于终端专项用油单位，如重点工程施工企业、各类采矿企业、大中型物流园区等，因这些单位用油量较大，在满足安全、生态环境保护条件下，办理相关手续后允许在其施工作业场所内储存柴油。柴油纳入危险化学品管理后，市场监管力度加强，部分专项用油单位自埋罐及移动加油车将会有效治理，同时有效打击部分单位利用自身便利进行柴油对外经营或贸易的行为。

综上所述，新规的实施对柴油行业企业和从业者有了更高的准入条件和要求，加强成品油市场监督整顿，对于维护国家能源和经济安全，全面落实科学发展观、保障经济平稳健康运行和社会和谐稳定具有十分重要的意义。

三、重点标准规范解读

（一）《危险化学品企业特殊作业安全规范》（GB 30871—2022）

特殊作业安全一直是危险化学品企业安全管理的难点、痛点和事故高发环节，据统计，有40%以上的化工生产安全事故与从事特殊作业有关。2022年3月，《危险化学品企业特殊作业安全规范》（GB 30871—2022）经修订后正式发布，于2022年10月1日起实施。该标准规定了危险化学品动火作业、受限空间作业、盲板抽堵作业、高处作业等特殊作业安全要求，对集团公司特殊作业相关安全管理制度和企业标准将产生较大的影响。

（1）新版GB 30871特点

对比分析《化学品生产单位特殊作业安全规范》（GB 30871—2014），新版GB 30871具有如下特点。

新版GB 30871从部分强制变为全文强制。基于危险化学品企业特殊作业过程事故易发、多发特点，旧标准在执行过程中暴露出部分标准条款约束力度不强等问题。新标准作为国家强制性标准，按照2020年1月6日发布的《强制性国家标准管理办法》（国家市场监督管理总局令第25号）第十九条“强制性国家标准的技术要求应当全部强制”的要求，不再是部分条款强制执行，而是全文条款强制执行。

新版GB 30871覆盖行业范围更加广泛。新标准适用范围由“化学品生产单位”改变为“危险化学品企业”，也就是不仅仅局限于生产企业，还包括从事危险化学品储存、运输等业务的危险化学品企业；适用环节也由“设备检修”扩大到危险化学品企业生产全过程。

（2）新版GB 30871要求更加明确、严格

新标准内容变化较大，修改103项。其中，新增条款21项，删除条款4项，有较大改动的条款40项，进行微调的条款38项。新标准修改内容明确了危险化学品企业主体责任，完善了关键人员职责，强化了作业过程安全要求，严格了作业许可管理，对特殊作业安全提出了更高的要求。主要体现在以下几个方面。

一是明确了危险化学品企业主体责任。新标准明确，开展危害辨识、风险分析、制定安全风险管控措施等活动均由危险化学品企业组织，而不再只是作业单位的职责，进一步加大了危险化学品企业的主体责任。

二是强化了审批人、监护人职责。新标准增加了作业审批人的职责内容，强调了作业审批人应在作业现场完成审批，并核查签批流程合规性和风险识别、安全措施落实情况，加大了审批人的责任；新增了监护人任职资格要求和6项现场监护职责，强化了监护人的安全责任。

三是严格了作业过程安全要求。新标准增加“特级动火作业期间应连续进行监测”“特级动火作业应采集全过程作业影像”“遇有五级风以上（含五级风）、浓雾等恶劣天气，不应进行高处作业、露天攀登与悬空高处作业”“坠落高度超过24m的交叉作业，应设双层防护”等更加严格的新要求。明确了“存有易燃易爆介质的重大危险源罐区防火堤内将按特级动火进行管理”和“遇节假日、公休日、夜间或其他特殊情况，动火作业应升级管理”，明确提出防火堤内动火作业和特殊时段的管控级别予以升级。

四是加强了安全风险分级管控和隐患排查治理双重预防机制。新标准明确了责任主体、审批部门（人）层级、关键人员安全职责，强化了作业前风险辨识与分析、安全交底、现场确认、办理票证、过程监护、制止违章等全过程风险管控和隐患排查要求，将落实双重预防机制思想贯穿特殊作业安全监管始终。

五是作业票执行变化大。各项特殊作业票证中增加了安全交底人和接受交底

人签字；不再仅仅只是填入相互关联的特殊作业内容，更要求将相互关联的作业票编号填入；临时用电票证中增加了可燃气体分析的内容；盲板抽堵作业中将设备管道的压力、温度、介质和盲板的材质、规格、编号、抽堵状态予以明确，一张作业票只能进行一块盲板的作业。新标准要求特级、一级动火作业票有效期不大于 8h，二级不大于 72h，“作业内容变更、作业范围扩大、作业地点转移或超过安全作业票有效期限时，应重新办理安全作业票”，这就意味着特殊作业没有按票按期完成，变更或延期将不再被允许。

六是实行更加彻底的能量隔离。新标准中对特殊作业，尤其是动火和受限空间作业，明确作业前的具体能量隔离措施要求。在能量隔离注解中，首次提出能量隔离包括机械隔离、工艺隔离、电气隔离、放射源隔离四种形式。明确提出严禁采用水封或仅关闭阀门代替盲板作为隔离措施。明确特殊作业过程个人防护用品佩戴及应急装备使用的要求。

七是强化技术手段防范风险。近年来，先进的技术装备和 5G 通信在危险化学品企业特殊作业工作中不断推广，并且已经成熟应用。新标准提出了特级动火作业和受限空间内作业需要连续检测气体浓度。规定了特级动火需防爆摄录像设备采集视频图像、进入受限空间作业要连续检测气体浓度，规范了作业现场照明系统和便携式气体报警器设置要求。

危险化学品企业应充分认识新标准的实施对于管控特殊作业环节安全风险的重要意义，认真学习新规范，深入领会条款含义及要求，结合自身生产经营过程中涉及的危险化学品类型、生产流程、厂区环境等，完善修订企业自己的特殊作业管理制度并严格落实，切实保证特殊作业安全实施。

（二）《石油化工建筑物抗爆设计标准》（GB/T 50779—2022）

2022 年 9 月 8 日，住房和城乡建设部发布国家标准《石油化工建筑物抗爆设计标准》（GB/T 50779—2022），自 2022 年 12 月 1 日起实施。原国家标准《石油化工控制室抗爆设计规范》（GB 50779—2012）同时废止。

（1）新标准主要技术内容

包括总则、术语和符号、基本规定、爆炸荷载、建筑设计、结构设计、通风与空调设计，既有建筑物抗爆设计等。新标准适用于新建、扩建、改建的石油化工建筑物抗爆设计。

（2）新标准修订的主要内容

与旧标准相比，新标准由强制性标准转变为推荐性标准，修订的主要内容包括：扩大了抗爆设计范围，由石油化工控制室抗爆设计修改为石油化工建筑物抗爆设计；增加了抗爆建筑物平面布置、抗爆建筑物层数、高度的相关要求；增加了不同爆炸荷载时抗爆建筑物结构形式的选择原则和砌体结构、钢结构建筑物的抗爆设计内容；取消了原规范中规定的爆炸冲击波峰值入射超压及相应的正压作用时间，明确了爆炸冲击波超压应由爆炸安全性评估确定；修改、补充了爆炸荷载计算相关内容和抗爆建筑物的性能要求；修改、增加了钢筋混凝土构件、加劲砌体构件、钢结构构件的构造和变形要求及材料的动力强度计算、强度和动力提高系数、钢筋动设计应力取值要求；修改、补充了构件延性比计算、构件截面平均惯性矩计算；增加了屋面板、侧墙等构件的平面内、平面外计算要求及钢筋混凝土构件、加劲砌体构件的抗剪承载力验算要求和直剪承载力计算方法；取消了等效静荷载法，增加了闭式解法进行构件动力分析的内容；增加了“既有建筑物抗爆设计”章节；增加了抗爆建筑消防救援的设计要求、通风空调设备在正常情况和非正常情况下的启停规定、抗爆阀和电动密闭阀的性能要求及新风取气口的高度规定。

（3）石油化工建筑物监管现有要求及建议

目前，石油化工建筑物涉及国家标准涵盖：《建筑设计防火规范》（GB 50016—2014，2018 年版），适用于厂房、仓库、甲乙丙类液体储罐（区）、可燃或助燃气体储罐（区）可燃材料堆场等新建、扩建和改建的建筑。《危险化学品生产装置和储存设施风险基准》（GB 36894—2018），规定了危险化学品生产装置和储存设施个人风险和社会风险的可接受风险基准值，适用于危险化学品生产装置和储存设施选址和周边土地使用规划时的风险判定。《石油化工企业设计防火标准》（GB 50160—2008，2018 年版），适用于石油化工企业新建、扩建或改建工程的防火设计。《危险化学品生产装置和储存设施外部安全防护距离确定方法》（GB/T 37243—2019），系统阐述了外部防护距离的计算流程，从事故后果法和定量风险评价法两个角度进行了具体介绍。

国务院安委会于 2020 年 4 月印发的《危险化学品安全专项整治三年行动实施方案》中提出了石油化工建筑物有关整治要求：涉及爆炸危险性化学品的生产装置控制室、交接班室不得布置在装置区内，已建成投用的必须于 2020 年底前完成整改；涉及甲乙类火灾危险性的生产装置控制室、交接班室原则上不得布置在装置区内，确需布置的，应按照《石油化工控制室抗爆设计规范》（GB 50779—2012），在 2020 年底前完成抗爆设计、建设和加固。具有甲乙类火灾危险性、粉尘爆炸危险性、中毒危险性的厂房（含装置或车间）和仓库内的办公室、休息室、外操室、巡检室，2020 年 8 月前必须予以拆除。不符合外部安全防护距离要求的涉及“两重点一重大”的生产装置和储存设施，经评估具备就地整改条件的，整改工作必须在2020年底前完成，未完成整改的一律停止使用；需要实施搬迁的，在采取尽可能消减安全风险措施的基础上于2022年底前完成；已纳入城镇人口密集区危险化学品生产企业搬迁改造计划的，要确保按期完成。

新标准的实施与上述系列标准和方案衔接紧密，一脉相承。未完成《危险化学品安全专项整治三年行动实施方案》整治要求的石油化工建筑物在该标准实施后将再次面临不达标的困境。石油化工企业须加快安全生产专项整治三年行动实施方案收尾阶段工作，同时对照新标要求查漏补缺，进一步研究完善新、改、扩建石油化工建筑工程设计要求。

行业动态篇

2022年，以中国石油天然气集团有限公司(简称“中国石油”)、中国石油化工集团有限公司(简称“中国石化”)、埃克森美孚(EXXON MOBIL)、壳牌公司(SHELL)为代表的全球主要油气公司在保持生产经营业绩稳定增长的同时，把统筹发展与安全作为企业的核心发展理念，高度重视自身的安全管理水平和管理能力建设，保障了安全生产形势不断平稳向好，安全生产工作取得了较好成绩。

第一章　中国石油安全生产与应急管理工作动态

2022年是中国石油天然气集团有限公司(以下简称“中国石油”)推进高质量发展，朝着建设世界一流综合性国际能源公司战略目标稳步迈进的关键年份。2022年中国石油在国资委年度和任期考核中均为A级。规模实力保持世界一流水平，世界500强排名保持前4、国际大石油公司排名位居前3，保持了高质量发展态势。

2022年中国石油党组深入贯彻落实习近平总书记安全生产重要论述精神，把发展决不能以牺牲人的生命为代价作为一切决策的工作准则，紧密围绕公司发展战略，紧密服务生产经营大局，坚持“强基础、严监管、零容忍”举措，全面推进安全生产专项整治任务攻坚，全年实现了“五个杜绝”的目标(杜绝较大及以上生产安全亡人事故，杜绝较大及以上环境事件，杜绝较大及以上质量事故，杜绝较大及以上火灾爆炸事故，杜绝井喷失控事故)，安全生产、环保低碳、健康、质量、节能等各项控制指标持续稳定好转，安全生产与应急管理等各项工作稳步发展并迈上新台阶，安全环保形势持续稳定向好，集团公司高质量发展基础和保障能力得到持续提升。

一、面临的形势与挑战

统筹发展与安全、建设美丽中国是党中央重大决策部署。各级政府和社会公众对安全环保事故事件和违法违规行为始终保持“零容忍”态度。中国石油业务范围广、影响面大、社会关注度高，任何事故事件都可能上升到中央和国家层面，极易造成严重负面影响。在当前安全生产严格监管阶段尚未跨越的前提下，中国石油安全环保颠覆性风险依然很高，事故周期性特征依然存在，重大安全环保风险依然突出，集团公司安全环保形势依然严峻复杂，丝毫不可松懈。

一是新老风险交织叠加，各种问题隐患暗流涌动。井控溢流、油气泄漏着火等高风险事件依然频发，井喷失控和火灾爆炸重大风险始终伴随，一些难以预料的新问题新风险层出不穷。部分老企业生产设施老化严重，本质安全程度不高，更新改造压力、投入和难度都很大；各类施工作业频繁，非计划作业增多，各类外部承包商队伍多达50万人，整体素质偏低且流动性大，现场作业安全管控难度大；一些企业领导干部对自身安全责任站位不高，不想管不愿管和等靠思想严重，个别基层干部员工在制度执行上打折扣、钻空子、走捷径，违章指挥和违章作业屡禁不止，在安全生产上严格不起来、落实不下去的问题依然大量存在。在新《安全生产法》严格实施背景下，这些问题隐患都可能随时被通报曝光并造成严重负面影响，带来极大挑战。

二是HSE管理体系建设还需深化，审核质量难以持续保证。以HSE履职能力评估、基层站队HSE标准化建设和HSE体系审核为主要载体的HSE管理体系推进工作，已难以适应当前QHSE一体化管理需求，HSE体系建设已进入发展瓶颈期，如何转型升级还需进一步探索研究。特别是总部一年两次全覆盖审核历时10年20次，投入极大的人力、物力和精力，虽然成效较为显著，但一些单位已经出现明显疲惫松劲倾向和消极应付现象，出现“迎审专业户”趋势，审核要求难以严格落实，持续改进的保障机制难以有效建立实施；同时受常态化疫情影响，审核质量难以持续稳定提升，急需研究新的对策措施。

三是安全监管方式较为单一，数字化智能化监管方式尚未成型。当前中国石油QHSE体系审核、诊断评估、专项督查等监管方式主要依托现场问题发现和管理追溯，大量深层次问题隐患的发现离不开现场核查和人工分析，现场安全监管方式单一，特别是疫情防控常态化背景下远程视频汇报式监督还难以发挥实际效果。企业层面传统的“人盯人”“拉网式排查”“旁站监督”等监管方式还难以达到全员、全过程、全天候和全方位的监管要求。一些重点风险场所的视频监控系统功能单一，行为安全智能分析、物态隐患智能识别等智能化风险预警和监管方式尚未形成，急需借助数字化转型推动安全监管模式创新。

四是应急管理体系还不完善，对极端重大风险应对能力不足。一些企业应急预案针对性和操作性不强，预案编制主要依赖领导决策和专家经验，缺少风险后果科学量化评估。应急准备大多还停留在常规风险应对，特别是极端和特殊情况风险研判和准备不足，复杂状况事故应急响应和抢险能力缺乏实战检验。专职应急救援队伍人员结构老化，重大事故应急抢险救援技术装备能力不足。特别是对极端情况下高精尖应急技术装备储备较为缺乏，处置复杂状况下的火灾爆炸和泄漏中毒事故的能力急需提升。

二、2022年工作思路

2022年初，中国石油明确了安全生产与应急管理的工作思路：深入贯彻党的十九大和十九届六中全会精神，全面落实新《安全生产法》等法律法规要求，牢固树立“以人为本、质量至上、安全第一、环保优先”理念，坚持精准施策严监管，强化标本兼治重治本，积极探索实施 QHSE 管理体系深化升级，突出抓好安全生产专项整治三年行动任务收官，持续防控安全环保重大风险，为打造基业长青世界一流企业筑牢更坚实的基础。

三、2022 年度工作进展

（一）领导尽职担当

中国石油董事长对抓好安全工作不但有深刻的认识，也有清晰的工作思路，更有身体力行、抓铁有痕、久久为功的“干劲、韧劲”。据不完全统计，2022 年董事长参加的有关安全生产活动、组织召开有关安全生产会议、开展安全生产调查调研等工作共 23 次，传达习近平总书记关于安全生产重要指示批示精神，落实《安全生产法》规定的安全生产第一责任人工作职责。以下节选了 2022 年董事长关于安全生产的重要讲话和工作部署要求。

2021 年 12 月 31 日，董事长在主持中国石油党组会（扩大）暨 2022 年 QHSE（安全生产）委员会会议上强调，要深入贯彻落实习近平生态文明思想和习近平总书记关于安全生产重要论述，强化“发展决不能以牺牲安全为代价”的红线意识，遵循“四全”原则，落实“四查”要求，精准施策、久久为功，进一步巩固质量健康安全环保持续向好的形势，以优异 QHSE 业绩迎接党的二十大胜利召开。董事长强调，安全生产的纪录是一个企业综合管理水平的体现。要坚决贯彻党和国家重大决策部署，牢固树立“一切事故都是可以避免的”和“防范胜于救灾”的理念，追求“零事故、零污染、零伤害”的目标，狠抓安全环保措施落实。统筹发展和安全，坚持严格监管总基调提升全员执行能力，坚持精准防控总原则提升重点领域风险防控能力，坚持标本兼治总要求提升本质安全和清洁生产水平，坚持文化引领总方向提升全员安全环保核心价值观。突出抓好重要时段、关键时期的安全生产，对井控、火灾爆炸等重点领域风险实施提级管理。大力实施“科技兴安”，充分利用数字化信息化智能化等手段，不断提升安全管理水平。持续提升质量管理水平，将质量工作融入生产经营各个环节，擦亮中国石油品牌。坚持守正创新，不断完善体系审核方式方法。扎实做好疫情防控工作，关心关爱员工身心健康，切实增强员工的安全感和幸福感。

2022 年 1 月 17 日，董事长在参加全国安全生产电视电话会议后，主持召开专题会议，对危险化学品安全风险集中治理有关工作进行安排部署。1 月 21 日，中国石油召开危险化学品安全风险集中治理动员部署视频会议，明确将开展集中治理作为一项政治任务落实到生产经营活动中。会后，中国石油印发《中国石油天然气集团有限公司危险化学品安全风险集中治理实施方案》，明确深入开展为期一年的危险化学品安全风险集中整治，开展大型油气储存基地、高危细分领域、老旧装置、陆上高风险油气井、海洋石油、油气长输管道、加强双重预防机制数字化建设等 7 个方面的专项治理。

2022 年 4 月 1 日，董事长组织中国石油党组召开会议，主持传达学习中共中央政治局常务委员会会议和全国安全生产电视电话会议精神。会议强调，要深入学习贯彻 3 月 31 日中共中央政治局常务委员会会议精神，深刻认识抓好当前安全生产工作的极端重要性紧迫性，自觉扛起“促一方发展、保一方平安”的政治责任，把统筹发展和安全放在更突出的位置。强化全员安全生产责任制落实，毫不放松盯紧重大安全风险防控，在集团层面要坚持“识别大风险、消除大隐患、杜绝大事故”，基层单位要围绕“四零”目标抓好落实，坚决守住安全生产红线底线，以实际成效迎接党的二十大胜利召开。会议强调，要全面贯彻落实 3 月 31 日全国安全生产电视电话会议工作部署，统筹抓好各项重点任务落实，深入开展安全生产大检查，落实安全生产“十五条”强化措施，切实抓好安全生产风险隐患排查整治。统筹危险化学品安全风险集中治理、城镇燃气安全隐患排查整治、安全生产专项整治三年行动巩固提升收官等重点工作，全面提升集团公司安全管理和本质安全水平。坚持“四全”原则，落实“四查”要求，有效运用“四不两直”检查、安全生产记分等管理手段，从严从实从细抓好安全风险管控措施落实。

2022 年 5 月 7 日，董事长组织中国石油党组召开会议，主持传达学习贯彻习近平总书记关于长沙居民自建房倒塌事故重要指示精神，并就落实全国自建房安全专项整治电视电话会议要求进行安排部署。会议强调，要深入贯彻落实习近平总书记重要指示精神和李克强总理批示要求，牢固树立以人民为中心的发展思想，坚持人民至上、生命至上，把保护人民生命安全摆在首位。深入贯彻落实党中央关于“疫情要防住、经济要稳住、发展要安全”的明确要求，全面落实安全发展理念，统筹发展和安全，进一步压实全员安全责任，坚持“三管三必须”，以“安”字在心的敬畏、“严”字当头的担当和“防”字为先的准备，全面抓好安全风险防范和管控，切实提升从源头上防范化解安全风险的能力，以高水平安全基础保障集团公司高质量发展。

2022 年 6 月 17 日，董事长在安全生产月活动综述文章《筑牢高质量发展的安全基石》中提到“中国石油作为国有重要骨干企业、党和国家最可信赖的依靠力量，必须强化政治担当，坚定不移把安全生产贯穿到企业生产经营、改革发展工作各个方面，一起谋划、一起部署，努力实现高质量发展和平稳安全的良性互动，各级领导干部要持续深入学习贯彻习近平总书记关于安全生产的重要论述，严格遵守《安全生产法》，全面履行安全生产责任，奋力推动安全生产形势持续稳定向好，以优良安全业绩迎接党的二十大胜利召开”。这篇文章开宗明义，首先提出要提高政治站位，充分认识安全生产工作的极端重要性。文章指出，今年将召开党的二十大，这是党和国家政治生活中的一件大事，做好安全生产工作意义特殊而重大。各级领导干部特别是主要领导必须站在拥护“两个确立”、做到“两个维护”的政治高度，充分认识安全工作的极端重要性，充分认清面临的严峻挑战和考验，始终把安全贯穿于生产经营各领域和全过程，在事关安全发展的重大事项上，头脑要特别清醒、态度要特别坚决，力戒形式主义、官僚主义，力戒敷衍塞责和盲目自信。要坚持把安全业绩作为衡量企业综合管理水平的体现，把安全工作成效作为衡量领导干部“治企有方、兴企有为”的重要标尺，提高统筹发展和安全的能力，把握安全风险防控的规律，主动作为抓好落实，让职工群众的获得感、幸福感、安全感更加充实、更有保障、更可持续。

2022 年 9 月 23 日，董事长组织召开安全生产工作会议并强调，要认真贯彻落实全国安全生产电视电话会议精神，始终坚持人民至上、生命至上，始终非常明确、非常强烈、非常坚定守住“发展决不能以牺牲人的生命为代价”的红线，不能侥幸、不能含糊，坚持把员工的生命安全和身体健康放在首位。董事长指出，要深入落实好集团公司党组部署的喜迎党的二十大的重要措施。按照“疫情要防住、经济要稳住、发展要安全”的总要求，统筹发展和安全，树立底线思维，防范化解重大风险。要细化安全风险、环保风险、合规风险、经营风险等防控措施，坚持“识别大风险、消除大隐患、杜绝大事故”，全面落实全员、全过程、全天候、全方位“四全”管理要求，切实抓好井控、关键装置、要害部位等的安全管理。董事长强调，要求真务实，认真抓好当前重点工作。深化细化国庆节期间和 10 月份生产经营方案，统筹好生产经营工作；严格遵守节假日期间各项安排不做大的调整、非紧急情况下不动火、不开展大的工程检修“三不”原则，保证员工群众度过欢乐祥和的节日。

（二）落实全员责任

强化全员安全责任落实重点在领导、成败在基层。中国石油作为“岗位责任制”发源地，其下属油气田、炼化、销售等企业始终把责任落实作为安全管理的核心，层层压实安全生产责任。

1. 大庆油田拧紧全员责任链条

大庆油田采油八厂第一作业区为落实“安全生产 15 条硬措施”，从集输、注水、电力、机采、修井措施、特种设备六个方面，全面深入开展安全生产大检查，坚持以提升生产安全风险防控能力为核心，逐步完善风险分级管控和隐患排查治理双重预防机制，切实拧紧安全环保责任链条。

精细风险管控，织密安全“防护网”。该厂以岗位责任制为核心，严格落实“三长制”“派工单”等制度，完善监管体系，用工程思维进行问题链追溯。2022 年，通过监管追溯典型问题 193 个，形成问题链 25 条。完善治理体系，推进分类治理，确保项目及时完成、隐患及时销项。完善追溯体系，实行安全环保工作与月度收入挂钩。每月开展剖析检查、专项检查、“回头看”检查等工作，将 30%的月度奖金用于安全环保绩效考核，对“举一反三”不到位、重复率较高的情况，追溯相关直线、属地领导责任。截至目前，全厂累计以查带训 72 次，出具监察通报 12 期，通报 18 人次。

做实能岗匹配，划好安全能力线。该厂开展干部安全环保述职，分批次组织机关部室主要负责人和基层单位党政主要领导进行安全环保述职，推动落实安全生产第一责任人职责，提升风险掌控能力和应急指挥能力；开展履职能力考评，对两级机关、安全监管人员、项目经理等重点人员分层面进行考核，对新提拔调整的三级正干部、基层干部采用访谈、测试的方式进行履职能力评估，坚决做到不称职不提拔、不合格不上岗，切实担负起管理和监督责任，全厂累计考评员工 9359 人次，推动安全环保从“全员参与”向“全员履职”转变。

强化业绩导向，绷紧“安全责任弦”。该厂树立“安全环保没有旁观者，都是责任方”思想，发扬“三个面向、五到现场”等大庆优良传统，完善《安全环保责任清单》，编制《安全环保工作手册》，签订《安全环保责任书》，制定《个人安全行动计划》，全面压紧压实安全环保责任。全厂各级领导干部带头检查落实，加强直线管理、属地管理及岗位员工的 HSE 责任，动真碰硬、严抓严管，用严实作风守住安全环保底线。

2. 塔里木油田守牢红线、压实责任

2021 年，塔里木油田持续深化 QHSE 体系建设，强化职责归位，夯实基层基础，持续巩固提升体系运行水平，QHSE 各项考核指标顺利完成，2021 年获评“集团公司 QHSE 先进企业”，为“十四五”开好局、起稳步奠定了坚实基础。

强化职责归位，夯实基层基础。塔里木油田轮南油气开发部桑南处理站采用受限空间首进制、登高作业首登制、气体检测首检制、作业结束终验制的“三首一尾”工作法，第一个全副武装进入容器内部开展风险控制措施落实及确认工作，在压实属地主管责任的同时，还实现了风险充分识别、管控举措严细、工完料净场地清的目的。

层层压实责任，安全生产执行有力。塔里木油田把狠抓责任落实作为 QHSE 体系建设的关键，修订完善领导干部、两级机关安全环保责任清单，让“三管三必须”落地落细，推动直线责任落实。层层细化各级安全生产责任，将安全联系点“升级”为安全承包点，推行区域总监负责制，实行装置检修现场“双监督”包保制，充分发挥作业现场监督员、教练员、辅导员、宣传员“四大员”作用，推动责任落实归位，让安全生产“吃下定心丸”。

深化“两册”应用，夯实管理基础。《管理手册》《操作手册》是促进体系落地的有效抓手。塔里木油田建立以“两册”为主要内容的基层标准化验收标准，以“‘两册’编制得好不好、‘两册’要求的干没干、‘两册’干得怎么样”为核心，共对 57 个基层站队进行现场考评定级。验收中既当好“裁判员”，又当好“教导员”，分级分类指导解答基层“两册”编制应用中的共性及个性问题，助力基层基础管理向精细化延伸、向纵深化发展。2021 年，哈得一联合站荣获集团公司 HSE 标准化建设“示范站队”荣誉称号。

3. 大庆石化守牢安全底线保障生产平稳运行

党的二十大召开后，大庆石化公司党委在氛围营造、理论学习、贯彻执行上精准发力，切实把干部员工的思想和行动统一到党的二十大精神上来，推进党的二十大精神在企业落实落地。

注重超前统筹，在营造浓厚氛围上下功夫。党的二十大召开前，大庆石化公司党委就进行了系统安排部署。利用第一议题及时跟进学习习近平总书记重要讲话和重要指示批示精神，开展学习《习近平谈治国理政》(第四卷)，组织中心组专题研讨，为党的二十大胜利召开做好思想上的准备。深入学习贯彻习近平总书记关于安全生产的重要论述，严格落实安全生产“十五条硬措施”等要求，持续开展“四查四提升”活动，完善“四不两直”等常态化机制，召开安全管理专题党委会，以系统思维抓好安全管理和隐患治理，保证生产安全平稳运行。

精心组织安排，在学深悟透上下功夫。大庆石化公司党委组织理论学习中心组(扩大)集中学习，领导班子成员、助理副总师、机关各部门负责人共计 30 余人集中收看了中国共产党第二十次全国代表大会开幕会直播。公司各级岗位员工、新入厂大学毕业生以及退休劳模等，通过电视、广播等媒介积极收听收看大会直播实况。学好用好“学习强国”“铁人先锋”等信息化学习平台，拓展基层学习渠道，推进全员广泛学习。

抓好贯彻落实，在推进高质量发展上下功夫。党的二十大报告科学擘画了中国式现代化宏伟蓝图，为企业今后的发展指明了前进方向。大庆石化公司各单位用实际行动贯彻落实会议精神。炼油厂根据四季度生产经营计划，持续优化生产要素配置，综合评定装置运行工况，强化全天候生产受控，提高装置运行质量。化肥厂实时调整生产负荷，对全厂仪表指示、伴热线等进行全面排查治理，确保装置安全越冬。化工三厂组织协调20万吨/年ABS项目建设及开工投用，加快推进ABS121等4种新产品研发改进及放大生产。水气厂积极开展大机组特护和无泄漏装置创建活动，守牢安全环保底线，抓实“平稳保供”主线。

4. 云南销售曲靖公司全员记分“倒逼”责任压实

为增强全员安全意识，实现从“要我安全”向“我要安全”转变，2022年，云南销售曲靖分公司抓实全员安全生产记分管理，针对加油站发生的一般C级及以上生产安全事故、市级政府通报或披露的严重违规、违法及岗位安全责任履行不力等行为进行严肃问责记分。考核得分与评先选优、目标指标考核等挂钩，闭环管理压实安全生产责任。同时，分公司将“全员安全生产记分管理方案”与“QHSE考核奖惩管理程序”融合，定期指导、督促和检查各经营部及加油站全员安全记分实施情况。各经营部、加油站主动转变安全观念，上下联动、齐抓共管压实安全生产责任。开展全员安全生产记分管理以来，员工规范操作的意识明显增强，也逐渐变成自觉行为。

（三）精准管控风险

近年来，中国石油始终高度重视安全风险防控，按照“两个根本”的要求，扎实推进重点领域精准防控和系统治理，全面落实安全“四全”管理(全员、全过程、全天候、全方位)和“四查”(查思想、查管理、查技术、查纪律)要求，坚持不懈开展QHSE体系审核、安全诊断评估和安全督导检查，建立常态化隐患治理投入保障机制，保持了持续稳定向好的安全生产形势。

1. 西南油气田公司筑牢安全生产“防火墙”

2022年初，西南油气田公司安委会印发了《2022年度安全环保管控2.0版本实施计划》，把深化安全生产执行力建设作为重要内容，提升基层安全执行力，打通现场执行的“最后一公里”。

2022年4月，西南油气田公司在蓉召开一季度安全分析视频会，通过剖析典型案例，强化安全意识，筑牢安全生产“防火墙”。该项会议机制于2020年成立，以视频会或现场会的形式，每季度召开一次，通过深入剖析典型事件和突出问题，反思深层次管理原因，举一反三查找和弥补管理短板，做到“基层的问题到机关找原因，机关的问题到基层找表现”，并同步建立事故事件上报激励约束机制，畅通报送渠道。

2022 年 4 月，西南油气田公司启动安全生产大检查并制定专项工作方案。方案中明确指出，主要领导亲自带队、亲自督办，对基层单位和中心站全覆盖检查，对生产现场抽查比例不低于 30%，全面排查整改风险隐患；基层单位将对所有班组、场站、管线、阀室、设备设施 100% 全覆盖检查，不留死角盲区；各级监督机构，对照“十五条硬性措施”和专业检查表，开展常态化检查。

2. 辽河油田“清单制”精准管控保安全

2022 年辽河油田瞄准油气开发、工程技术、工程建设、辅助工程等业务领域，推出 5 个方面 149 条升级管理措施，确保安全环保风险全面受控。

精准管控，实施项目“清单制”管理。针对高风险生产和作业，辽河油田认真摸排 15 项业务重点项目风险，列出 149 条升级管理清单并下发，进一步明确所有高风险作业实施 24 小时以上预约管理，实现“5 个升级”管控：作业许可审批升级、管控措施升级、现场监护升级、监督检查升级、调查问责升级。

强化落实，构建纵横一体管控体系。辽河油田研判生产现场风险点源，划分区域，实行“网格管控”：每日编制《施工（服务）情况分级监督表》，建立施工预约机制和管控责任清单，按施工内容、施工地点，确定一（红）、二（黄）、三（蓝）级风险管控登记，对应派出驻点监督，构建“整体区域、井场站场、重点部位”纵向监管网络。目前，辽河油田已成立 29 个监督小组，77 名专职监督员在各级风险现场旁站及巡查监督，确保施工全过程风险受控。

3. 新疆油田创新管理模式提升本质安全

新疆油田始终将隐患排查治理作为安全生产双重预防机制的重要抓手，坚持“业务主导、专业支持、分级治理、全员参与”工作模式，突出问题导向、目标导向、结果导向，实现隐患排查治理一体化、全过程管控，本质安全管理水平得到有效提升。

树牢红线意识，全方位多层级推进隐患排查治理。新疆油田牢固树立“发展决不能以牺牲安全为代价”的红线意识，不断强化基层基础，规范岗位、班组、站队、业务科室、业务处室五个层级隐患排查频次及要求，建立重点整治的管控红线、重大隐患、较大隐患、一般隐患共 120 条判定标准。通过日常巡查、定期排查、专项督查以及体系审核等方式全面开展隐患排查治理，持续健全隐患排查治理长效机制。

建立“一本账”机制，实现隐患治理闭环管控。新疆油田明确隐患治理前期论证、方案设计、审查审批、现场实施及验收销项时限节点，落实各环节责任单位和部门，严格执行周调度、月总结、季报告管理要求，严肃过程督办考核，形成业务部门技术审查和过程督导、安全部门组织排查和评估督办、属地单位具体实施的“一本账”管理模式，确保隐患及时闭环销项。

4. 浙江油田拧紧全员责任链条

2022 年初以来，浙江油田公司认真落实现场各项安全生产要求，强化措施，落实责任，筑牢防线，确保春季各套装置安全生产平稳运行。

加强安全生产检查力度。结合工作实际，加强现场安全基础管理，强化各项安全生产重点工作，加大岗位巡检力度，严格遵循“十字”作业标准维护保养设备，避免“跑、冒、滴、漏”等情况发生，确保设备“零缺陷、零故障、零事故”，提高设备运转率。同时，抓好现场施工作业安全管理，对查出的隐患问题限期整改，确保生产现场运行平稳。

加强员工安全技能提升。为确保员工岗位操作的规范性，浙江油田公司从培训入手增强员工安全生产意识，通过增加应急演练等活动，提高员工的安全防范能力，让员工进一步加深对安全管理规定的理解程度和认知程度。同时，对新入厂员工及操作能力弱的员工，重点开展岗位标准操作、风险源识别、自我防护及紧急避险等知识学习，提高了全员在实践操作中分析问题和解决问题的能力，达到能岗匹配，并制定员工履职能力评估方案。

加强岗位标准作业执行力。认真落实岗位巡回检查制度，杜绝各类事故隐患，落实压缩机组等大型设备开停操作，严格按照岗位标准化作业程序操作，确保各类操作规范有序、严格受控，有效提高了员工履职能力，保证了生产系统高效运行。

加强汛期安全生产管理。生产运行部提前制定防洪防汛隐患排查方案，并组织排查，定期检查现有应急物资及物资储备。同时，对管道进行防洪防汛检查，对发现的问题及时整改，将精细化管理落实到工作中。

5. 辽阳石化补短板控风险筑牢安全防线

2022 年以来，辽阳石化把安全工作放在“先于一切、高于一切、重于一切”的核心位置，深入落实“四全”原则，层层压实安全环保责任，聚焦突出整治安全环保难点、卡点、堵点和薄弱点，持续夯基础、补短板、控风险、提素质，不断提升安全环保管控能力，全力识别大风险、消除大隐患、杜绝大事故，筑牢安全管控防线。

强化风险防控。辽阳石化持续完善危化品装卸、渣油加氢换剂、硫化氢防护等系列专项风险管控方案，细化分解九个方面 27 项具体工作任务；健全隐患“排查、评估、分级、整改、奖惩”一体化工作模式；深入开展老旧装置、长输管道、重大危险源监测预警等专项整治工作；践行重大危险源包保责任，分级绘制风险防控分布图，推进专业部门和属地单位实施风险标准化防控，持续做好风险“日日研判、月月预警”。

狠抓作业管控。辽阳石化重拳出击整治违章行为，坚持“有作业就必须有预约、有管控”的原则，巩固“两专两联”监督工作方法，强化对作业现场风险的监督防控。针对抢修、夜间、边缘时段和偏远地区，建立“四不两直”监督检查长效机制，集中开展反违章专项整治，严格安全生产记分管理。2022 年前 8 个月，实现 1.6 万项危险作业安全受控。

突出生产受控。辽阳石化强化生产操作变动管理，全面识别“变”的风险，突出抓好关键操作变动预约、风险辨识、手指口述等操作规范的刚性执行，加强监盘质量管控和报警管理，规范报警限值设置，落实“故障不过夜、溯源分析、及时退守”三大原则，严格执行生产异常事件汇报和应急处置；开展装置技术诊断分析，重点整治制度标准不掌握、规程卡片不完善、联锁管理不严谨、能量隔离不到位等短板，提升对设备故障、生产波动、仪电问题的预判处置能力。2022 年前 8 个月，企业组织管理干部 HSE 考试 50 多场，实现安全监督管理人员 100%持证上岗。

6. 锦西石化以体系思维严守安全底线

锦西石化公司将安全生产大检查与体系思维相融合，按照体系滚动要素，以安全生产“十五条硬措施”为重点，逐条细化分解 63 项具体任务，结合内审同步推进。公司各级单位逐条对照要素及问题清单，系统梳理管理中存在的漏洞，体系化剖析问题隐患。基层单位开展互查互检，全面提高主动防范和化解风险能力，通过推进“清单+闭环”模式，实现整改一项问题，提升一类管理水平。

锦西石化把基层班组作为安全管理的最有效单元，以“顶格标准”构建安全风险分级管控和隐患排查治理双重预防机制，围绕标准化管理、标准化操作、标准化现场三个方面全面推进基层站队 HSE 标准化建设。建立基层岗位安全生产责任清单，落实重大风险安全生产包保责任、严肃事故事件层级管理，开展基层班组滚动式风险辨识，危险作业实现预知、预约、预制，严格管控作业发起、准备、实施、关闭四个阶段，强化日常实战和模拟演练。基层单位一分钟应急处置职责，明确“干什么、谁来干、怎么干”，定期评选“先进基层站队 HSE 标准化班组”，并对先进个人和集体给予专项资金奖励。

锦西石化扎实开展全员安全生产记分管理，采用“鱼骨图”对记分制度主要工作流程和任务进行分解，对公司层和运行部的职责流程及任务精准描述，对制度职责分级分专业构建职责流程图，通过职责推演，形成闭环责任体系。严格执行记分输入、记分考核、记分填报、问责填报等环节流程，编制本项制度的常态化审核打分表，使基层单位在制度落实及开展常态化审核工作时有据可依。

锦西石化公司搭建安全生产技术和管理“问诊”通道，实施周期为三个月的专业处室帮扶基层单位计划，基层“四不两直”监督检查常态化；增强安全责任意识，开展“安全生产，全员参与”主题大讨论。截至2022年5月底，公司累计开展大讨论228场；加强制度对标优化，对新修订制度进行集中评审，分批实施基层制度转化。截至目前，完成制度转化223项，为安全生产长效化制度的建立提供保障。

（四）“数字”赋能安全

1. 大庆油田油气管输有了“千里眼”

2022年11月2日，大庆油田全长199.73km的庆哈长输管道全面实现远程实时监测，安全生产8393天。这是大庆油田油气长输管道全面实现智能化管控的缩影。

庆哈输油管道是大庆油田与哈尔滨市的重要能源输送通道。“十四五”以来，大庆油田运用智能技术实时优化油气外输，庆哈、庆齐输气管道相继实现智能化管控，为原油储运数字化建设奠定了基础。

2022年初以来，大庆油田以完善的数据采集与网络传输系统为依托，建成以庆哈输油大队中心调度室为核心，涵盖数字化站库、视频监控、管道泄漏监测和管道高后果区视频监控系统为子模块的生产运行指挥系统。这套数字化站库系统相当于为庆哈输油管道安装了“千里眼”，可实时监测岗位生产、设备运转、管道运行等300余个参数，再加上无人机的探索应用，全面实现了油田管道巡查无死角、原油外输“零污染、零伤害、零事故”。

2. 长庆油田依托“安全眼”实现智能监管

长庆油田点多、线长、面广，给安全管理带来严峻挑战。为充分应用“互联网+”、大数据分析等智能技术，提升油田QHSE管理水平，长庆油田以开展全国安全生产专项整治三年行动为契机，将数字化作为实现油气生产本质化安全的革命性手段，依托“安眼工程”，加大QHSE信息平台建设与整合力度，探索形成了服务于二级单位应用、业务部门监管、公司领导决策的QHSE一体化监管平台。

监管平台实现了对作业过程、生产状况、“双高”风险点等现场的实时监控、智能预警，推动了长庆油田公司安全生产数字化、可视化、智能化管理。

自2020年以来，长庆油田通过全面开展调查研究，初步形成QHSE信息监管优化整合方案。同时，结合实际，梳理公司QHSE监管业务，整合已建、在建、拟建的QHSE相关业务系统，打破“各自为政、重复建设、信息孤立”的监管方式；历经“框架论证、可行性研究、需求调研、方案制定、功能设计、平台开发、上线测试”七个阶段，构建了以“监控、监督、业务、专项、综合管理”五大监管为干、作业双重预防等33项业务模块为枝、120余项具体要素为叶的平台架构。

“以往的QHSE信息监管存在着安全信息统筹规划不充分、业务领域覆盖不全面、信息系统推广应用不到位等问题。”安眼工程建设项目组员工说道，“如今，安全风险智能管控平台不仅系统整合了油田公司现有QHSE信息资源，优化完善了QHSE信息监管体系，开发了监视监控、智能预警、辅助管理、在线应用、协同决策、展示共享等六大功能，而且覆盖了QHSE管理各重点要素，为增强防范化解各类安全风险管控能力、全面推进‘用数据说话、用数据决策、用数据管理、用数据创新’的安全高效管理提供有力保障。”

3. 华北油田开启“无人机”智慧巡检模式

华北油田聚焦数字化转型，加快推进智能化现代化油田建设，已将无人机智慧巡检应用于管道巡护、安全检查等领域。近年来，华北油田发挥“数字赋能”重要作用，开展以二连分公司哈南油田数字化建设为示范点的数字化转型建设，包括无人机巡井、抽油机井振动监测等，建造数字化模式下的绿色健康企业。

华北油田二连分公司地处内蒙古锡林郭勒盟地区，冬季漫长、寒冷，井场常被积雪覆盖，在二连分公司无人机可实现自主起降、自主巡检、自主分析、自主充电、自主排障。这种全程无须人工干预的巡检模式，开创了国内无人机高寒井场应用的先例。

无人机一次最长飞行时间为36min，最大能抵抗6级风力，可实现全天候高清巡检。在日常巡检以及应急巡检中，无人机可对故障、隐患自动识别，做到智能巡检、应急维修。此外，无人机在每次执行完巡检任务后，可以生成巡井报告，并可按要求自动合成巡检照片。

华北油田计划在哈南油田建设3座无人机机场，实现269口常开抽油机井的无人机巡检全覆盖。截至2022年5月底，这个公司已完成1号机场建设，覆盖井数215口，累计巡检5000余井次、240余千米。无人机巡检在减轻员工劳动强度、提高工作效率、节约车辆消耗成本上展现出明显优势。

4. 浙江油田数字化监督力保"浙油安"

"浙油安"是浙江油田数字化转型、智能化发展的一个缩影。该平台包含个人信息、承包商信息、违章档案、安全记分、事故事件等 12 个数据库，可通过数据分析管理功能，实现在 PC 端、移动端利用图表、安全色等直观显示各部门、员工、承包商单位及承包商关键岗位人员的 QHSE 状态，提高安全监督工作效率。在移动端，还开创了"安全文化"模块，可实现各级人员分享安全时政、领导讲话、事故警示、安全文化等内容，以供学习应用。同时，在 PC 端、移动端查询违章、问题、安全记分、事故事件等 QHSE 数据，方便掌握现场监督检查和 QHSE 态势。

5. 长庆石化智能化技术提升安全管控水平

作为国家智能制造和人工智能双试点、全国工控安全在线监测网络应用试点等多个国家试点单位，长庆石化加大安全管控智能化建设力度，持续推动信息技术与安全生产深度融合，不断丰富"工业互联网+危化安全生产"场景应用，提升了企业本质安全水平。

依托工业互联网，长庆石化开发了 HSE 现场管理、VOCs 网格化监控预警、行为分析等系统，以及应急管控指挥和工控网络态势感知等平台，打通生产、设备、安全、环保等环节，建立国内第一个整厂逆向建模的三维数字化平台，搭建炼化装置安全生产风险预警模型，实现了精准预测、智能预警和超前预警，将机组故障检修率控制在 0.4%以下，降低设备检维修成本 10%以上。

在 HSE 现场管理中，长庆石化利用智能巡检模块，实现巡检数据实时上传、漏检及时提醒，可快速处理异常状况，日巡检效率提高 60%。通过智能管理平台，对动设备运行数据 24h 不间断分析感知、自动诊断、智能预警，使动设备渐变性故障识别和预警准确率分别升至 100%和 95%，设备可靠性提高 20%以上，仪表完好率保持在 99.9%以上。此外，长庆石化还通过手持移动终端，规范作业许可的签批程序，确保现场安全管控措施有效落实。

6. 独山子石化智能掌控高危泵

2022 年 8 月以来，独山子石化公司上线运行机泵状态监测系统，1346 台高危泵全部实现在线实时智能监测，降低了员工的劳动强度，提升了安全生产保障能力。机泵状态监测系统通过平台支撑、场景落地、IT 赋能，基本实现了管理工作一个系统全部完成。该系统功能齐全，包括机泵全生命周期管理、故障智能诊断预警、设备日常管理指标自动计算并排序、报表自动提取、各类设备信息随意调用等，使机泵运行维护过程智能化，实现了在线实时智能“体检”，对机泵故障分析“诊断”更加科学，检修更加精准，设备运行更加健康。

机泵状态监测系统结合ERP平台内设备主数据、通知单、工单等数据，通过数据自动提取、计算，制定了设备运行可靠性评价及运行经济性评价等多项特征管理指标，实现了业务管理流程化、集约化。

机泵状态监测系统运行后，基本实现了机泵数据价值综合应用、管理指标化、风险管控预警能力提升、个性化驾驶舱定制、员工减负五大目标。该系统支持不同用户可视化呈现效果需求，通过公司、各运行部、各生产装置设备可视化建模，为各级管理者量身定制满足自身需求的操作画面，结合设备状态重要指标数据进行综合展示，让各级领导、管理者实时掌握现场运营动态及设备运行状态。

7. 中油国际管道“云端检查”护航跨国安全生产

中油国际管道公司在中亚和缅甸运营的跨国油气管道点多线长，管道全长一万余公里，沿线地区自然环境和社会安全环境复杂，安全生产风险挑战大。集团公司部署安全生产大检查工作后，中油国际管道公司严格按照安全生产“十五条硬措施”，第一时间下发《开展安全生产大检查和隐患排查的通知》，成立工作专班，下设七个检查组，分别由公司领导班子成员带队检查。

安全大检查分为基层站场自查与各合资公司检查、公司总部检查组检查、问题“回头看”三个阶段，重点检查安全生产责任落实、海外合资公司IMS体系建设、疫情防控情况等内容。自4月26日起，公司检查组对各个海外项目基层站场开展“云端检查”。

首场“云端检查”选取了中缅油气管道项目马德岛管理处首站、新康丹泵站。马德岛管理处首站是中缅原油管道的陆上起点，探索形成了“TASK”巡检体系、“PUSH”管道综合巡护体系等安全管控实践经验；新康丹泵站面对缅甸若开山区恶劣的自然环境和社会安全风险，全面落实《基层站队HSE标准化方案》，保障项目安全平稳运行。

8. 寰球公司“黑匣子”打造安全培训2.0

寰球公司多媒体安全培训工具箱——“黑匣子”，体积约一个笔记本电脑大小，厚5cm，内嵌不同专业的30份安全培训课件，可自动进行培训人、受训人的身份识别，同时辅以60个手持答题器，“一站式”完成安全培训全过程，并且能同步实现培训过程与数据的存储记录。

项目现场的安全培训是确保安全生产的第一道屏障。长期以来，由于现场专职 HSE 培训师不足、培训形式单一、培训档案管理存储不规范等诸多因素，现场安全培训工作始终存在短板。为了突破这一瓶颈，寰球公司经过充分调研，了解工程建设行业培训现状，最终锁定使用多媒体安全培训工具箱，采取“试点应用、逐级推广”的方式，深度发掘多媒体安全培训工具箱的应用效能。2019 年，多媒体安全培训工具箱率先在集团公司重点建设工程塔里木乙烷制乙烯项目现场进行试点应用，实现了培训考勤自动化、培训课程标准化、培训考试无纸化，大幅提升项目现场安全培训的效率和效果。2020 年，培训工具箱在寰球北京公司及其 11 个项目现场开展二级单位试点应用。同时，依托多媒体培训工具箱，寰球北京公司开发建设了远程培训管理平台，建立在线 HSE 培训系统，构建人员管理、视频培训、无纸考试、自动评分、自动建档、数据同步的一体化智能培训管理平台，安全培训信息化程度大幅提升。2021 年，经过充分评估论证，寰球公司发挥集中采购优势，通过签订框架服务协议的形式，正式在全公司范围内全面推广使用多媒体安全培训工具箱，基本实现了基层项目现场安全培训工作的系统化、信息化和可视化。

先进的硬件系统和多功能的应用平台为安全培训提供了良好的技术支撑。为了进一步提升培训效果，寰球公司针对施工现场存在的高风险作业活动，按照统一规范、统一标准的要求，筛选各专业资深专家和技术骨干，分期分批编制开发多媒体安全培训课件，以多媒体动漫形式直观、生动地展现安全培训要点，便于参训人员理解和记忆。截至目前，多媒体安全培训工具箱累计培训超过 13 万人次，平均培训效率提升 50%。

四、2023 年工作计划

党的二十大开启了全面建设社会主义现代化国家新征程，对提高公共安全治理水平、完善应急管理体系等作出重大战略部署。习近平总书记在党的二十大报告中强调，坚持安全第一、预防为主，建立大安全大应急框架，完善公共安全体系，推动公共安全治理模式向事前预防转型；各单位要深入学习贯彻党的二十大精神，完整准确全面贯彻落实党中央、国务院重大战略部署和《安全生产法》，坚持精准施策严监管，突出抓好安全环保隐患排查治理，不断深化 QHSE 管理体系建设，防范化解安全环保重大风险，为打造基业长青的世界一流企业奠定坚实的基础。

（一）深入贯彻党的二十大精神，持续巩固安全发展理念

认真贯彻落实习近平总书记重要指示批示精神，将安全发展、绿色发展理念

贯穿于规划、设计、建设、生产、运行、维护等各环节全流程，坚持安全第一、预防为主，推动安全生产治理模式向事前预防转型。坚持“四全”管理，落实“四查”要求，保持安全警觉，坚持警钟长鸣，始终坚持人民至上、生命至上，始终非常明确、非常强烈、非常坚定守住“发展决不能以牺牲人的生命为代价”的红线，不能侥幸、不能含糊，切实把员工的生命安全和身体健康放在首位，在“严细实”上下真功夫、在狠抓落实上下硬功夫。

（二）层层压实安全生产责任链条，持续抓好全员安全责任落实

以签订新修订的《安全环保责任书》为主要内容，压实主要负责人安全环保责任，进一步压紧“三管三必须”安全生产法定责任，加强全员安全生产责任清单考核管理，促进安全生产第一责任、直线领导责任、专业直线管理责任、综合监管责任和属地管理责任共同发力，形成安全生产监管合力。加强常态化监督检查和重点领域专项督查，提高“四不两直”抽查频次，强化现场问题的管理追溯，用好述职、约谈、记分、通报、排名排序、问责等手段，全力推进以各级领导干部为重点的全员安全生产责任落实。强化安全先进、安全示范岗、安全基层站队、安全里程碑等激励奖励活动，双向促进全员安全生产履职尽责。各级领导干部定期开展安全生产承包点督导检查，及时解决突出问题，强化责任落实，加强全员安全生产记分管理，持续提升全员安全意识和能力，促进安全生产全员履职。对新调整的企业主要负责人开展安全生产述职评审，充分发挥安全生产第一责任人的关键作用。

（三）深化 QHSE 体系建设，持续推动安全环保由治标向治本转变

坚持“一体化、差异化、精准化”QHSE 体系审核，减少运动式审核，增加点对点式专项审核，加强企业内审指导，强化海外项目审核和国际同行对标，推动总部 QHSE 体系审核向“专业化、常态化、机制化”转变。加强全员、全要素、全过程、全数据的质量管理体系建设，增加对质量部分的审核内容和权重，强化风险源头防控，筑牢安全环保基础。进一步推进“三基”工作抓实抓细，抓基层、打基础、固基本，增强全员知责明责、担责尽责的责任意识，锻造“宁可一个过得硬、不要九十九个过得去”的工作作风，以 QHSE 体系建设为抓手，推动安全环保由治标向治本转变。建立完善严重问题、整改措施、考核问责三个对应清单，发挥企业内部审核的主体作用，推动企业全年至少规范完成一次全覆盖的内部审核工作，逐步形成以企业内审为主、总部审核为辅，内外审核互补的审核工作模式，做到总部审企业、企业审所属单位、所属单位审基层三级审核全覆盖。

（四）用好隐患治理专项投资，持续强化重点隐患治理

统筹安全环保隐患治理投入渠道，用好年度安全环保隐患治理专项投资、安全生产费用计提资金，强化费用化治理投入，用好资本化投资计划，实施分级分类治理，确保重点领域专项整治排查重点隐患清零。加强安全生产计提费用管理和使用，开展计提资金专项督导，规范计提资金使用，充分发挥计提资金作用。加强重点治理项目实施进展跟踪，加大新开项目前期准备，确保2023年安全环保隐患治理项目早立项、早开工、早实施、早投用，确保全年计划年内完成的隐患治理项目完工率达到90%以上。严格实施安全环保隐患排查治理，制订并实施重大隐患整改方案，进一步压实整改责任、管控进度，确保按期完成重大隐患整改目标。加快完成应急管理部、生态环境部、国资委督办治理项目，推进大型油气储存基地对标自评问题整改、炼化企业VOCs达标治理、油气田企业和销售企业储罐密封改造，实施16个土壤污染源头管控项目、14个关闭搬迁地块土壤污染治理项目。

（五）从严管控重大风险，持续开展重点领域安全专项整治

强化重点领域重大风险跟踪，强化风险提示和预警，实施风险源头防控，持续推进“工业互联网+安全生产”建设方案实施，加快智能化管控平台集成建设，完善生产运行和作业过程两大主题领域应用建设，统筹大型油气储存基地安全风险智能管控平台、海洋石油安全风险监测预警系统、危险化学品双重预防机制数字化建设，提升监管智能化水平。持续开展重点领域专项整治，加大专项隐患排查力度，全面推进重点领域“企业对标自评+总部深度评估”工作，成立工作组对重点企业开展帮扶指导。持续开展重点领域专项整治，开展井控、特殊作业、危险化学品、城镇燃气、污染减排等五个重点领域安全环保专项整治，组织液化烃储罐区深度评估及危险化学品安全风险集中治理、城镇燃气安全排查整治、房屋建筑物等重点领域安全专项整治“回头看”，抓好川渝、塔里木等高风险区域“一超三高”井，以及流转区块井控管理，坚决杜绝井喷失控和硫化氢泄漏事故；彻底整治高危细分领域和老旧装置重大隐患，全面排查治理油气集输管道、油气长输管道、城镇燃气管道风险隐患，狠抓重点工程建设、炼化装置检维修和特殊作业环节过程监管，确保风险受控。持续加强安全环保应急能力建设，落实各项风险防控措施，建立完善风险预测预警体系和应急联动机制。

第二章　中国石化安全生产与应急管理工作动态

石油化工行业是国民经济的重要支柱，对稳定经济增长、改善人民生活、保障国家安全具有重要作用。同时，石油化工生产经营过程固有的高温高压、易燃易爆、有毒有害等特征，发生泄漏、火灾、爆炸等事故的安全风险始终存在。一旦发生安全事故，势必会对企业员工，乃至周边群众生命财产安全造成威胁。近年来发生的多起火灾爆炸事故也给我们频繁敲响警钟。石油化工企业必须充分识别重大安全风险，针对各类重大突发事件做好应急准备，切实做到有备无患。

一、企业应急消防管理工作常见典型问题

应急消防管理是中国石化集团公司 HSE 工作的重要组成部分，也是事故发生酿成后果之前的最后一道防线，加强应急管理是控制事故影响、减少人员伤亡、降低事故损失的重要措施。但应急管理基础工作薄弱，不能完全满足应对各类突发事件需要，急需引起重视。

1. 缺乏底线思维

由于重大突发事件存在“小概率、大风险”的特点，一些企业管理人员寄希望于“小概率”上，抱有侥幸心理，凭经验认为“重大突发事件”不可能发生或“不可能在我们单位发生”。同时，对“黑天鹅”事件可能引发的“多米诺骨牌”效应和耦合效应认识不足，主观上不愿意正视，甚至刻意忽视事件可能造成的严重后果，从而无法准确定位自身应急能力的边界，准备工作不足。

2. 应急指挥能力不足

重大突发事件的引发机理和后果相对复杂，应急响应与救援的难度远远超出常规预案所规定的内容，部分企业管理人员没有接受正规应急培训，难以快速做好风险研判、科学救援、专业处置、综合保障、政企协同等工作。

3. 日常应急准备不足

一些企业管理人员应急管理职责没有真正落实，在应急预案、应急演练、应急培训等工作中参与不够，不同程度存在应急预案照搬照抄、应急培训流于形

式、应急演练“照本宣科”、应急物资疏于管理，应急准备难以满足需求等问题。

4. 企业消防专业管理存在弱化倾向

石化企业近年来火灾爆炸等事故总量降低，安全生产形势持续好转，部分企业对消防工作重视程度下降，消防管理水平滑坡。有的消防设施老旧，日常维护保养不到位，基层员工对于固定消防设施操作不熟练；有的没有及时推动专职消防队伍向应急救援中心转型，队伍未有效承担起企业的消防气防监护、应急培训和消防设施检查考核等职能。

5. 消防队伍建设出现问题

一些企业对于消防队伍建设缺乏整体规划，存在边缘化趋势。有的队伍内部职能科室萎缩、专业技术定岗减少，基础管理滑坡，不满足队伍承担的专业职能需求；有的队伍整体待遇较低，队伍稳定性差，专业技术人才断档、一线队员流失率高等问题比较突出。

二、2022 年度重点工作完成情况

1. 组织应急预案交叉互评

应急预案是针对可能发生的事故(件)或灾害，为保证迅速、有序、有效地开展应急与救援行动，降低事故损失而预先制定的有关计划或方案。经过十余年的努力，中国石化所属企业已建成横向到边、纵向到底的应急预案体系，在各类突发事件有效应对中发挥了积极作用。同时，中国石化集团公司安全监管部不断推动应急预案“从有到优”，向着预案实用好用的目标持续发力。

2022 年，中国石化集团公司安全监管部组织炼化、销售板块共 78 家企业完成了应急预案交叉评审，通过总部引导、典型示范、企业互审，总结预案常见问题和修改建议，炼化板块共提出预案修改意见 350 余条，销售板块共提出预案修改意见 320 余条，多数问题现场给出“参考答案”，帮助企业解决了实际困难，夯实了应急工作基础，得到企业广泛好评。

2. 精心策划，创新形式提升效率

一是分步实施，审核过程任务清晰分工明确，有效提升效率。考虑到预案审核工作量大，交叉评审时间紧凑，预案交叉评审时，将板块企业划分为若干小组，再按“单人初审+小组讨论+集体审议”三个阶段具体实施。通过划分工作步骤、落实个人职责，既分工又合作，有效提高了工作效率，最终在预定时间内完成了审核任务。

二是实用优先，审核内容淡化“八股”形式，坚持问题导向。企业普遍反映

外部预案审查过于偏重要素形式，往往是围绕《生产经营单位生产安全事故应急预案编制导则》（GB/T 29639—2020）来审查要素是否齐全、格式是否合规、表述是否清晰。此次预案交叉评审，不找非本行业的专家，也不简单套用预案编制导则搞"八股"形式的审核，要求大家主要从预案的实用性出发去审核，带着自己参与预案编制时曾经遇到特别是已经解决的问题去看，也可以结合法规标准新要求和本企业应急方面的好做法去提建议。评审找出来的问题往往也是企业预案编制中的痛点难点，得到大家的欢迎。

三是全员参与，审核人员既当"考生"也当"考官"，互促互进。此次预案交叉评审要求具体执笔编写直属企业级预案的人员参加，实际参加的约70%是直属企业生产、安全等职能部室的管理人员。在审核过程中，大家都带着预案到现场，既接受审核也审核别人，既当"考生"也当"考官"，平等参与审核工作，既能用心去审预案，也能虚心接受别人提出的意见。同时，有了"考官"的压力，大家工作热情普遍高涨。现场参与预案评审的人员主动加班加点，部分因疫情原因无法到现场的同事，也都坚持通过视频会议形式全程参与，有效保证了工作质量。

四是免费体检，审核结果不做考核问责，确保放松心态。在启动会议明确预案评审结果不考核问责，帮助大家统一思想放松心态，主动介绍企业在应急管理实践中遇到的痛点难点问题，被审企业与审核人员面对面交流，分析问题、探讨修订措施。在小组讨论、集体合议等过程中，大家也都积极发言，围绕如何设置企业的应急预案体系、应急组织机构等话题热烈讨论，既把国家法规标准说明白了，也把同类企业典型经验做了介绍，解决了一些平时闭门造车没有解决的问题，发挥了给预案"体检"的作用。

3. 认真落实，靶向行动收效明显

通过集团内部组织预案交叉评审，参会企业普遍反馈收效明显，对评审问题"照单全收"，尽快完成预案修订；还计划参照交叉评审方式，组织二级或基层单位做好预案修订。

一是进一步完善应急预案体系。对于预案体系不清、机械执行国家关于重大危险源编制预案的要求等问题，组织企业按照"1个总体预案+N个专项预案"进行统一规范，确保预案体系横向到边、纵向到底，覆盖企业可以遇到的各类突发事件。

二是进一步理顺应急组织机构。对于应急组织机构与实际不符、混淆日常安全管理与应急组织机构，甚至前后矛盾等问题，组织企业根据应急职责划分和实际应急流程，科学设置应急组织机构。

三是进一步做实风险识别评估。对于风险识别评估缺少具体内容、评估不准确等问题，要求企业把风险识别与评估作为预案编制的前置动作，组织工艺、设备等相关专业和基层班组骨干摸准现场情况，并广泛收集同类企业事故案例，为预案编制准确提供“靶子”。

四是进一步完善应急处置内容。对于预案中日常管理内容篇幅长、与应急无关信息多，或是未根据事故特点制定针对性措施，实用性不强等问题，组织企业将应急处置作为预案核心内容，科学厘清应急预案与应急管理制度的区别；通过图表结合、正文+附件等形式精简正文篇幅。

4. 推广情景构建演练模式

情景构建作为安全管理领域的一种应用工具，是将应急准备中的目标明确化、风险实例化的有效途径。中国石化基于重大突发事件应急准备中存在的典型问题，在应急预案、应急演练等工作中借鉴情景构建模式，组织各层级梳理应对任务、规范应急响应、完善应急准备，取得较好成效。

（1）集团公司级演练连续四年采用情景构建演练模式

2019 年以来，中国石化连续在集团公司级演练中采用情景构建演练模式，将主要演练场地转移到室内，主要参演对象聚焦到职能部门，既考基层员工的应急动作，更考管理人员的指挥协调能力。演练贯通基层单位、二级单位、直属企业到集团总部的整个应急响应流程，对基层单位能否初期处置、职能部门能否各司其职、决策层能否科学指挥进行全面检验。

2022 年 11 月，中国石化组织 2022 年度集团公司级应急演练。此次演练参考了近年多起石油石化行业典型事故案例，设计一个“最坏可信”场景。即模拟某企业烯烃厂乙二醇装置环氧乙烷再沸器上封头法兰垫片失效发生泄漏、着火，精制塔被烘烤爆炸，爆炸飞溅物造成 PTA 联合装置、轻石脑油球罐、工艺管廊、危化品槽车等多处火灾，并导致多人受伤。

2022 年度集团公司级演练共分为五个情景进行推送。第一场景是事故初发阶段，重点检验基层人员第一时间发现、第一时间报告、第一时间响应的过程。第二场景是事故发展阶段，重点检验企业启动各级预案，应急指挥中心和现场指挥部建立，公司各职能部门、应急工作组开展应急响应等相关事宜。第三场景是灾情扩大升级阶段，重点检验企业内部多点协同应急救援，开展伤亡人员搜救、转移安置的过程。第四场景是事故发酵阶段，重点检验企业相关职能部门通过企地联动等方式，防止次生、衍生灾害的过程。第五场景是重点检验事故后期处置与现场恢复的能力。演练以桌面推演为主、现场演练为辅，结合企业应急体系现状和安全生产实际，全面检验企业在事故初期基层应急处置、事故扩大后研判决策、应急指挥、资源调度、环境风险控制及舆情应对等各方面的综合应急能力。

（2）分板块组织典型企业开展情景构建模式演练

近年来，中国石化安全监管部牵头，针对集团公司级的重大典型风险，组织青岛安工院和部分典型企业分批开展了情景构建试点工作。

2022年，中国石化分别组织高桥石化、巴陵石化、安庆石化、扬子石化、销售华东、西北油田等6家单位开展了企业级的试点推广工作。试点企业高度重视此项工作，企业领导带头参加，以情景构建工作为抓手，全面检验了企业应对重大险情的综合应急能力。试点企业参照总部模板，独立完整地组织了直属企业级情景构建桌面演练，给兄弟企业进一步提供了参考借鉴。

以高桥石化演练为例，现场模拟长输管道泄漏闪燃后出现的周边居民受伤、村庄断电、原油停输、河流污染、高速公路被封等险情，其中多个场景是针对企业生产调度、工程抢修、舆情管理、企地协调、物资供应等职能部门和企业领导班子成员的“考题”。演练过程中，通过文字、视频等形式将可能出现的突发险情以具体情景化的方式逐步推送，参加演练人员现场作答，引导参演人员思考厂外管线发生事故后如何快速上报信息和沟通，如何有效搭建指挥框架、融合资源，如何迅速控制势态发展、避免次生和衍生事故，如何协调地方资源组织救援等问题。通过演练，帮助企业各级人员特别是中高层管理人员从常规的生产经营工作中跳脱出来，从直观上、感性上真正认识重大突发事件，切实结合自己的岗位职责梳理响应流程、思考应急措施，提高分析研判、决策指挥和组织协调能力，达到了检验应急预案、磨合应急机制、完善应急准备、提高应急能力的效果。

（3）以应急“135”为抓手推动基层开展情景构建演练

石化行业涉及的化学品大多具有易燃易爆、有毒有害的特性，基层初期应急处置不当极易引发火灾、爆炸、中毒窒息等事故，导致事故规模和后果扩大升级。例如：2019年江苏响水天嘉宜公司“3·21”特大爆炸事故，从事发起火至发生爆炸，3min多的时间内企业未采取有效灭火和人员撤离等应急措施，最终造成78人死亡的重特大事故；2019年宁波锐奇日用品有限公司“9·29”重大火灾事故，生产过程中塑料桶静电引发香水原料起火后，现场人员不知如何处置，甚至试图用风将火吹灭，处置不当导致火势蔓延，造成18人死亡。因此，在石化行业建立救早灭小的事故快速响应机制十分必要。

中国石化以应急“135”为抓手，提升基层初期应急响应能力。即：1分钟内应急响应，及时采取能量隔离、切断物料等关键操作动作，确保事态不扩大；3分钟内退守稳态，由班长研判并下达指令，岗位员工3分钟内实施退守稳态操作；5分钟内消气防联动，消气防救援力量于5分钟内到达现场，与属地单位配合开展应急处置工作。

2022年，中国石化安全监管部制定下发了《关于全面推广基层应急“135”原则的指导意见》，分类明确油田企业井控、炼化企业装置泄漏火灾、销售企业加气(氢)站泄漏等典型场景的初期应急处置具体内容，为企业提供参考模板。明确“1分钟”的响应主体是第一发现人，主要为一线操作人员，关键响应动作包括第一时间发现、第一时间报告、第一时间处置。“3分钟”的响应主体是班组(井队)，由班组(井队)长组织岗位人员按照基层单位现场处置方案开展应急处置，关键响应动作包括向消防队伍报警、设置现场警戒、搜救转移伤员(条件允许时)，特别是研判存在火灾爆炸、人员中毒等事故风险时，组织装置紧急停工，安排涉险区域人员及时、有序撤离到安全地点，避免事故造成人员伤亡。“5分钟”的响应主体是企业消防、抢修等专业应急队伍，在事故超出基层单位应急能力时，这些队伍开展专业应急救援工作，属地单位应做好配合工作。

5. 统筹加强专职消防队伍管理

石化企业专职消防队既是企业应急救援的第一出动力量，也是我国危险化学品应急救援的骨干力量，是社会火灾防控体系的重要组成部分，在国家和地区安全生产应急救援体系建设中扮演着重要角色。近年来，中国石化从顶层设计着手，推动各企业不断加强消防队伍建设。

（1）调研摸清企业消防队伍现状

先后调研了兄弟央企消防队伍建设情况，针对油田、炼化企业的专职消防队伍现状，先后多次组织典型队伍专题会议研讨，全面统计分析了集团公司消防队伍人员、装备等各类基础数据，深入分析了队伍在体制机制、人员薪酬、梯队建设、装备配置等方面存在的问题。

（2）编制《加强企业专职消防队伍建设工作方案》

中国石化安全监管部牵头，组织编制工作方案，为未来5~10年企业专职消防队伍发展做好统筹规划。

（3）编制2023—2025年消防装备更新计划

针对企业现有车龄超15年、国Ⅲ以下排放标准等老旧消防车辆以及事故救援中暴露出的装备短板，组织企业充分研究本单位生产装置、井队站场、油品罐区等重点保护对象需具备的救援能力，按照实用原则编制 2023—2025 年消防装备更新计划。

6. 开展消防安全专项评估工作

2022 年，中国石化对华北油气、中天合创、燕山石化、天津石化、青岛炼化、青岛石化、安庆石化、中安联合、镇海炼化、巴陵石化和长岭炼化等 11 家直属企业完成了消防安全评估。评估包括重大危险源消防安全评估、消防队伍达标评估和气防器材抽检等 3 项内容，对企业消防安全管理现状进行全面“体检”，有效推动企业提升消防专业管理水平。

（1）重大危险源消防安全评估

在重大危险源消防安全评估中，重点突出实操测试，共安排了 8 个实操测试项目，包括测试消防泵房操作人员是否掌握应急机械启动；喷淋系统是否存在喷头堵塞、缺失、损坏现象；控制室值班人员对火灾报警控制器是否会自检和主备电切换；消火栓、固定消防水炮、消防竖管各开关是否灵活，定位、转动机构操作是否困难。

在评估过程中，既帮助企业发现了不少早期建设的生产装置、罐区对标新标准存在的问题，也发现了一些消防设施使用和维护保养方面的问题。

（2）消防队伍达标评估

在消防队伍达标评估中，主要对照集团公司 2021 年下发的《专职应急队伍标准化管理规范》开展评估，评估内容包括战备执勤、监护与救援行动、装备管理、业务训练管理、正规化建设等五个方面。

在评估过程中，发现有些队伍战备管理不规范，未规范建立战备值班制度，未将制定的所有预案定期轮训一遍；有的队伍在“四不两直”演练时，未正确开展侦查检测，现场指挥程序不畅；有的队伍未全面收集消防车等装备技术图纸、说明书，装备档案不完善。

（3）气防器材抽检

评估组按照 5% 抽检比例，对空气呼吸器、便携式检测仪等气防器材进行了抽检，发现的空气呼吸器不合格项主要涉及供气阀、压力表、面罩、静态压力等方面，便携式检测仪不合格项主要涉及示值误差、报警功能检查等方面。

三、2023 年重点工作安排

学习贯彻党的二十大精神，以习近平总书记关于应急管理的重要论述和系列指示批示精神为根本遵循，按照集团公司统一部署，以开展“安全管理强化年”

为抓手，持续加强应急能力建设，全面提升消防队伍实战能力、提升基层单位初期应急处置能力、提升企业消防专业基础管理水平。

（1）加强消防队伍建设，提升消防队伍实战能力。针对消防队伍建设目前存在的短板问题，打通消防队伍管理指挥、专业技术、技能操作的人才成长通道；建立老旧消防车辆淘汰机制，加大无人机、消防机器人等新装备新设施投入；组织消防队伍防火、战训、装备、气防等专业技术岗位和中队长以上指挥员开展轮训，开展消防队伍全员练兵，切实提升队伍应急救援综合能力。

（2）组织开展炼化企业基层单位应急能力竞赛，提升基层单位初期应急处置能力。面向 39 家炼化企业（含煤化工企业），随机抽取典型炼化装置技术管理和技能操作人员，通过基础理论、实操测试等多种方式，检验一线人员对于泄漏、火灾、爆炸等突发险情的初期应急处置能力。

（3）继续组织消防安全专项评估，提升企业消防专业基础管理水平。在 2022 年工作基础上，将继续完成 34 家油田、炼化企业的消防安全评估，重点突出消防设施实操测试、消防队伍实战演练和气防器具质量抽检。同时，督促企业做好消防安全评估问题整改闭环，加强消防专业日常管理。

第三章　中国海油安全生产与应急管理工作动态

一、面临的形势与挑战

中国海油集团公司深入贯彻习近平总书记关于强化应急管理体系和能力建设的重要指示、批示精神，落实中国海油董事长关于“贯彻新发展理念，在落实保障国家能源安全、建设海洋强国等国家重大战略部署上展现更大作为”的指示要求，持续加强、优化、统筹应急能力建设，构建统一指挥、专常兼备、反应灵敏、上下联动的应急管理体系和应急能力，应急管理能力持续提升。

但随着公司业务发展，公司需面对自然灾害、安全生产、疫情防控叠加带来的新风险，自然灾害、事故灾难、公共卫生事件、社会安全事件等各类突发事件的关联性、耦合性越来越强，同时新时代人民群众对公共安全的需求日益增长，对安全风险的容忍度越来越低，公司如果不能及时有效地应对各类突发事件，很可能会影响员工与群众情绪，进而引发更大的问题，这给公司应急管理带来了巨大挑战。

一是自然环境影响方面。气候及环境变化导致自然灾害风险增加，超强台风、风暴潮、海冰、泥石流、内波流等自然灾害频发，自然灾害的突发性、不确定性和严重危害性，使得应急管理工作难度巨大。

二是生产形势变化方面。按照集团公司“增储上产”要求，各单位作业量保持高位运行，新人员、新岗位、新队伍使用及外部相关产业发展造成的人员流失等必然造成现场应急处置技能下降；新业务、新工艺、新领域项目等因素可能带来新的风险及事件类型，深水项目、海上风电项目等对应急管理要求更高，对公司应急处置策略与手段有更多要求。

三是长期服役设施及关键设施完整性方面。设施老龄化及外部因素导致风险暴露和脆弱性增加，随着服役时间推移，部分设备设施可靠性逐渐下降，管道占压、第三方破坏等对长输管道完整性造成影响，一旦出现异常情况，对公司应急处置带来很大挑战。

四是综合应急管理能力提升方面。基层应急管理体系不完善，整体合力有待形成，特别是不同作业模式、商务模式下时常存在应急界面不清晰的现象，造成突发事件应对不顺畅；应急信息化运行水平较低，公司综合性应急管理大数据平台尚在起步阶段，各级应急管理平台存在不兼容现象，导致应急指挥协调范围不断扩大、难度不断增加，大数据、云计算、物联网等前沿技术尚未投入应急体系中，信息预测预报工作受到制约，影响了应急预防预警能力。

五是外部影响方面。随着经济社会快速发展，公众对安全环保事故事件高度敏感，对生命安全和环境保护的期望提高，人民群众对应急管理的要求越来越高，公司应对公众期望的难度进一步增加，对公司应急处置的时间敏感性、有效性要求更高。

二、2022 年工作思路

以习近平新时代中国特色社会主义思想为指导，全面贯彻落实党的十九大和十九届六中全会精神，深刻领悟“两个确立”的决定性意义，抢抓大好机遇、担当历史使命。深刻领会以中国式现代化全面推进中华民族伟大复兴的使命任务，坚定不移推进中国式现代化，主动识变应变求变，主动防范化解风险。深刻领会全面建设社会主义现代化国家的重大战略部署，坚持总体国家安全观，完善公司应急管理体系，提高应急管理能力。坚持居安思危、预防为主理念，主动防范和化解各类风险，提升风险应对能力，坚持以习近平总书记关于应急管理重要论述指导实践推动工作，增强防灾减灾救灾和急难险重突发事件处置保障能力，紧紧围绕集团公司安全工作部署，完善应急安全体系，构建区域联动、立体高效的应急防护体系，以增强各级干部应急意识和应急能力为核心，提高“防”和“救”的责任链条，增强忧患意识，提升防控能力，本着“抓基层、抓管理、抓协调、抓整改”，提升应急管理工作水平。

三、2022 年度工作进展

2022 年集团公司按照推进应急管理体系和能力现代化的总体要求，围绕“七年行动计划”、《安全生产三年行动计划》、海上应急能力提升专项工作、党的二十大重保期间提级管理等年度重点工作，以“预防、预备、响应、恢复”为主线，系统性提升应急管理体系和应急处置能力。2022 年全年集团公司未发生启动公司级应急响应的事件，全面统筹公司防灾工作安排，全年未发生因自然灾害导致的次生伤害事件。

（一）强化应急顶层设计，优化应急机制体制

根据国家法律法规要求和应急管理需求及预案相关问题，进一步优化集团应急预案体系，提升预案针对性实用性。

1. 构建三级应急预案体系，指导应急管理工作

2022年开展了集团公司应急预案修订工作，成立了工作专班，经过5个多月的编写、内外部专家多次审核，于2022年12月完成了集团综合预案的修订和11个专项预案制订，新版预案能够较好地在突发状况下指导应急事件处置，提升应急响应的及时性、准确性和完整性。

提升了应急预案的针对性。新版应急预案补齐了应急响应全部流程、简化描述突出关键信息。将现行预案中所属单位应急管理要求进行简化，针对性及可操作性大幅提升。指导各所属单位开展应急预案的修订工作，所有修订预案均已完成备案。构建三级应急预案管理体系，有效指导各级应急管理工作。

增强了应急预案的实用性。统一了应急响应标准，即统一事件分级标准及响应启动标准，做到定义明确，职责清晰。厘清了响应层级及职责，并进一步明确了委员会办公室响应要动态跟踪研判事态发展，为总部级响应启动做好必要准备。

梳理完善应急专家资源库。建立了主要专业领域内外部专家库，通过收集部委专家库、行业推荐、集团内部专家库等专家来源，锁定了各专业行业内顶尖权威专家，为应急处置提供技术性、权威性支撑。

2. 强化内部统筹，区域联防联控初见成效

2022年各分公司进一步强化在防灾减灾的区域协同统筹责任，压实属地管理主体责任，进一步落实“属地油公司统筹、区域专业公司协同、地方社会资源补充”原则，进一步完善风险防控、预测预警、统筹协调和资源共享等机制，确保应急管理工作全覆盖，构建各地区应急响应命运共同体，实现“防灾一盘棋”目标原则。

3. 储备外部资源，开展政府-企业联动建设

公司在应急救援方面积极推动政企联动和共享机制，与政府职能部门及区域内兄弟单位保持长期协作关系，定期开展交流和互助活动，充分保障外部资源储备。

（二）强化软实力建设，持续提升应急响应能力

2021年底，集团公司组织开展海上应急能力调研，系统性梳理海上应急能力体系现状和存在的问题，启动海上能力提升专项工作，明确有限公司应急体系以预防为主，强调现场第一时间应急响应、处置能力的有效性。明确有限公司应

急管理体系，以各分公司作为责任主体做好能力规划、建设、投入保障、监督及考核。专业服务公司作为重要支撑力量，做好自身能力建设及服务支持。总部作为统筹协调机构，做好顶层设计、预算审核、监督检查及管理考核。

1. 整合各级应急资源，规划应急能力建设

总部层面作为统筹协调机构，做好顶层设计，聚焦机制的优化。溢油应急能力提升紧紧围绕“机制和模式更加合理，体系更加完善，队伍作战能力显著增强，应急装备适用性有效提升”开展工作。消防能力建设紧紧围绕“预防为主，建设迅速响应、快速动员、高效处置的消防应急救援能力”开展能力提升工作。应急救援要求具备“昼间搜救、夜间搜寻”能力。

2. 完善应急信息系统建设，提升应急响应能力

进一步优化、升级生产应急系统的功能，初步建成集开发、生产、安全业务于一身的生产调控中心，2022 年对该系统的功能进行更新与完善，将生产安全同信息化有机融合，强化日常监管与使用。一是做好顶层统筹，督促各单位与集团系统整合，推进各单位原有应急系统与生产应急系统进行整合，当前各单位均已接入集团生产应急系统。二是系统功能深度优化，增加实时信息回传功能。

3. 强化 24 小时值班制度，提高应急响应时效

为进一步增强安全生产领域突发事件和生产安全事故信息接报时效性，集团公司强化 24 小时应急值班要求，推进各单位应急值班室建设，当前上游单位全部成立专人 24 小时值守的应急值班室。同时集团公司应急值班室进一步提升工作的规范化和标准化，严格按照“突发事件 30 分钟”上报要求对下属单位应急值班室进行监督指导。

四、2023 年工作计划

（一）压实责任，夯实基础，筑牢“防”线系统

进一步完善应急规章制度，压实各方应急管理责任。梳理各层级应急体制机制、职责界面，按照“统一领导、综合协调、分类管理、分级负责、属地管理”原则完善应急机制，建立统一指挥、反应灵敏、功能齐全、协调有力、运转高效的应急管理机制。

一是转变思想认识，筑牢责任墙。举办各级应急管理人员培训班，树牢“居安思危、预防为主”应急管理理念，紧守“安全红线”，各部门、所属单位要健全风险防范化解机制，坚持从源头上防范化解重大安全风险，真正把问题解决在萌芽之时、成灾之前。发挥好应急管理部门的综合优势和各相关部门的专业优势，

根据职责分工承担各自责任，衔接好“防”和“救”的责任链条，形成整体合力，全领域防范化解风险，共同构建“大应急”工作格局。

二是梳理法律法规，完善体系库。重新收集国家发布法规，更新应急法律法规库，进一步修订完善应急管理体系，整理相关法规应急管理方面的条款，查缺补漏，形成宣贯口袋册，宣贯学习，知法守规。根据集团公司应急管理体系和应急预案，修订完善各所属单位的应急管理预案、各类专项应急预案以及现场应急处置方案。

三是提升应急预警能力。梳理各类安全监测、预警系统，加强基础设施建设，发挥三级联动应急警示系统作用，畅通预警预报渠道。加强气象、水文、台风、海冰监测预警，加强会商研判和预警信息发布，落实各项防范措施，协调自然灾害管理，有机统一防灾减灾救灾工作。

四是全力推进“一网五库”建设。在建立健全各级各部门应急管理工作联络网的同时，加大完善“五库”(应急物资库、救援专业队伍库、安全隐患库、法律法规库、突发事件典型案例库)工作力度，全面掌握各类救援队伍、救援物资的分布和储备情况，分门别类，逐一整理建档入库。

五是转变应急管理工作方法，注重科技赋能和培育力量。借力“一网统管”，立足精准有效的“防”，更高水平地运用应急联动数字技术，提高应急管理的科学化、专业化、智能化，同时大力培育基层应急力量，织密基层防御网。

六是强化值守和信息报送工作。严格执行应急值守制度。进一步健全各级应急值班制度，着力提高应急值班人员素质。构建覆盖各所属单位的值班工作网络，实现专人24小时值班制度，确保信息畅通，实现值守工作“纵向到底”。狠抓信息报送工作。严格执行突发事件信息报送制度。加强信息员管理，开展信息报送工作培训。严格执行突发事件信息报送通报考核制度，进一步提高信息报送时效和质量，有效防止突发事件信息迟报、误报、谎报、瞒报、漏报。建立健全定期会商制度。

（二）居安思危，联管联动，增强“救”护能力

在“应战”与“应灾”方面，着力在应急队伍建设上下功夫，强化队伍保障，提高队伍积极性，确保基层应急管理队伍稳定发展；按照“备战、应急”目标，逐步形成全方位灾害事故预防和应急救援力量体系。

一是推进以“有班子、有机制、有预案、有队伍、有物资、有培训演练”为主要内容的“六有”应急管理能力标准化建设。

二是狠抓应急队伍建设。提高关键领导的应急意识。深入学习贯彻习近平总书记关于应急管理的重要论述，坚持党建引领，坚定“守一方平安，护一方百姓”初心和使命，提高应急管理意识，切实提升关键领导抓大事、谋全局、解难题能力。加强应急专家队伍建设。增加专家型、复合型人才培养和储备，多层次、多渠道引进各类应急人才，参加国家和相关企业组织的应急技术、消防、反恐等应急专家培训，提升应急专家的能力。加强专兼职应急队伍能力建设。建设一支专常兼备、反应灵敏、作风过硬、本领高强的应急救援队伍。核准各类专职应急队伍、兼职应急队伍名单，根据业务发展需要，适当增加专职应急人员，充实应急力量。优化应急培训基地相关培训科目，制订年度培训计划，始终牢记“对党忠诚、纪律严明、赴汤蹈火、竭诚为民”的训词精神，强化日常训练和演练，提升应急救护能力。在海学网设置应急学习专栏，收集、整理发布各类应急专业培训视频，提升应急理论知识。

三是构建共建共治共享的应急管理新格局。按照联管、联动、共享的原则，各所属公司整合片区内的应急资源、应急物资和救护力量，细化物资储备分类，量化物资储备任务，完善应急物资储备目录，建立统一指挥，分级负责应急物资储备体系。监督和指导溢油应急中心应急能力建设。增加与区域应急机构、应急装备企业、相关单位、政府救援力量沟通合作，建立区域共建共治共享新格局。

四是巩固专项应急成果。组织编制各类专项应急情景构建。进一步完善防台、防冰、防汛等自然灾害，道路交通风险防范应对措施清单。

五是夯实基层现场应急处置能力。加强基层应急管理工作指导。通过组织业务培训、召开现场会、派出指导组、召开座谈会、组织外出学习参观等形式，加强对基层应急管理工作的指导。坚持以抓机构、抓预案、抓队伍、抓宣传、抓信息、抓排查、抓保障、抓培训、抓演练、抓联动等“十个抓”为突破口，以建立健全信息早报告、苗头早预防、隐患早排查、矛盾早化解、事件早处置等“五个早”的工作机制为重点，深化基层应急管理示范点建设。

六是加强考核和评估工作。严格落实集团公司安全管理部署，加强对各部门、各所属单位应急管理工作进行考核。健全应急能力评估体系，完善三级应急能力评估制度。强化应急管理督查力度，结合集团公司安全督查，加大应急管理工作督查力度，抓好应急管理各项工作任务落实。

实践探索篇

第一章　油气田企业安全生产管理

塔里木油田常态化全员隐患排查整改工作实践

马　曦　翟志刚　郭宗轲　左振涛　徐思宁

（中国石油塔里木油田公司）

（一）面临的问题

2016年，国务院安委办印发《关于实施遏制重特大事故工作指南构建安全风险分级管控和隐患排查治理双重预防机制的意见》，要求进一步强化隐患排查治理，实现企业安全隐患自查自治，提升安全生产整体管控能力，夯实遏制重特大事故的坚强基础。2021年，新修订的《安全生产法》要求：生产经营单位应当建立健全并落实生产安全事故隐患排查治理制度，采取技术、管理措施，及时发现并消除事故隐患。中国石油集团公司党组对安全管理提出了许多新理念、新思路、新要求，董事长多次强调要坚持“四全”，落实“四查”，狠抓重点领域隐患治理，构建长效机制，全面提升本质安全环保水平。

长期以来，塔里木油田隐患排查整改工作以运动式、突击式为主，没有形成常态化工作机制，隐患排查整改效果不佳，且塔里木油田安全生产仍处于严格监管阶段，风险隐患依然普遍存在，较大及以上事故隐患依然很多，人的不安全行为及违章依然屡查屡犯，有惊无险的事件依然多发突发，究其根本在于没有实现“全员、全过程、全天候、全方位”管理，主要表现在：全员参与度不高，隐患排查以基层员工为主，各级领导干部、两级机关参与度不够；生产经营过程未实现全覆盖，关注生产作业现场多，制度规程、管理缺陷少；隐患排查整改存在盲区和死角；数字化信息化智能化手段运用不足，未实现隐患全天候、不间断管控。

要解决上述问题，就是要落实集团公司党组提出的安全生产“四全”管理要求，建立隐患排查整改长效机制。油田公司解放思想，积极探索，在实践中总结形成了《常态化全员隐患排查整改工作机制》，通过建立常态化工作机制，实现隐患排查整改“全员、全过程、全天候、全方位”，确保及时发现消除隐患，有效预防事故发生，有力保障油田安全生产形势持续稳定向好。

（二）采取的方法和措施

塔里木油田公司认真贯彻落实集团公司党组决策部署，落实“四全”管理要求，针对隐患排查整改工作，解放思想，积极探索，在实践中总结形成了《常态化全员隐患排查整改工作机制》，靠机制实现隐患排查整改“全员、全过程、全天候、全方位”管理。

1. 常态化隐患排查整改机制运行目标

机制运行目标为实现隐患排查整改“四全”管理，具体表现为：一是全员。从领导到员工，从机关到基层，从甲方到乙方，隐患排查整改人人肩上有责任，人人都是实践者、推动者。二是全过程。装置设备全生命周期、施工作业全过程、操作运行全流程均按规定开展隐患排查整改。三是全天候。隐患排查整改应覆盖生产作业的全部时段，持续不间断进行，特殊敏感时期针对性强化开展。四是全方位。隐患排查整改应覆盖油气物探、工程技术、地面建设、开发储运、生产辅助、科研支撑、矿区后勤等各业务领域，覆盖油田探区每个站场、每口井、每条管道、每台设备，无死角、无遗漏。

通过“四全”管理压实各级组织和全员隐患排查整改责任，使隐患排查整改成为全员的一种习惯，持续提升隐患排查整改能力，不断增强隐患排查整改精准性、实效性，推动油田风险分级管控和隐患排查治理双重预防机制持续健全完善，风险防范和化解能力持续增强，有效遏制进而杜绝各类事故事件。

2. 常态化隐患排查整改机制架构

常态化“四全”隐患排查整改机制由“611N”工作机制构成，其中“6”指统筹开展六项工作：常态化全员隐患排查整改、业务领域专项检查、反违章整治、典型安全环保形式主义、官僚主义二十种人排查整改、监督中心监督检查、QHSE体系审核。第一个“1”指建立运行一套机制：以“鼓励发现问题、奖励整改隐患、从严处理事故”为主要内容的一套工作机制，靠机制推动全员参与、常态化坚持。第二个“1”指运用一个手段：推进实施“安眼工程”，靠数字化信息化智能化，实现隐患排查整改全过程、全天候、全方位。“N”指使用多种工具方法：推广使用安全经验分享、隐患排查清单等行之有效的HSE管理工具方法，促进全员、全过程、全方位开展隐患排查整改，提升隐患排查整改精准度和质量。“四全”既是隐患排查的运行目标，也是遵循的原则，六项工作是具体的抓手，工作机制是落实的保障，“安眼工程”是实施的手段，工具方法是推进的助手。

3. 常态化隐患排查整改机制工作职责

塔里木油田常态化隐患排查整改机制由 QHSE 综合管理部门统筹协调、业务部门牵头负责、属地单位组织实施、监督中心监督检查、计划财务部门资金保障、数字信息化部门技术支撑。

4. 常态化隐患排查整改机制运行要求

(1) 统筹开展六项工作要求

隐患排查整改“六项”工作相互衔接、相互补充、相互协调，既各有侧重、又可以有机融合，形成系统。

① 常态化全员隐患排查整改。各级领导干部、各业务部门按照相关要求，落实安全责任，组织、指导、监督本单位、本业务领域、本属地隐患排查整改工作开展，制定隐患判定(排查清单)，及时协调解决存在问题。各基层站场、井队、各岗位对照隐患排查清单，按照规定频次常态化开展隐患排查。对于排查出的隐患要立行立改，不能立即整改的要科学合理制定隐患整改措施，明确责任人和整改时限，严格按照计划推进隐患整改，科学评估隐患风险，制定并严格落实隐患管控措施，严格隐患整改销项验证，风险不可控的隐患要立即采取停工、停产、关井等果断措施，确保现场安全受控。每月对本单位隐患进行统计分析，深入查找典型、共性、重复性问题根源，针对性修改完善基层“两册”、制度流程、操作规程等管理制度文件。

② 业务领域专项检查。业务部门结合年度重点工作、风险特点等，制定专项检查计划并按照计划组织开展专项检查，根据隐患风险及时采取限期整改、停工整顿等措施，跟踪督导隐患整改闭环，有效防控大风险、消除大隐患。定期对业务领域隐患进行统计分析，查找共性问题和管理短板，研究修改完善制度流程，推动管理短板系统改进。业务部门指导协调、督促帮助基层单位加快隐患整改，对基层单位上报的需油田层面协调整改的业务领域隐患进行风险评估，组织审查整改方案，协调解决整改资源，督促跟进整改进展，确保隐患风险受控、及时销项。

③ 反违章整治。聚焦违章指挥、违章操作、违反劳动纪律的“三违”隐患，紧盯习惯性违章行为，持续开展反违章整治，提升全员反违章安全意识，推动员工严格执行管理制度和操作规程，逐步消灭违章行为。定期统计分析违章类隐患，对于典型、重复性、习惯性违章，采用“四查”分析等方式，总结查找问题根源，针对性改进。形成并不断丰富本单位典型违章清单，结合实际、对照清单

适时组织开展本单位反违章专项整治行动。QHSE 委员会办公室对业务部门、监督中心检查发现的屡查屡犯、典型违章问题，采取通报、绩效考核等方式严肃处理，提升全员反违章安全意识。

④ 典型安全环保形式主义、官僚主义“二十种人”排查整改。按照管业务的思维方法，把安全环保形式主义、官僚主义当作隐患，通过油田体系审核发现的普遍性问题、监督检查发现的重复性较大隐患，追溯两级机关业务部门履职不到位情形，形象刻画出“二十种人”，对照检视、照单排查，并常态化开展，促进安全环保执行力提升。全体干部员工牢固树立安全环保形式主义、官僚主义也是隐患的意识，深刻认识该隐患将长期存在，需要持续不断地开展排查整改，以推动安全环保工作作风持续改进、执行力不断提升。安全环保形式主义、官僚主义“二十种人”排查整改要注意方式方法，坚持见人见事、不贴标签，不能简单粗暴将某人定性为“二十种人”，而是在某件事、某项工作上有“二十种人”的表现，以更好地推进工作。

⑤ 监督中心监督检查。监督中心统筹开展常态化监督、重点监督、专项监督、旁站监督等工作，促进现场风险管控、体系规范运行。监督检查要采取不发通知、不打招呼、不听汇报、不用陪同接待、直奔基层、直插现场的“四不两直”工作方法，通过施工作业信息公示、重点风险提示等途径，线上线下相结合的方式，对重点风险和关键环节开展常态化、专业化监督，排查隐患、制止违章。监督者要自律，自觉从严落实“四不两直”，明确提出监督检查属地参与人员要求，主动拒绝监督检查过程中迎来送往、对等陪同等现象；被监督者要自信，对工作有底气，以公开敞亮的心态自觉接受监督，欢迎监督指导，敢于暴露问题，监督检查所到之处由基层属地单位相关人员参与，自觉抵制迎来送往、对等陪同等形式主义、官僚主义现象。

⑥ QHSE 管理体系审核。持续开展深化“一体化、差异化、精准化”审核，突出目标导向，加大管理追溯，抓实验证闭环，全面提升审核质量。对历史监督检查、体系审核发现的问题进行综合分析，梳理典型和屡查屡犯问题隐患，聚焦问题审核常态化全员隐患排查工作机制运行情况；通过审核改进提升。对日常监督检查、体系审核结果进行分析诊断，靶向开展 QHSE 管理体系审核。要加大审核结果的应用，做好审核后半篇文章，建立常态化长效机制。建立考评指标，对审核组和审核员工作质量进行量化排名，表扬工作突出、业绩突出的审核员；组织分析诊断全年审核数据，查找机制运行偏差，制定针对性改进措施并纳入次年审核方案，推动 QHSE 管理体系持续改进。

（2）建立运行一套机制要求

以“鼓励发现问题、奖励整改隐患、从严处理事故”为主要内容，以正向激励机制、倒逼机制、督办通报机制、倒查追责机制、QHSE 巡查机制为运行手段，根据业务风险特点、生产建设特征、单位规模和不同阶段隐患排查整改工作实际等因素，动态调整设置业务领域专项检查、二级单位自主排查、监督中心监督检查发现问题数量、质量等底线目标，以此检验各级隐患排查的力度和硬度，倒逼各层级责任的落实，推动实现从“要我安全”向“我要安全”的转变。

（3）运用一个手段要求

坚持业务主导、信息主建、监督主用、安全主督的原则，坚持与数字化转型智能化发展深度融合原则，推进实施“安眼工程”。聚焦直接作业环节的智能视频监控，一是实现生产现场工艺设备相关的安全风险监测预警系统在各单位进行集中管控，二是重点聚焦钻试修井、地面建设、检维修等直接作业环节人的不安全行为、物的不安全状态进行监管。

（4）使用多种工具方法要求

收集整理总结推广诸如“三到法”式安全经验分享、隐患排查清单等各类有效且实用的安全管理工具方法，将 HSE 管理工具方法掌握应用能力纳入岗位履职能力评估标准，有针对性开展培训评估，推动员工立足岗位规范结合实际活学活用，促使全员转变观念、提升能力、养成习惯。收集 HSE 管理工具方法应用过程中出现的问题，认真分析研究，制定改进措施，并及时修改工具应用指南，确保 HSE 管理工具方法正确应用。同时及时发现工具方法应用过程中好的做法以及对工具本身的改进措施，提升工具的实用性和使用效果，促进 QHSE 基础管理水平提升。

5. 检查与改进

（1）制定机制运行效果评价方法和标准

通过建立综合评价体系、定期对标分析、开展专项审核等方式，多角度检查评估机制运行情况，查找问题，持续改进提升。

（2）注重总结机制运行经验成果

将经验成果转化为制度标准，纳入常态化全员隐患排查整改工作机制，不断丰富完善体系，推动隐患排查整改“四全”管理体系常态化全员隐患排查整改工作机制有效运行。

（三）取得的经验和效果

自 2022 年初常态化全员隐患排查工作机制建立发布以来，运行规范有效，推动塔里木油田安全生产形势稳定向好，为油田率先建成中国式现代化世界一流能源企业提供有力保障，显现出良好的管理效益，主要表现在：

一是有效杜绝事故发生，事件数量保持下降态势。2021 年至 2022 年底未发生一般 B 级以上生产安全事故；2022 年事件数同比下降 35.8%，与前六年(2015—2020 年)平均值相比下降 72%。

二是本质安全水平稳步提升。隐患排查整改数量和质量不断提升，月均排查隐患由 6800 多项提升至 3 万余项，提升 4 倍多，2022 年累计查改隐患 30 万余项，其中较大隐患 2.3 万项，违章类隐患 13 万余项。人的不安全行为有效纠正，物的不安全状态有效消除，本质安全得以保障。

三是安全环保工作作风有效转变。常态化开展典型安全环保形式主义、官僚主义“二十种人”排查，见人见事，不贴标签，2022 年前 10 个月累计排查“二十种人”7181 人次，其中两级机关 935 人次，安全记分 1453 分，安全环保工作作风进一步转变，有效促进安全责任落实。

四是逐步形成良好的安全氛围。全员思想认识进一步统一，对于“隐患排查整改是严格监管阶段最紧急和重要的任务、是预防和杜绝事故的最根本方法”等理念有清楚的认识，普遍接受。全员参与率持续保持高位，从 12.5% 提升至 86%，隐患排查整改逐渐成为一种习惯，促进“我要安全”的良好安全氛围逐步形成。

西南油气田川东北作业分公司应急管理工作实践

谭卫军　李丁川　王　希　甘凤明　龙继勇

（中国石油西南油气田公司）

川东北天然气项目是中石油和雪佛龙合作开发的高含硫气田，项目位于四川省宣汉县和重庆市开州区境内，为中国石油陆上最大的高含硫天然气国际合作项目。西南油气田川东北作业分公司成立于 2019 年，并在同年接管项目作业权，负责川东北天然气项目的勘探开发、项目建设、生产运行、经营管理等全链条工作环节。川东北作业分公司通过建立完善清晰的应急预案体系，应用国际先进的管道泄漏检测系统 PLDS、火气探测系统 F&G、社区应急响应等技术和管理手段，建立了一套高效可靠的应急管理体系。

（一）应急预案体系

项目构建了全覆盖的三级应急预案(综合应急预案、专项预案和现场处置预案)共37个。由于项目所在区域具有地形复杂、点多面广、人口稠密的特点，从适用性上考虑，其中的专项预案采用了按生产设施区域和按事故类型建立专项应急预案相结合的方式。因设施周边地形复杂，泄漏潜在影响区村社众多且居住分散，为提高村民应急疏散能力，加强应急疏散过程中的沟通协作，项目同县、镇和村社建立了企地三级应急联动机制；项目综合应急预案与上级单位中国石油西南油气田分公司进行衔接，并与其签署《应急援助协议》，在应急响应时可协同调用西南油气田分公司的应急资源。

（二）应急机构设置

因为有害气体一旦泄漏，其扩散十分迅速，往往需要多部门、多辖区快速响应。与国内大部分含硫气田不同，项目的应急组织架构采用了ICS事故应急指挥体系，建立项目内部的指挥中心和现场救援队伍，以便高效及时地开展应急响应工作。同时，在日常管理中也有专门的机构来开展应急预案修订、评估，应急培训、演练，应急物资、设施维护保养等工作。结合多年的高含硫项目运营经验，建立了应急控制中心NSCC、现场应急团队ORT、应急管理团队EMT、危机管理团队CMT、社区应急响应团队CER等专业机构作为项目应急管理的有力保障。

1. 应急控制中心(NSCC)

应急控制中心拥有独立的控制室，负责发现、核实潜在风险并激活初始响应程序，配备“一个平台、三大系统”(见表3-1)，为应急救援提供第一手材料，是信息收集、指令传递、社区警报、疏散撤离等方面的调度中心和指挥驻地。

表3-1 应急控制中心平台、系统列表

名　称	内　容
一个平台	安全监控平台(集成安保门禁监控系统、站场火气监控系统F&G和管道泄漏监测系统PLDS在同一平台上)
三大系统	应急响应信息系统ERMS(气体云扩散模拟和短信自动群发功能)
	社区警报控制系统CAS(可远程启动)
	生产管理系统DCS和SCADA(可获取系统数据，但不能控制系统)

2. 现场应急团队(ORT)

现场应急团队包括消防和气防团队(ERT)、医疗应急团队(MRT)、安保应急团队(SRT)等，配备有消防气防专业抢险车辆，具备高空和受限空间救援能力，医疗团队还配有救护车，安保应急团队不仅负责边界防护、步行巡逻职责，还肩负快速反应现场核实和泄漏监控任务。现场应急团队在事发时可快速响应迅速前往实施救援。

3. 应急管理团队（EMT）

应急管理团队（EMT）借鉴事故指挥系统（ICS），负责人是事故指挥官。启动EMT之后，ORT将并入作业团队，成为EMT的主力。应急管理团队的职责包含决定预警状态、决定是否启动EMT、管理集合疏散、设施作业关停、信息提供、向危机管理团队、合作伙伴、当地政府及其他相关机构提供事故报告信息、为ORT提供人员、设备、材料、供给等方面的支持。

4. 危机管理团队（CMT）

危机管理团队（CMT）的工作重点是应对威胁到川东北作业分公司运营能力的事故和事件。危机管理团队的职责包含：快速评估事故或事件对声誉、可行性及可操作性的潜在影响；制定战略，确定行动，以避免对整个川东北作业分公司潜在不利商业影响，消除战略上具有重要性的利益相关方的疑虑；处理在开展应急和危机管理过程中可能出现的政策问题；协助川东北天然气项目获取必要的资源，以安全、有效及高效的方式开展应急作业等。

5. 社区应急团队（CER）

项目专门成立了社区应急团队（CER）负责执行社区应急专项预案，组织影响区内41个村社的246名代表成立社区培训与应急团队（CTRG）开展区县、乡镇、社区应急培训和演练，维护管理社区应急设施和物资。社区应急团队在事发时指挥村民疏散逃生并负责应急集合点的管理。

（三）先进技术及管理手段在高含硫气田应急管理上的应用

根据国内外高含硫气田的管理实践和研究来看，如何有效控制有害气体扩散是高含硫气田应急管理需面对的核心问题，而确保“泄漏监测/检测-紧急关断-报警-疏散/庇护-现场救援”关键路径的可靠性和有效性是高含硫气田应急管理的关键。如何将先进技术和管理手段合理应用以真正有效提升高含硫气田的应急管理能力，是高含硫气田运营管理的难点。以国内外知名的技术研究中心和咨询公司作为技术支持，项目应用了包括管道泄漏检测系统PLDS、火气探测系统F&G、紧急关断ESD、应急响应管理系统ERMS、应急疏散与就地庇护管理等一系列先进技术与管理手段。各技术和管理手段之间互为支撑、联动配合，从多次应急演练的应用实践来看，可靠性和有效性高。

1. 管道泄漏检测/监测系统

项目内部集输管道长30km，管道敷设起伏大，沿线人口活动密集，存在较大的第三方破坏风险。在第一时间准确定位泄漏点、判断泄漏量，是项目应急管理的重点。市场上应用于高含硫气田的主流技术有负压波、声学检测、光学检测、光纤感应等，各类泄漏检测/监测技术互有优缺，详见表3-2。

表3-2　主流泄漏检测/监测技术对比

特征	目视检测	声学检测	光纤电缆	热成像	多光谱成像	质量/体积平衡	负压波
费用	低	高	高	高	高	低	低
检测速度	慢	快	快	中	中	快	快
安装难度	—	易	难	—	—	易	易
使用难度	易	易	易	易	易	易	易
能否定位泄漏点	能	能	能	能	能	否	能
能否判断泄漏量	能	能	能	能	能	能	能

相比目前国内大部分含硫气田选择硫化氢点式探测器容易为泄漏检测主体造成沿线分布不均，部分区域未覆盖。项目选取了分布式光纤声波感应技术（DAS）、负压波泄漏监测技术、无线点式H_2S/LEL监测技术相结合的方式作为泄漏检测主体，筛选某些技术集合在统一系统上能最大限度地弥补短板，提高判断精确性。而在管道穿越河流或挡土墙等分布式光纤无法正常使用的盲区，应用气云成像摄像技术和点式H_2S探测仪检测两种辅助技术进行补充，以此集成了具有项目特色的管道泄漏检测系统PLDS，保证30km管线全覆盖无死角。三种主体技术和两种辅助技术的工作原理、特点和效果评价见表3-3。

表3-3　管道泄漏检测/监测系统五种检测技术

序号	泄漏监测技术	工作原理	主要技术参数/特点	应用效果评价
1	分布式光纤声波感应技术（DAS）	利用与管线同沟敷设的光纤（DTS+DAS），对管线的泄漏点进行检测和定位。分布式光纤声波感应技术还可以检测管线两侧的第三方活动情况	利用标准单模及多模光纤作为传感器，对管道进行连续温度/声音实时测定、监控。光纤设在管道正上方12点方向或4点方向，相距300mm。温度可以感应0.05℃的变化，定位精度为2m。声波感应可以检测到管道两边10m内的人类活动和500m内的机械挖掘活动，定位精度为10m，也能检测到滑坡和地震	检测灵敏度高，能及时检测到温度变化和声音振动。由于感应光纤的铠装很薄，不能加装外保护套，因此在施工敷设中易受损伤。分布式光纤声波感应技术会受附近机械振动干扰
2	分布式光纤温度感应技术（DTS）			

续表

序号	泄漏监测技术	工作原理	主要技术参数/特点	应用效果评价
3	负压波泄漏监测技术	管道两端安装高精度压力变送器。当管道内流体发生扰动时，会在扰动处引起能量不平衡，这种不平衡会以压力波的形式向管线两端扩散到压力变送器处，从而对管线泄漏点进行定位	经现场实际判断，在泄漏量低于瞬时流量的5%时，无法发现泄漏，且清管操作会造成干扰	ATMOS负压波系统在发生气体泄漏时，能快速定位出泄漏点的位置，但不适用气相介质管道
4	气体云成像摄像技术	根据红外吸收光谱的原理对监测区域泄漏气体进行实时监测，能识别泄漏的气体种类及泄漏的量，并且可以自动追踪气体云的扩散方向	监测范围为1.6km，可以360°旋转，测量精度为10~500ppm/m。辅助设施：需要供电及敷设光纤进行通信	在设计中避免监测盲区，监测手段直接，更为准确。能监测大范围内的小泄漏量，但视线不能受阻
5	无线点式H_2S/LEL监测技术	常规的点式H_2S及可燃气体检测器，外加太阳能供电以及无线数据传输技术，可解决偏远地区气体泄漏检测的盲区	无线点式H_2S监测探头校准周期为3个月，重点监测感应光纤和云成像摄像技术的盲区地带，是对前四种技术的补充	管线上的硫化氢探测器分布在地势低洼和人口密集的高后果区域，一旦硫化氢泄漏将及时报警，为管线关停和人员撤离提供重要依据，对保护资产安全和挽救群众生命发挥重要作用

项目集输线路泄漏检测系统经过5年多的运行，五种检测方式同时运行，互为补充，互相验证，泄漏检测率保持100%，提高了泄漏检测的可靠性和准确性。特别是声波感应系统的应用，它信号直观、感应灵敏，能够快速检测到管道两边10m内的人类活动和500m内的机械挖掘活动；定位准确，精度可以精确到10m内，配合安保应急团队SRT的快速响应机制，可以有效防范第三方活动可能引起的破坏，还可以在清管作业过程中监视清管器的运行状态及位置，实际运行效果显著。

2. 火气探测系统 F&G

火气系统包括可燃气体检测器和硫化氢有毒气体检测器，项目在集输管道沿线、阀室、井场、集气站、硫黄厂和天然气厂的泄漏敏感点和高后果区设置独立的火气探测设备，共有 502 个点式硫化氢气体探测器、140 个对射式硫化氢气体探测器、102 个点式可燃气体探测器、22 个对射式可燃气体探测器、73 个二氧化硫气体探测器、148 个火焰探测器、152 个手动报警按钮和 220 个声光报警器。对射式的气体探测器(OPGD)，可对有害气体的扩散边界进行监测，能在 5~60m 的距离内检测到硫化氢或甲烷。

火气系统被触发后，将通过操作员站显示报警，显示检测到的风险的物理位置，并开始触发现场声光报警。如果多个风险信号同时出现，系统将触发受影响区域内的综合报警系统，并触发紧急关断系统 ESD。

3. 紧急关断系统 ESD

紧急关断系统 ESD 在有害气体泄漏时，可实施紧急停车，防止泄漏规模扩大，是油气田生产的重要安全防线。项目在天然气厂、硫黄厂、B 集气站和各井场均设置各自独立的 ESD 系统，由分布在各站控系统和天然气厂独立的 ESD 控制器构成，并借助冗余光纤通信系统建立一套上下游一体化的多级 ESD 系统。全气田联锁控制紧急关断逻辑分为 0~4 级：0 级为全气田关断；1 级为天然气厂或集输系统独立整体关断；2 级为天然气厂单列装置或集气站及相关井场独立关断；3 级为天然气厂单个单元或单个井场独立关断；4 级为单个设备或单个井口独立关断。

目前国内大部分气田的 ESD 系统没有和其他系统整合在一起，发生报警时需手动触发 ESD 系统。项目 ESD 系统除了手动关断功能，还接入了净化厂自动化控制系统(DCS)和集输自动化控制系统(SCADA)，并与管道泄漏检测/监测系统(PLDS)、火气探测系统(F&G)相连，当发现泄漏或其他紧急情况时会按照控制逻辑触发上下游关联系统的自动联锁关断。

4. 应急响应信息系统 ERMS

信息的搜集和传递是应急救援过程中辅助决策的关键要素，这包括传递应急启动指令、掌握有害气体扩散情况、了解现场应急疏散和救援的情况等。项目除了配备 240 个 CCTV 摄像头和全覆盖的对讲机系统(配备应急专用频道)的配合救援外，还建立了先进的应急响应信息系统 ERMS 对气田设施区和潜在影响区地形进行 2D/3D 建模。结合 14 个气象站收集的实时大气信息和泄漏检测系统确定的泄漏点、泄漏量进行有害气体泄漏扩散实时模拟并在模型上显示。南坝安全中心

NSCC 根据模拟结果，调整社区警报范围，远程拉响受影响区域的社区警报。同时，系统会自动集成短消息快发群组，向特定对象(政府、员工、社区应急协助员、村民等)大规模发送应急信息，完成信息的高效传递。

5. 报警系统

设施区域内共有 220 个三色声光报警器，可区分火灾、有毒气体泄漏和手动触发三类报警。对设施周围开展了定量风险评价 QRA 和有害气体扩散模拟，编制了《大气扩散和疏散报告》，并按标准要求定义管道两侧各 1500m 范围为应急计划区。社区报警系统 CAS 覆盖应急计划区，共约 100km^2，分为 20 个社区警报分区，由 40 个警报站组成，见图 3-1。各分区可根据需要独立启动警报，开展区域性疏散程序。社区警报选用大型民用防空警笛，由发电机、控制面板和警笛组成，开展了地形声场研究，保证应急计划区内 75dB 全覆盖。每个社区警报器均可手动或远程启动，有保安 24 小时现场值守，并在每月 15 日进行全系统测试。

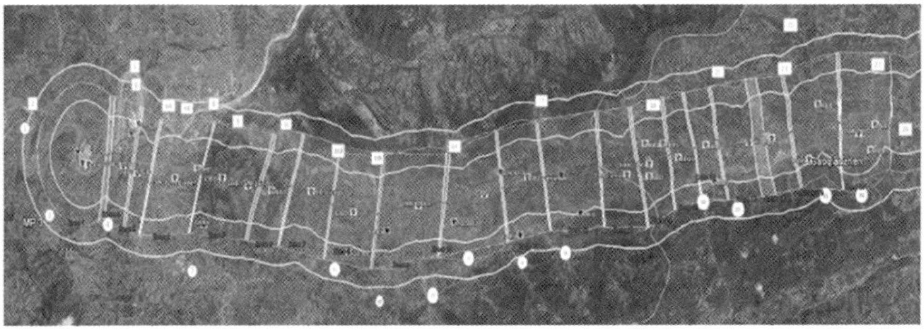

图 3-1　社区报警系统及应急计划区分布

6. 应急疏散和就地庇护

在听到报警后，人员有疏散和就地庇护两种不同的自我保护方式。项目根据潜在影响区内人员和建筑实际的情况进行分析评估，借助决策树模型制定了疏散和就地庇护相结合的保护策略。

项目各设施区均充分设置了应急疏散通道、风向标和集合点。现场作业人员均配备迷你逃生呼吸器，安保人员通过进门打卡和集合点打卡来判断站内人员撤离情况。在社区应急计划区升级改造应急疏散道路共 18 条，建立配备通信、应急照明设备的紧急集合点 31 个，由社区应急与培训团队通过清点集合点人员确认应急计划区人员撤离情况。

另外，在天然气厂中控室带有空气储存系统和通风系统的紧急庇护所，最多可为30名无法及时撤离或需要留守处置的中控室人员提供2h临时庇护。在社区应急计划区将养老院、幼儿园、医院等30处人员无法及时撤离的高后果点改造为临时待命室，开展了房屋采样调查、空气交换率测试研究，将门窗全改造为8级高密封门窗，配备与人数相当的高适用性呼吸面罩。

（四）应急培训和演练

应急培训能很好地提高人员特别是社区群众的应急意识、知识和处置能力，是保障应急有效性的重要环节。项目社区应急响应团队和246名社区培训与应急团队的成员，每年都对各级政府、学校、泄漏敏感点展开全覆盖的培训70场。制作了培训视频、天然气管道保护法宣传手册、应急安全挂历等各类宣传材料，发放了11万本培训手册、650多本通讯录来配合培训工作的开展。目前已为超过10万居民提供了应急培训。

应急演练是检验、评价和保持应急能力的一个重要手段。项目高度重视应急演练的效果，每年按计划开展管理层桌面应急演练、31个社区集合点全覆盖演练、与各级政府企地联合应急演练和与西南油气田分公司联合应急演练。截至目前参与演练超过3万人次，同时严格执行计划–实施–评估–完善的演练流程，把演练工作落到实处。

（五）小结

川东北天然气项目投入了大量的资金和人力，应用国际先进的技术和管理手段对有高含硫气田有害气体泄漏的“泄漏监测/检测–紧急关断–报警–疏散/庇护–现场救援”关键路径进行了管控。根据目前的运行状况和历次演练的情况分析，值得高含硫气田管理者借鉴和思考的总结如下：

一是应用高效可靠的泄漏检测/监测技术，采取多项技术互相补充的方式实现泄漏检测/监测全覆盖，及时发现异常情况。从项目使用的情况来看，分布式光纤声波和温度感应技术实用性较高，可有效预防第三方破坏，故在施工阶段需注意对光纤的保护。负压波泄漏监测技术在泄漏量低于瞬时流量的5%时无法发现泄漏，不太适合气相介质的管道。气体云成像摄像机技术和无线点式H_2S/LEL监测技术可作为光纤盲区的补充，但价格较高。对射式气体探测器在无人值守的设施区域适用性较强，可监测有害气体云扩散边界。

二是建立上下游一体化的多级紧急关断系统，更有利于紧急截断。项目将紧急关断系统接入了自动控制系统，与泄漏检测/监测系统相连，实现了自动联锁停车，提高了安全防护能力，更有利于紧急阶段。同时对气田整体设备的可靠性、自控逻辑参数设置合理性和生产运行维护管理规范性等方面提出了更严格的要求。

三是高度重视项目的社区应急管理，项目将 30km 管道两侧各 1500m 范围内划为社区应急疏散规划区，共约 $100km^2$，约 10 万人，跨 4 个乡镇。开展 40 个分区、33 个应急集合点的地形声场研究，确保应急计划区内 75dB 报警声全覆盖；保安 24h 现场值守，以备远程启动或关停失效时根据指令现场启动或关停警报；每月 15 日进行全系统测试，降低误报风险；升级社区应急设施、改造疏散线路、维护指示牌、开展社区应急培训和演练。

四是建立完善的应急预案和 ICS 事故指挥体系，项目明确了 ICS 事故指挥体系应急角色、职责和程序。该体系可以同时联合多个部门人员进行联合指挥，形成统一的指挥机构、实现统一目标和协同工作，有利于统筹考虑应急计划、协调应急资源的调度，大大促进了应急指挥的协调性和资源配置的统筹。

胜利油田“大应急”管理体系建设运行实践

逯少森　马朋举　郑金龙　吴　昊　郭云龙

（中国石化胜利油田分公司）

近年来，胜利油田先后经历了台风灾害、疫情防控、黄河秋汛、安保维稳等多重考验，积累了实战经验，提升了应急能力。从发展趋势看，原来的一些小概率事件，逐渐成为常态化、大概率事件。这几年出现的极端气象灾害，从“温比亚”“利奇马”台风，再到黄河秋汛，原来总说几十年一遇、百年不遇，现在几乎每年都会遇到。为应对新形势新挑战，适应高质量发展要求，需要进一步强化一体化统筹，构建完善油田“大应急”管理机制，切实增强科学应对突发事件能力，有效保障本质化安全水平提升。

（一）建立完善生产异常管理体系

胜利油田以异常管理为抓手，不断强化生产安全源头管控，坚持体系思维、问题导向和责任落实，建立完善异常管理体系，全面提升风险管控能力和水平，为“十四五”良好开局提供了坚强保障。油田异常管理以安全运行、平稳运行、可靠运行为目标，牢固树立“抓早抓小抓苗头”的理念，系统思维、体系思维推进油田异常体系建设，做好顶层设计，建立“四个一”异常管理体系，即 1 个生产安全异常清单，1 个油田异常分享例会，1 个异常季度分析机制，1 个异常信息管理平台，统筹全要素生产异常管理，做到异常的即时发现、即时处置、即时分析、即时分享的闭环管理，从而推动应急管理关口前移。

1. 坚持体系思维，建立运行机制

异常管理作为生产运行与应急管理机制中构建“大应急”管理的源头管控，今年以来，坚持体系思维、问题导向和责任落实，从油田层面统筹推进，以安全运行、平稳运行、可靠运行为目标，牢固树立“抓早抓小抓苗头”的理念，强化异常管理体系和机制建设，4 月 26 日签发《胜利油田生产安全异常管理办法》，5 月 20 日完成制度宣贯，构建“‘四个一’+‘五项机制’”异常管理体系，即 1 个生产安全异常清单、1 个油田异常分享例会、1 个异常季度分析机制、1 个异常信息管理平台，异常事件信息统计机制、溯源分析机制、整改措施闭环管理机制、日常分享机制、上报奖励机制，全面提升油田生产运行和风险管控水平。

（1）明晰异常管理职责分工

作为运行过程管控重点，明确生产运行管理中心统筹油田生产安全异常管控，监控生产异常情况，收集、汇总、推送各要素内生产异常信息，牵头组织油田级生产异常处置。按照“管要素必须管异常”“谁主管谁负责”原则，各要素主管部门按照 HSE 管理体系中运行过程管控要素要求，负责各要素内异常管理并参与油田级生产异常处置。各直属单位是生产安全异常管理和处置的责任主体，负责对生产、储存、运输、施工等各环节工艺、设备等异常情况监督监控，发现异常及时有效处置并开展溯源分析。

（2）梳理油田级异常分类清单

按照 HSE 管理体系手册要素梳理油田级异常清单，横向上包括油气勘探工程管理、油气开发工程管理、井控管理、建设项目管理等 21 个要素 46 项子业务，纵向上涵盖工艺技术、设备设施、作业规程、从业人员、安全管理和外部环境安全等生产运行全流程关键节点。建立生产安全异常监控预警机制，准确把握生产运行各项态势，提前做好纠偏调整，严控运行风险，做到异常的即时发现、即时处置、即时分析、即时分享的闭环管理，从而推动应急管理关口前移。

2. 强化过程管控，创新分享模式

异常管理坚持“关注异常、应报尽报、追根溯源、经验共享”原则，突出生产各环节全流程异常管控，重点加强安全生产异常事件信息搜集，通过建立健全信息直报、在线监测预警等渠道，广泛搜集获取涉险事故、监测数据异常、各种事故苗头等安全生产异常事件信息，及时发现异常情况，迅速进行甄别和核验，强化源头管控和治理，有效控制事态发展，切断异常演变为事故的链条。

（1）强化生产安全异常分析评估

异常管理及处置形成生产运行管理中心系统抓、各业务主管部门专业抓、直属单位、基层单位具体抓齐抓共管的新局面。油田、直属单位、基层单位三级切实加强各环节工艺、设备等异常情况监督监控，从工艺技术、设备设施、作业规程、从业人员、安全管理和外部环境安全等方面，通过“五个回归”溯源分析全方位、全过程排查分析发生异常事件的原因，强化源头管控和治理，从根源上解决问题。对涉险事故，要当作事故对待，在做好应急处置基础上，组织开展涉险事故异常调查，查找问题、分析原因，制定整改措施，补短板堵漏洞。对监测数据异常，在立即按相关工作规程进行应急处置的基础上，组织对产生监测数据异常的原因进行深入查找分析，采取相应措施，从源头上消除问题隐患。对一段时期内反复发生的安全生产异常事件分析其共性和规律性，查找出现异常事件的深层次原因，提出有针对性的预防措施，提高风险的提前感知和预警处置能力。

（2）做好生产安全异常经验分享

生产运行管理中心排定会议计划，相关要素主管部门确定会议主题，每周日8∶00召开油田异常分析视频会，会议主会场设在油田生产指挥中心，各直属单位设立分会场，会上通报油田级异常发生情况，直属单位针对近期典型异常事故事件做经验分享，分析异常共性和规律性，举一反三吸取教训，明确各类异常情况上报标准、处置程序，倒逼各单位不断完善风险隐患清单。开展好异常事件管控“回头看”，异常事件处置工作结束后适时开展“回头看”，全面检查及核实各项防范措施制定落实情况及效果，总结经验，改进工作，实现安全生产异常事件管控工作的闭环管理。

（二）建立完善全要素应急管理体系

以习近平新时代中国特色社会主义思想为指导，全面贯彻落实习近平总书记关于防范风险挑战、应对突发事件重要论述，紧紧围绕集团公司和油田党委工作部署，在充分调研的基础上，着眼系统提升“抗灾害、控突发、抢险情”能力水平，按照“体系思维”“系统思维”理念，统筹油田应急管理工作，建立健全应急管理体系。从预案方案、应急演练、应急保障、应急培训、信息化提升等方面全方位抓好应急能力建设工作。

1. 强化一体化统筹

一是持续优化完善应急制度体系。2022年1月23日修订并发布《胜利油田应急管理办法》，按照体系思维、系统思维的理念，构建“2+8+1”全要素应急管理体系，对统筹应急管理工作进行了探索和创新。组织油田内外部应急管理专家，开展各层级应急预案评估和修订，提高预案实用性和可操作性。

二是做实“实战化”应急演练。与业务部门结合，制定油田年度应急演练计划，在此基础上，制定“四不两直”应急演练抽查计划，目标是实现基层单位全覆盖，按照计划目前已累计开展600余次应急演练抽查，并定期通报演练抽查存在问题，举一反三，抓好同类问题的排查整改。

三是强化总结分享。对突发事件进行复盘，分析应急处置全过程，从“预防、响应、处置、恢复”全链条总结典型经验和存在不足，制定改进措施，在油田范围内分享。

2. 强化专业化支撑

依托应急救援中心，整合油田应急资源，积极推动国家级危化品应急救援队和山东省应急救援专业队伍，形成有效的区域联动能力，承担跨区域重特大事故应急救援任务。加快推进应急救援实训基地建设，在充分利用原有设施的基础上，重点建设大型原油储罐、卧式罐、液化气球罐、油品运输罐车、炼化装置、井喷失控等训练模拟设施，力争打造省级鲁北地区应急救援实训基地。根据高质量发展要求和实际需要，更新部分应急装备，适当配置“高举升、高效率”的石化装置救援装备、“大距离、大流量”的油气站库救援装备、“可两栖、多功能、全地形”的滩海场景救援装备，以及水驱动排烟机、侦检灭火机器人等适用于有毒有害环境的救援装备等，确保做到第一时间发现，发现之后第一时间响应，到达现场后第一时间处置，切实提升油田应急处置能力和水平。

3. 持续强化全员化提升

按照基层单位应急处置“135”原则，开展基层初期应急处置能力提升培训班30期，培训人数2000余人次，在此基础上，制作应急（消防）理论和实操培训视频，最大限度扩大培训范围，加快全员化提升进程。

4. 做好属地化融入

一是调研学习属地政府应急指挥平台，积极推进油田三级贯通应急指挥系统建设，不断提升应急指挥效能。二是油田、各单位加强与属地政府应急管理、防汛抗旱、水利等部门联络联动，建立定期交流座谈机制，强化信息、资源共享，实现油地融合发展。三是加强与海事局、海警局等海上政府部门的业务联动，联合开展海上应急演练，及时参与地方海上应急处置任务，在实战中提升专业化应急队伍能力。四是做实北海海域海洋石油勘探开发溢油事故应急处置胜利油田实训基地，联合生态环境部海河北海局，利用现有码头、港池、场地，配置必要的设备设施，模拟海上和滩海环境特征，进行溢油、逃生和消防等真实场景训练，提升应急处置能力。

（三）取得的成效

1. 异常管理更加精准

“四个一”生产异常管理体系建设给胜利油田带来的变化是全方位的，也是深层次的，由原来的逐级人工上报改变为异常自动分层级、分专业自动推送，运行管理由“严盯死防”向“黑屏”管理转变，对胜利油田的转型发展产生了积极而深远的影响。生产异常管控模式在推进过程中，突出反映的“关注异常、应报尽报、追根溯源、经验共享”理念、正在深刻影响和改变着广大干部员工的生产运行管理和异常管理思维模式和工作方式，客观要求员工队伍必须积极转变思想观念，管生产就是管异常，管业务必须管异常，加快提升素质能力。同时，信息化技术的应用，实时海量数据的集成分析，实现了精细掌握异常动态、精准制定处置措施、精确“五个回归”溯源分析，为油田精细化管理提供了现代化手段支撑。实现由以“治理隐患避免事故发生”的事后管理向“管控异常预防隐患形成”的事前管理转变。

2. 应急管理更加完善

一是预案体系更加完善。参照属地政府和集团公司应急预案体系，结合油田生产实际，建立形成“1+2+N”油田级应急预案体系，“1”指总体预案，“2”指生产安全事故应急预案、突发环境事件应急预案，“N”指 N 个专项应急预案。

二是应急演练注重实战。按计划完成年度应急演练工作，持续开展“四不两直”应急演练抽查 600 余次，引领统筹油田应急演练水平提升，建立问题定期脱敏分享机制，促进问题整改落实。

三是应急保障更加有力。积极推动山东省专业应急救援队伍建设工作，目前应急救援中心、胜大水利工程有限公司已通过预评审，同步加快推动应急救援实训基地建设，强化以消防为主的综合性应急救援能力提升。

四是油地联动更加紧密。与东营市应急管理局监理联调联战机制，就监测预警、应急指挥系统建设、技能培训、队伍建设和资源共享等方面进行了深入交流，借鉴政府部门先进管理经验，提升应急能力水平。

五是应急培训关注基层。开展基层初期应急处置能力提升培训班，以基层操作岗位为培训对象，有针对性地制定培训内容，不断提升基层初期应急处置能力。

胜利油田将锚定“再立新功、再创佳绩”总目标，坚持稳中求进工作总基调，全力推动高质量完成全年任务目标，为集团公司建设领先洁净能源化工公司多做贡献，为构建平稳健康的经济环境、国泰民安的社会环境、风清气正的政治环境多做贡献。

江汉油田安全管理现状分析和对策

张栓柱　王　琴　杨　超

（中国石化江汉油田分公司）

安全关系到企业的生存发展、稳定大局和员工的生命财产安全。近年来，国家不断提升对安全的关注和重视程度，特别是习近平总书记发表了一系列关于安全生产的重要论述，要求各企业必须牢固树立“发展决不能以牺牲安全为代价”的红线意识。随着新《安全生产法》实施推进，“三管三必须”渐渐深入人心，油气板块各企业单位的安全管理水平也取得明显提升和进步。但安全生产事故总是在不经意间发生，综合近年来的安全管理和剖析，还存在几个方面的问题。

（一）管理责任未完全落实

“三管三必须”当中“管业务必须管安全”的理念，少部分专业管理人员在思想上基本认同，但落实在行动上存在被动式接受，时常出现相互推诿现象，认为管安全就是安全部门的事。在各项施工中，大家普遍看重生产进度和施工质量，应有的安全管理规定动作不落实，造成双重管理不能有效融合，专业上的 HSE 检查频次和力度不足，情急之下，将基层自查自改或安全部门检查督查的问题代替专业 HSE 检查。如：特殊作业施工，安全技术交底未识别高处作业、中毒等最大风险，管控措施不清晰，通篇不足 100 字，一旦出现安全事故，专业管理人员首当其冲难辞其责。

管理责任的不落实也是重复性问题反复出现的重要原因。在安全管理的七项流程中，普遍缺失分析溯源、制定措施、验证效果、持续改进这四个环节，无法实现真正的闭环。另外，HSE 双向考核未做实，多数部门主要对工作量和质量问题进行考核，极少涉及 HSE 违章考核，未有效突出责权利和应有的警示教育作用。

（二）检查督查过频成为基层负担

当前，安全检查督查存在名目繁多、频率过高、多头重复、重痕迹管理等问题，基层干部疲于应对各类检查督查，应接不暇、不堪重负，工作压力较大，已经成为不容忽视的敏感性问题。

2022 年以来，较大安全检查督查频次高、占用时间长，基层单位需要全力以赴精心准备，懂业务、懂安全的管理人员严阵以待，无形中消耗和占用了大量资源和时间，不利于基层单位集中精力抓安全生产。安全检查督查注重管理痕迹，各基层单位均需要足够的资料进行佐证。但部分检查人员对制度理解差异，所提问题包含个人认知和理解，问题整改一次，就建立一项资料，导致基层的HSE管理资料不断叠加，负担较重，安全资料的减负工作势在必行。

（三）应急管理浮于表面

部分单位对应急管理工作重视程度不够，“摆样子、走形式、应付检查”现象较为突出，存在不严不实的情况。如：检查油气生产的一级硫化氢管控区域施工，屡屡出现正压式空气呼吸器气压不足、人员未佩戴硫化氢检测仪、班组未开展风险识别评估、员工不清楚管控措施、未制定应急措施等低级基础性问题。

而在应急预案演练中，基层单位仍停留在为完成演练任务而演练阶段。目前，应急演练基本上采取提前安排、提前编排剧本、提前定时间(地点)、提前告知参与人员等形式进行，无法真实检验应急预案程序的合理性、有效性，无法检验评估各应急组(应急力量)配合相融性，无法验证实战状态下的真实情况。

（四）学习意识有待加强

HSE培训及取证工作是安全生产重要环节，是干部员工不断获得新知识和正确观点最科学有效的途径，但部分干部员工认为，都工作几十年了，以个人目前的工作经验，完全可以胜任岗位要求，因此内心深处存在抵触和畏难情绪，存在形式主义和官僚主义。当生产进度和安全培训时间冲突时，部分干部员工总是以工作繁忙为理由，选择先上岗，把培训取证复审先放一放，这是典型的违反《安全生产法》行为，也是部分员工证件过期的主要原因之一。

近年来，随着各机构HSE培训质量明显提高，考试也越来越严，部分干部怕过不了关、拿不到证，存在畏难情绪，因此也出现报名了、钱交了、人不去的现象，严重浪费企业资源。还有部分干部员工认为，安全培训就是企业花点钱拿个证而已，对培训工作从思想上不重视，存在借着培训搞休息、迟到早退、边学习边玩手机现象，培训效果不理想，无法有效应用到现场实践指导安全生产，也是现场屡屡出现违章的主要原因。

（五）“四道防线”作用不凸显

安全管理过程相对枯燥和烦琐，牵扯到管理人员较大精力，存在一定的畏难情绪和“差不多”思想，造成现场管理“四道防线”的作用发挥不佳。

作业班组是施工操作和执行制度的最直接单元，是安全管理的首要防线。班前会更是安全提示、风险防控的重要环节，也是现场安全培训的最直接体现。可往往存在内容空洞、只布置施工任务等“走过场”现象，岗位员工对施工细节、预防措施、标准规范得不到正确提示和解读，导致巡回检查不认真、不仔细，是频频出现问题的直接原因。

基层队开工验收和自查自改是安全管理的第二道防线。但部分基层队存在不验收自查擅自开工、验收自查不认真等现象，无法从根本上发现问题、整改问题，“先干再说”的意识普遍存在。在关键部位和重点工序中，干部带班制度落实不严，存在应付检查、履职不到位等情况，不查找整改现场隐患、不制止叫停员工违章行为，造成第二道防线不扎实，屡屡出现明显的管理漏洞和低级问题。

三级单位安全检查是安全管理的第三道防线，但部分单位对施工情况、安全现状掌握不清，靠前指挥不够，对现场问题纠偏及时性不够，还有少数单位把上级安全检查督查，当成自己的安全管理行为。第三道防线存在明显漏洞，是同类问题反复出现的重要原因。

二级单位专业管理和综合监管是安全管理的第四道防线，但有时，面对员工的不安全行为、不标准施工，情感战胜了原则，觉得员工很辛苦，只要及时整改就行，不忍心记录考核，检查督导的作用没有完全发挥。

如何切实抓好安全管理，是每个企业面临的直接问题，必须依托《安全生产法》，逐步规范管理行为，大幅度提升安全管理水平，促进企业健康发展，保障员工群众根本利益。应当在以下几个方面下功夫。

1. 全面推进 HSE 体系建设运行和“三管三必须”，持续提升管理水平

HSE 管理体系是行为规范，要逐步形成“管理手册为纲，责任制为本，制度标准为支撑”的长效机制，有力促进 HSE 思想统一和责任落实落地。需要成立工作领导小组和修订专班，对上级 HSE 管理体系进行识别、承接和转化，并对体系和自身现状相符性调研，清理出未覆盖的业务和风险，对管理职责界定不清、管理内容规定不明等盲区，依据“三管三必须”总体思路，和专业部门充分讨论、对接和修订完善，形成新版 HSE 管理体系，明确要素管理的主管部门、牵头部门及配合部门的职责界面和工作标准，明确指标名称、监测周期和计算方法，督促专业部门实时监测、跟踪与验证。同时，还要对基层单位岗位职责和工作流程、操作步骤以及潜在的风险进行梳理，制定针对性管控措施，细化到每个岗位，使员工清楚“该干啥、怎么干、达到什么标准，如何防范风险”。

2. 突出领导 HSE 引领力，强化责任担当

领导干部要带头抓安全，首要是加强学习，必须将习近平总书记关于安全生产重要论述和习近平生态文明思想等关于安全生产的重要指示精神纳入必修课，提高政治敏锐性，从讲政治的高度深刻认识做好安全环保工作重要性。全面部署落实制定《贯彻落实二十条措施分解行动清单 138 条》《落实集团公司“5・21”安

全紧急会议精神的具体措施68条》，将措施细化分解至责任部门、责任单位、运行时间节点，坚持问题导向，树牢底线思维，强化红线意识，以更加坚强的政治担当扎实做好安全环保工作。根据不同单位存在的不同风险，量身定做HSE责任制，形成个性化HSE目标，促进HSE管理重点、职责与权限精准融合。各级领导干部要依据HSE责任制和风险等级，制定个人行动计划，主动下沉开展承包挂点活动和安全观察，推动问题的发现和整改。同时，要严格落实月度HSE例会和季度HSE委员会会议制度，认真分析安全环保形势，研究解决HSE工作中的重大疑难及系统性问题，不断完善HSE保障措施。

3. 以问题为导向，强化风险管控，做实隐患治理

结合当前开展的“安全生产专项整治三年行动”，常态化开展风险分级管控和隐患排查治理，重点加强泄漏、危化品、特种设备、罐区、生产、生活等经营场所隐患排查治理工作，对风险点、异常工况等，制定切实可行的风险削减措施，加强过程监管，并做好管控措施有效性验证，不断改善HSE工作条件和环境。聚焦“低老坏”和“习惯性、重复性”违章，运用风险识别、全员诊断等手段，建立风险库，从技术措施、管理措施、个体防护、应急措施等四个方面制定具体的可操作步骤。扎实开展“我为安全做诊断”活动，按照“谁排查，谁负责”的原则，配套开展各类HSE检查，查找隐患，提出合理化建议，做好台账登记，采取分级分类治理对策，层层落实隐患治理责任。突出针对性，采取“四不两直”式的预案演练方式，提升应急演练的实效性。

4. 突出“一把手”核心作用和责任，强化承包商管理

承包商也是生产经营的重要组成部分，要从资质审查、合同签订、现场管理到监督考核，定期组织承包商专业会议，对承包商出现的问题或不好苗头进行分析，及时采取对策，制定相应的管控措施和解决办法，并落实到责任部门、责任人。严格落实“管承包商必须管安全”的理念，从方案编制、安全技术交底入手，共同梳理施工存在的风险、明确具体管控措施、签订安全协议，加强HSE过程管理，一方面加强专业部门、安全部门、督查部门互通互融，联合现场监管；另一方面加强承包商施工现场监控，确保视频覆盖率达到100%，发现问题及时纠偏。并通过五个回归溯源分析、精准查找四项责任人、实时下发处理通报、学习补救等办法，逐渐形成业务部门过程管控、安全专职硬核支撑的联控态势。

5. 进一步加大安全环保领域形式主义、官僚主义整治

全面开展自查自改活动，针对排查出的问题，从思想认识、工作作风、责任担当等方面，深层次查找问题产生的原因，通过定期曝光、HSE事项督办、限期

"销号"等方式，分别对干部带班履职履责不力安全监管流于形式、不重视 HSE 培训工作、安全技术交底不严不实、HSE 岗位巡回检查弄虚作假、领导安全观察弄虚作假、含硫区域施工安全措施落实不严、上级文件和会议精神传达信号层层衰减、管控措施落实不严不实等八类问题进行重点整治。推行班前会视频录制上传，消除文字记录，切实为基层减负，不断提升会议质量。在现场交接班和岗位 HSE 巡回检查中，实行清单式表格化，帮助员工逐条落实和验证，降低巡回检查不到位所引发的风险和问题数占比，通过验证，本单位因巡回检查不到位产生的问题由去年的 49%下降至 26%，效果较明显。

第二章 炼化企业安全生产管理

燕山石化现代化应急管理体系建设实践

黄波林 王志伟 魏立刚

（中国石化燕山石化分公司）

应急管理是危化品企业安全生产的最后一道防线，直接影响到各生产装置和公司整体安全生产情况。燕山石化公司针对应急管理存在的问题，通过现代化应急管理体系建设，不断提高应急能力。

（一）公司应急管理问题分析

对于企业来说，应急管理的内容主要包括建立健全应急管理体系、制定和修订应急预案、应急资源准备、应急培训和演练、制定应急管理制度等。在应急响应的情况下研判信息、启动应急预案，协调应急队伍和资源开展应急处置和应急救援行动，防止事态恶化和扩大，组织人员疏散和紧急避难。在应急处置结束后进行生产恢复和灾后重建工作。

公司应急管理工作存在比较严重的短板，主要是应急演练水平较低，小组应急处置能力不足。另外，在应急预案准备、应急能力培训、应急管理制度管理等方面也存在着诸多问题，如应急预案演练覆盖不全，应急演练计划执行不到位、应急演练问题整改不及时、重复发生的问题未进行溯源分析、应急能力的培训针对性不强、应急管理人员未接受专业培训、理论基础较差、应急管理制度要求不具体、管理标准不统一、应急管理制度落实不到位等问题。

通过对人机料法环等因素的鱼骨图分析(图 3-2)，我们确定公司应急管理存在问题的原因主要有以下方面：

（1）基层人员对应急的主观重视程度不够，存在着应付心理。公司应急管理职能于 2019 年 6 月份由安全监察部转到生产管理部，各层级应急管理人员存在着理论基础较差，管理人员未接受专业培训等情况。

（2）国家应急管理部成立时间较短，各类规范标准尚需继续完善，对于企业来说，在遵守国家法律法规要求的同时，尚需制定相应的适合于企业的相关标准规范。

（3）在企业应急管理方面，以前采用的方法相对单一。只是采用检查、抽查等方式，对整体应急工作的推动作用较小。

（4）以前应急工作主要是内部管理方面，政府方面的要求和外部检查较少。随着安全环保形势的日益严峻，国家政府部门对安全环保的要求日益提高，监管力度日益增加，企业也急需通过提升应急管理水平以满足国家对应急工作的标准和要求。

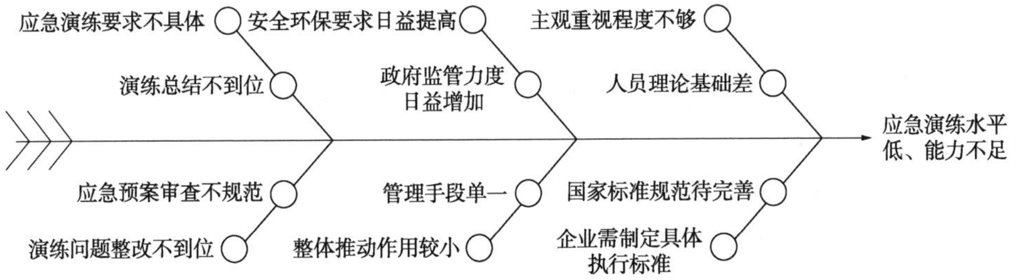

图 3-2　公司应急管理问题原因分析鱼刺图

（5）公司应急管理目前有应急管理制度、公司各级应急预案、各级应急组织，并定期开展应急演练和应急预案修订。但是在应急演练总结评估、问题发现和整改反馈、应急预案的评估和修订等方面存在审查不够规范、主观判断、专业性不强等情况。

（二）加强应急管理的基本思路

1. 制度化管理

根据 ISRS 提升建议，将各项管理要求以制度形式固定下来，如将演练问题通过督办系统进行督办，将问题整改及落实情况反馈实现闭环管理。

2. 标准化管理

履行“135”原则精神，在现场处置方案和演练方案中体现时间标准要求，在实战演练中用规定的时间标准进行评价考核。如职工佩戴正压式呼吸器时间，按照《燕山石化消气防管理办法》要求，30 秒内佩戴完成为合格；报警后消防车 5 分钟内到达现场为合格；1 分钟内启动应急响应；3 分钟内完成班组应急处置，退守稳态。

3. 实行定期检查点评制度

根据中国石油化工集团有限公司总经理令第 2 号《关于推体系夯基础控风险

全力筑牢新时期中国石化新防线的指导意见》要求，公司于2021年9月成立应急演练抽查小组，10月起每月组织应急演练抽查，并在周调度会上对演练情况进行点评。

4. 提高演练检查要求

针对演练走过场、针对性不强等情况，公司组织开展对基层单位应急演练开展抽查点评工作。在公司组织应急演练抽查的基础上，要求各单位制定应急演练检查实施细则，逐步推行各层级应急演练抽查活动，推动基层单位应急演练水平的不断提高。

5. 现代技术应急装备

在中国石化总部的总体规划和政策支持下，利用先进的5G通信技术和机器人装备，应用于石油石化企业的各种应急场景，实现特殊场景下应急救援现场自动化扑救。

（三）加强应急管理的实践做法

通过对应急管理方面的问题原因分析和管理思路的梳理，公司生产管理部组织安科院、挪威船级社和公司各部门专家，运用头脑风暴法，提出解决问题的方法如下：

1. 提要求，修订应急管理办法

应急管理办法作为公司应急管理工作的唯一制度，在体现公司应急管理工作要求方面起着重要作用。我们通过修订公司应急管理办法，明确了应急预案从成立编制小组到审核发布的全流程工作程序，统一并规范了应急演练工作的工作流程、频次标准、内容要求、应急人员能力要求，完善了考核标准，为应急工作的顺利开展奠定了良好的基础。应急管理所涉及的各种表格通过制度附件的形式进行规范，如应急资源调查报告、应急预案基本格式、应急预案评审表、应急演练评估报告、义务应急队员资格证等格式均在制度附表中进行了规定，对应急管理涉及的相关文件表格等资料格式进行了统一规范。对于修订的内容，公司生产管理部组织各单位进行了宣贯和说明。

2. 定标准，推进应急处置“135”原则的落地落实

初期应急处置不力，主要体现在基层岗位人员应急技能不足、初期处置的关键步骤不清、基层管理人员应急指挥能力不足、汇报较多，耽误最佳处置时间。中国石油化工集团有限公司总经理令第2号《关于推体系夯基础控风险 全力筑牢新时期中国石化新防线的指导意见》要求推行应急处置“135”原则（1分钟内应急响应，及时采取能量隔离、切断物料等关键操作动作，确保事态不扩大；3分钟

内退守稳态，由班长研判并下达指令，岗位员工 3 分钟内实施退守稳态操作；5 分钟内消气防联动，消气防救援力量于 5 分钟内到达现场，与属地单位配合开展应急处置工作），做好突发事件初期应急处置。

为贯彻落实这一要求，公司从现场处置方案和应急处置卡入手，着力推进“135”原则标准的落实。现场处置方案中要把需要完成的动作步骤按照时间要求进行区分，做到现场应急处置时首要动作第一时间完成，提高突发事件初期应急处置的效果，避免事故事态扩大，将事故消灭在萌芽状态。要求演练方案中的关键演练步骤要体现时间要求。

3. 树样板，组织示范性应急演练

通过组织公司级和厂级应急演练，规范应急演练方案，将演练过程的步骤、应急处置动作不断标准化，通过参演队伍和人员的言传身教及新闻媒体的传播，树立应急演练的标杆榜样，以此规范基层单位应急演练的步骤和动作，起到良好的示范性作用。

4. 促落实，开展应急演练抽查

企业抽调基层骨干成立基层应急演练抽查小组，结合系统内外事故事件和演练计划，每月组织人员对各基层单位（装置）开展演练“四不两直”抽查，并编辑演练视频，对演练过程进行通报和点评。

同时，公司将逐步把抽查点评工作推行到厂和装置层级，由厂和装置组织进行应急演练抽查工作，编制演练视频，对演练过程进行点评。公司对厂和装置组织的应急演练抽查点评工作进行考核，以推动各级应急管理工作的有效开展。

5. 抓培训，促进应急处置能力提升

利用每年的义务应急队员和应急管理人员培训班，宣贯应急方面法律法规，进行现场应急处置所需相关知识和技能的培训。根据应急管理办法中各类人员对应的能力标准，制定相关培训工作内容，如应急救护、防护用具佩戴、消防设施使用、环保应急处置、工艺应急处置、国家法律法规、公司相关制度等，以使各类人员获得岗位职责所需的应急知识和技能。

6. 补短板，加强演练和日常训练工作

针对演练的短板问题，公司重点从以下几个方面加强训练。

全员演练。公司应急队伍主要包括消防队伍、义务应急队、协议应急队伍（防汛、维保抢险堵漏队伍）等。对于义务应急队、协议应急队伍的协同演练是公司演练活动中的弱项。为此，公司要求在演练中要加强协同演练，强调义务应急队是基层应急组织的成员，协议应急队伍要参与属地单位的应急演练，不能因任何一个环节衔接出现问题而贻误战机。通过全员演练，对岗位人员先期处置、义务应急队员进行辅助的人员救护、消防处置、协议应急队伍的抢险堵漏、环保处置等环节进行演练，在实战中磨合各种应急队伍应急处置的综合协调能力。

全天候演练。公司各层级演练一般利用白天时间组织，有助于组织、观察和考评。但事故的出现是不分时间的，出于实战要求，演练要注意全天候的适应性。对此，公司在管理制度中提出每季度组织一次夜间演练，以提高基层岗位对夜间出现事故的应急状况适应性。

全覆盖演练。公司各层级演练一般按照应急需求评审制定演练计划，泄漏爆炸类预案演练较多，有些不常用的预案演练极少，甚至一直未进行演练。按照ISRS和安全标准化对预案演练的相关要求，要求预案演练在3年内全覆盖。根据此要求，我们在年初制定预案演练计划时要求各部门和二级单位对演练计划进行统计，对各类预案的演练频次进行了统一规定，做到生产安全类预案演练每年1次、自然灾害类预案演练每两年1次、其他预案每三年1次的最低演练频次要求。

7. 审预案，提高应急预案的适用性

公司应急管理制度要求对各级应急预案至少每年进行一次评估，每三年进行一次修订。通过对应急预案的定期评审和在演练、应急响应后以及内外部环境发生变化时对应急预案的不定期审查，不断发现应急预案中存在的各类问题，通过及时修订应急预案，提高各层级应急预案的适用性、针对性和可操作性。

（四）取得的主要成效

（1）通过积极的准备工作，公司应急管理制度已经推广应用。公司各层级应急管理有据可依，有章可循。对制度的明确要求，对检查结果的考核，形成了应急工作的推进器，有效推动了公司应急管理工作的开展。

（2）通过推进“135”原则的落地落实，在演练中对时间概念有了具体的衡量标准，并且通过对时间概念的重点强调，突出了初期应急处置的快速反应原则和对岗位人员应急处置动作步骤快速准确的衡量依据，有助于量化评判演练过程和参演人员的各项应急处置能力。

（3）每年的培训工作对应急处置能力的提高至关重要。培训工作针对各类应急人员的实操技能和理论知识而开展，理论系统技能全面，通过与授课老师的沟通交流，释疑解惑，可以快速有效地提高受训人员的理论水平和实操技能，使各类人员达到岗位职责所对应的能力标准。公司组织厂义务应急队员培训，由厂组织装置义务应急队员的培训，通过各层级的培训工作，最大限度地将应急知识和技能传播到每位应急人员。

（4）通过组织样板式示范性演练，推动应急演练步骤动作的规范化标准化。通过组织“四不两直”演练抽查，检验基层岗位人员对应急预案的把握程度和对应急演练动作步骤的熟练程度，针对演练暴露出的各种问题进行针对性的整改和培训，逐步纠正错误，补齐短板，逐步提高各层级应急处置能力。随着 5G 通信技术的兴起，中国石化总部引进 VR 三维桌面推演和应急处置培训，逐步推进应急演练工作的现代化进程。

第三章　管道企业安全生产管理

油气管网本质安全提升工程建设研究

付明福　郑登锋　张　杰　龚晓凤　宁双生

（国家管网西部管道公司）

石油和天然气关系到国民经济持续、稳定和健康发展，油气长输管道是新时代能源供应的重要命脉之一，油气管网的安全平稳运行关系到民生保障和社会稳定。西部管道公司作为区域性管道建设运营企业，确保油气管网安全高效运行是企业的基本职责。随着公司规模、设备数量和管理难度日益增大，面临的安全挑战日趋严峻。如何从根本上消除事故隐患，确保管道本质安全是一项需要深入研究的重大课题。以西部管道公司油气管网为研究对象，开展了油气管网本质安全提升工程建设的研究，通过研究提出的管网本质安全提升路径，能够为企业的本质安全建设提供参考。

（一）背景

近年来，油气管道严重事故时有发生，引发了严重的社会安全事件，2018年中缅天然气输气管道发生泄漏燃爆事故，造成1人死亡、23人受伤，损失2145万元。油气管道失效风险较高，油气管网安全生产严峻形势日益凸显，本质安全建设迫在眉睫。目前油气管网公司面临着日益严峻的安全生产需求，本质安全需作为长期重点工作持续推进。同时国家对安全生产的重视程度越来越高，企业加强本质安全建设已逐渐成为国家和企业层面安全生产管理工作的重要内容。

（二）油气管网本质安全理论

1. 油气管网本质安全

油气管网本质安全是指围绕油气管网全生命周期（规划、设计、制造、施工、运营），消除影响本质安全的各类潜在的不安全因素，持续提升"人-机-管理-文化"四大因素本质安全化水平，通过四大因素之间的"互补、制约"，实现安全生产系统高度和谐统一。本质安全原理如图 3-3 所示。

2. 本质安全发展层次划分

依据事故致因理论的发展，本质安全可以划分为三个层次，如图 3-4 所示。本质安全应该是基本安全、规范安全及系统安全三者的有机融合，又夹杂着非常复杂的相互作用关系，其发展进程遵循从低级到高级的演变规律，一个系统要实现真正的本质安全一般都要经历基本安全和规范安全两个阶段，最终达到系统安全阶段。

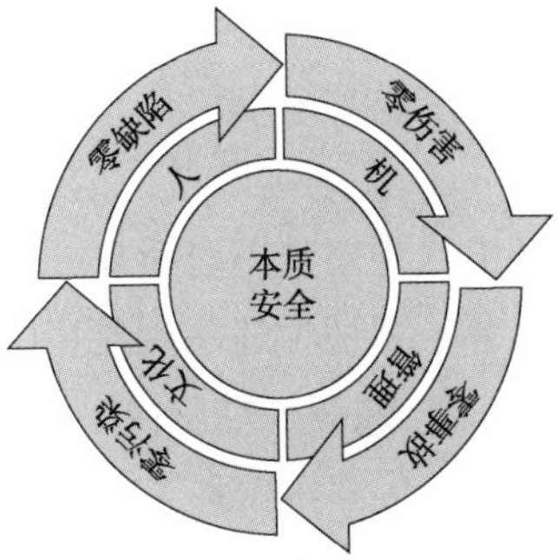

图 3-3 本质安全原理图

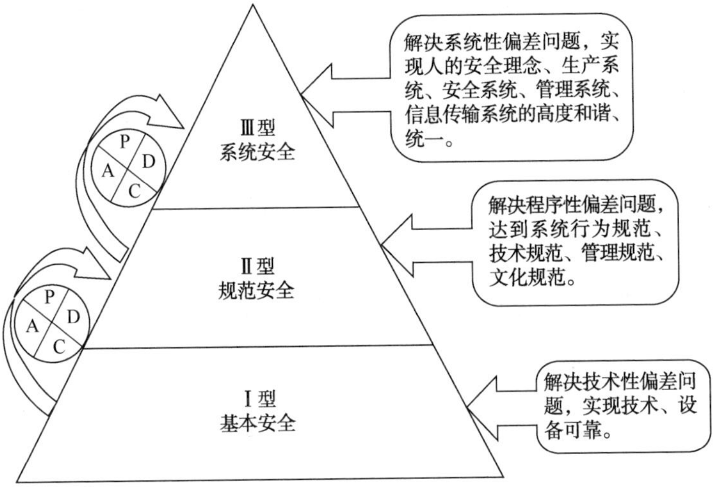

图 3-4 本质安全的三个层次

3. 本质安全影响因素分析

本质安全的影响因素可以从四个方面进行分析，一是人的本质安全的影响因素，包括心理因素、生理健康、安全素质、个体特征；二是机的影响因素，需将公司设备按照规划、设计、制造、施工、运营等五个阶段进行划分，确定相应的影响因素；三是分析运用 PDCA 管理理论研究管理的影响因素，借鉴国内外企业 HSE 管理体系建设及公司一体化探索实践明确影响因素；四是卓越安全文化的影响因素，包括安全价值观，安全理念和安全氛围。

（三）管网本质安全四大因素发展阶段分析

1. 人的本质安全发展阶段

人是本质安全的主要实施者，与作业人员、管理人员和领导干部的素质相关，这些素质能够提高人的自觉性、主动性、业务能力。人的本质安全划分为五个发展阶段：

① 无规则阶段。管理者采用被动应付的管理方法，深入基层研究活动少；员工认为事故不可避免，在工作中依靠本能与经验，表现为惯性操作，规则意识淡薄，习惯性违章现象多，自我防范和应急处置能力低。

② 强制被动阶段。管理者采取就事论事法，各层级领导有依法管理安全的意愿，但要求得多，深层次问题研究少，没有做到举一反三。员工认为事故难控难防，对事故防控理念持怀疑态度，有消极怠慢情绪，表现为被动接受，被动执行。

③ 依赖引领阶段。管理者实行上级引领指导制度，不断优化整合现行安全管理资源，建立完善高效的体制机制。员工认为事故可控可防，依赖上级引领；大部分员工按操作规程开展工作的规则意识及监督意识明显增强，自我防范和应急处置技能逐步提升。

④ 自我管控阶段。管理者优化整合安全管理资源；各层级领导要对现有的安全管理资源进行优化整合，合理配置资源。员工认为一切事故皆可预防；有较强的风险辨识和预控能力、自我安全防护和应急处置能力；主动履行安全职责，自觉按工艺纪律、操作纪律执行以及实施相互监督工作。

⑤ 习惯养成阶段。达到本质安全人阶段，管理者高度自觉，履行安全职责，落实领导责任；依法决策、以制度管人管事的良好行为已形成习惯。员工认为零伤害可以实现，表现为自律自控，严格执行制度，应急处置能力强，按工艺要求、操作纪律做事的行为已养成习惯。

2. 机的本质安全发展阶段

作为工业生产的关键要素之一，机的本质安全化尽可能从通过根本上消除物的不安全状态，实现事故的预防和控制。机的本质安全发展主要经历四个阶段：

① 机械化阶段。该阶段具备部分自动化技术手段、技术工艺较差，设备设施设计思想落后，制造缺陷较多，人员误操作风险大。

② 自动化阶段。该阶段的技术手段以自动化为主，技术工艺一般。设备设施设计合理，施工质量有所提升，但仍存在一定制造缺陷。由于运维决策未能充分考虑设备的实际健康状态，且设备故障自检率低，可能会导致“过度管理”或“管理不足”的现象发生。

③ 智能化阶段。该阶段是以智能化为主的技术手段，机械自动化为辅，技术工艺较好。设备设计基本符合本质安全化要求，施工质量高，制造缺陷少。运营过程中主要基于预测运维方式开展设备本质安全管理，设备故障自检率显著提高。

④ 无人化阶段。该阶段的技术手段全面实现人工数字化、智慧化，技术工艺先进。设备设施设计本质安全化程度高，能全面实现管道本质安全化，施工质量极高，无制造缺陷，所用材料高级，人员误操作风险大大降低。

3. 管理的本质安全发展阶段

管理是本质安全的保障，管理的有效性取决于制度约束、制度的生命力在于执行。依据企业内部的管理特征，可以将管理的本质安全划分为四个发展阶段：

① 自然本能阶段。企业未形成安全管理体系，安全制度尚未完善；管理层主要凭借经验进行管理，员工对安全工作的参与度不高；企业与员工的安全工作没有明确的目标和具体的安全工作方案。员工安全生产管理意识淡薄，仅依靠个人经验处理问题。

② 严格监管阶段。企业初步建立安全管理体系，并出台相应的安全管理制度；管理层积极践行有感领导，基层单位严格落实属地管理职责；企业严格开展安全监督检查与评审工作。但员工主动参与的意识还是比较薄弱，员工遵守安全规章制度仅仅是害怕被解雇或者受到处罚。

③ 自主管理阶段。企业已经建立完善的一体化安全管理体系，安全管理制度契合公司发展现状；管理层主动与员工交流安全问题。员工的安全意识与技能达到较高水平，更加重视自我安全行为管理；企业安全监测与检查已充分融入管理体系，定时开展相关工作。

④ 团队互助阶段。企业安全管理体系与制度越发系统化、科学化与人性化；管理层与基层员工可以达到双向沟通；企业安全目标、计划与方案由各层员工协商确定。个人的安全行为融入团队的安全行为之中，树立“利益、事业、命运”共同体的团队意识。

4. 卓越安全文化发展阶段

卓越安全文化是本质安全核心，是现代安全管理的新思路和策略，也是事故预防的重要基础工程。基于安全文化基础理论可以将卓越安全文化划分为以下五个发展阶段：

① 本能反应阶段。企业没有形成明确的安全价值观，片面追求经济效益而忽视安全管理与投入；管理者和员工的行为安全基于对自身的本能反应。员工对自身安全不重视，没有养成系统的安全意识；缺乏专业安全素质，对岗位操作技能、安全知识等缺乏了解。

② 被动管理阶段。企业安全价值观建设不完善，没有把安全问题纳入风险管理；对“一切事故是可以预防的”安全理念并不认同；企业决策层没有做出有效的安

全承诺，安全培训投入不足；大多数员工没有风险意识，认为安全责任由领导承担，与己无关；企业开始重视安全素质培养，多数员工被动学习安全知识与技能。

③ 主动管理阶段。企业和员工认识到安全素养的重要性；安全价值观和理念趋于系统化，认为事故是可以避免的；注重安全意识与安全道德培养，提升员工的安全责任感。多数员工安全意识逐渐增强，认识到安全健康的重要性，对自己的行为安全负责。

④ 员工参与阶段。企业安全价值观和理念趋于人本化，具备系统和完善的安全承诺；积极开展安全道德熏陶，重视营造安全氛围，承认员工价值，增强员工的责任感和荣誉感。

⑤ 持续改进阶段。企业提倡安全健康，对工作之外事故也加以控制，保障员工在工作场所和家庭的安全健康；贯彻持续改进理念，不断采用更好的风险控制理论和方法。员工愿意承担对自己和对他人的安全健康责任，拥有人性化和个性化的安全氛围。

（四）管网公司本质安全应用

1. 本质安全发展模型构建

基于公司本质安全发展的层次划分及本质安全四大因素发展阶段划分，构建本质安全发展模型，如图 3-5 所示。对照本质安全发展模型，本质安全建设应从公司、二级单位和基层单位三个层面，围绕油气管网全生命周期，经历基本安全、规范安全和系统安全三个层次，其中规范安全划分为初级、中级和高级三个阶段。

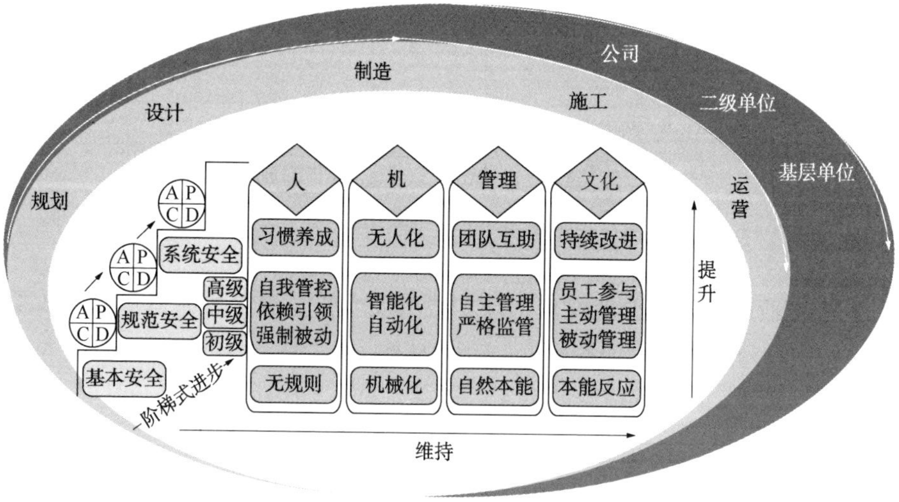

图 3-5　本质安全发展模型

2. 本质安全现状分析

依据管网公司已开展的国际安全评级、安全文化评估、体系量化审核等评估结论。对标人、机、管理、文化的本质安全发展阶段特征，对照公司本质安全发展模型，综合分析得出，公司当前在本质安全建设方面处于规范安全初级阶段。

（五）管网本质安全提升路径

1. 人的本质安全提升路径

油气管道及站场环境相对偏远封闭，社会支持系统不够完善，员工的心理和生理健康很难得到充足保障。公司目前处于强制被动阶段，为实现向习惯养成阶段的跨越，提出人的本质安全提升路径有四个方面：

① 心理因素。借鉴世界五百强 EAP 员工帮助计划的经验，公司应在员工满意度、安全意识与态度、公司及行业认可度方面持续发力，建设心理咨询线上平台，建立心理咨询室、放松室等心理疏导服务场所，深入开展员工心理咨询和心理健康培训。

② 生理健康。公司应持续开展健康风险评估，强化对员工重大疾病的筛查，科学合理安排员工休假，加强对医务室、健身房等基础设施建设，深入推进铁军建设方案的实施，全力打造高素质职业化管网运营队伍。

③ 安全素质。深入开展人员专业和知识技能背景调查，以流程定岗，以岗定人，实现人岗匹配。全面建立以岗位培训矩阵为基础、以满足个性化需求为主的培训体系，实现技术人员达到技能级、管理人员达到专家级。

④ 个体特征。结合公司现状，构建员工个体特征测试体系，在员工入职前开展个体特征测试，筛选出符合公司发展需要的人员。针对公司现有人员开展摸底测试，掌握员工个体特征。对员工进行综合评估，掌握员工与岗位的实际符合情况，通过实践锻炼和学历提升等方式提高全员素质。

2. 机的本质安全提升路径

公司在质量健康、安全环保、生产管控等方面达到国际先进水平初级阶段，在硬件系统建设方面取得长足的进步，但仍然存在一些问题。为提升公司设备本质安全水平，按照“本质安全评估-第一类危险源控制-风险感知-风险预测-安全韧性”的模式，综合运用十四项本质安全原则，提升设备本质安全水平。

针对管道线路要充分考虑后续设计、施工、运营等阶段的风险管理要求；加强设计过程管理，强化现场踏勘质量；严把技术规格书和数据单质量关，细化技术协议要求；强化管道建设期完整性管理，设置专职专岗进行管理。

关键单体设备应合理确定设备选型，结合工艺流程模拟软件评估管道系统管输效能；选择容错性更好的关键单体设备设施，优化关键单体设备设施的选型与设计；开展设备安装质量与作业风险分析，明确导致安装质量和作业风险的潜在因素。

3. 管理的本质安全提升路径

对标管理的本质安全发展模型，公司当前依然处于严格监管阶段。为持续推进公司一体化建设，实现向团队管理阶段的跨越，提升路径为以下四个方面：

① 安全规划与政策。对标国内外先进石油行业企业安全管理和体系建设方面先进经验，结合公司管理实际开展 SWOT 分析，强化体系建设的顶层设计，引入蝴蝶结等先进风险管理方法，建立高风险屏障清单，强化对屏障措施的核实与验证。

② 安全运行管理。持续开展流程优化，将风险控制要求和资源保障融入业务管理过程，通过管理制度对业务活动的全过程进行定义和规范，确保控制要求的常态化实施。对标第九版国际安全评级系统，以高水平 8 级为目标，持续对标完善公司基础管理体系。

③ 安全监测与检查。建立标准化监督工作流程，规范细化监督事项点和工作标准。完善管理评估工具、方法。依托业务管理数字化、信息化平台，建立公司监督信息平台，试点远程在线监督，实现精准监督。探索运用大数据、人工智能、5G 等新一代前沿技术，建设安全生产风险监测预警系统。

④ 安全评审与改进。充分利用先进的管理评审工具方法，综合评价管理体系的现状和有效性，查找公司业务管理流程存在偏差和短板，努力打通各部门之间的管理壁垒。制定考核细则，明确各级责任，量化考核指标体系，每月督查，季度兑现奖励，全面推动员工工作质量提升。

4. 卓越安全文化提升路径

公司正处于安全文化被动管理阶段，距实现卓越安全文化存在较大差距。为发挥安全文化的引领作用，实现向持续改进阶段的跨越，主要有以下提升路径。

首先是安全价值观，持续践行社会主义核心价值观，凝练以人为本，践行“零缺陷”的安全价值观，围绕集团公司“安全绿色”的经营理念和公司战略目标进行安全价值观设定，建立全员对安全的共识，全员追求达到最高的安全水平。

其次是安全理念，要把安全生产作为头等大事来抓，构建适合管道行业特征和地域特色的五大安全理念，凝练以“四不伤害为原则”的安全道德观，“安全用心就是对家人负责”的安全亲情观，“各级管理者对各自的安全直接负责”的安全责任观，“所有员工都必须熟练掌握必要的风险管理工具及操作规程”的安全学习观，“安全成为全员的行为习惯”的安全诚信观。

最后是安全氛围，围绕“安全核心价值观”和“五大理念体系”，积极开展安全文化活动，实现安全活动与安全价值观和安全理念的契合。完善卓越安全文化评估标准，转变员工将安全活动视为工作负担的观念。

（六）小结

油气管网本质安全工程建设是一项需要长期坚持的重大工程，以上基于国内外本质安全研究现状和公司实际，初步构建提出了公司本质安全发展阶段、发展模型和提升路径。通过对油气管网本质安全的研究得出以下结论：

① 人的本质安全发展阶段分为无规则阶段、强制被动阶段、依赖引领阶段、自我管控阶段和习惯养成阶段。机的四个发展阶段分别为机械化阶段、自动化阶段、智能化阶段、无人化阶段。管理的本质安全分为自然本能、严格监管、自主管理和团队互助四个发展阶段。卓越安全文化有五个发展阶段，分别是本能反应阶段、被动管理阶段、主动管理阶段、员工参与阶段和持续改进阶段。

② 管网本质安全工程建设的真正落地急需实施人、机、管理、卓越安全文化四大要素管理标准的编制及现场应用，及时提炼典型做法进行推广应用，形成本质安全的成熟经验和最佳实践，实现本质安全管理阶段跨越。

③ 本质安全建设是实现企业高质量安全发展的必由之路，需要企业结合自身的特征和现状进行深入分析，作为重大工程从完善理论和形成最佳实践两个层面持续深入推进本质安全建设，久久为功，才能真正实现企业的长治久安。

第四章 销售企业安全生产管理

江苏销售推进九项 HSE 管理措施提升管理水平

王永峰 王大力 孙建波 项达银 李 楠

（中国石油江苏销售公司）

2022 年，江苏公司认真贯彻落实国家和上级公司质量安全环保工作部署，以“安全环保零事故、零伤害、零污染，不发生重大数质量事故事件，零疫情、零感染”为目标，持续夯实安全环保责任，狠抓疫情防控措施落实，推进油库安全风险评估，扎实开展体系审核，强化污染防治攻坚，保证了生产经营平稳运行，为党的二十大胜利召开营造了安全稳定环境。未发生上报等级事故，安全环保形势持续稳定可控。主要从九个方面狠抓工作落实。

（一）安全生产责任落实进一步夯实

一是及时调整公司安全生产（QHSE）委员会和专业分委会，进一步强化“三管三必须”的安全生产责任制。二是严格落实安全承包点制度，按照管理干部层级分别承包一般、较大、重大风险库站，累计开展承包点活动 315 人次，检查库站 480 座，发现问题 1347 项，切实增强了“有感领导”的落地。三是组织全员开展学习公司“十不准”和集团公司 HSE 理念、原则、禁令和保命条款，提升全员安全理念意识，进一步夯实基层责任。四是强化安全责任制落实。层层责任分解落实，逐级签订安全环保责任书，共计签订各级责任书 4047 份，确保安全生产责任归位。五是持续推进安全专业线管理人员学历背景提升，细化方案制定，2022 年完成 300 名专兼职安全管理人员学历取证报名考试工作。六是深化落实月度党委专题研究安全事项，列出专题计划，按期专项研究安全工作，已召开 4 期，每期均由办公室严格督办落实，确保取得实效。

（二）狠抓安全履职能力提升

一是加强领导干部安全履职能力测评，组织 30 名新提拔的领导干部进行线上安全履职能力考试，考试全部合格，进一步提升了领导干部履职能力。二是严把人员上岗资质关和履职能力评估关，新入企或转岗员工三级安全教育100%合格上岗；作业许可审批人100%通过培训考试具备审批资格；承包商管理人员、操作人员100%通过培训，不合格的不能进场管理和作业。三是提升作业许可管理能力，组织分公司安全管理人员、油库主任、承包商关键岗位人员156人开展了加油站施工检维修、油库油罐清洗服务商、油库施工承包商作业许可培训，库站施工检维修安全管理和风险管控能力进一步增强。四是加强审核员培养。组织开展体系审核前培训，审核期间采用“老带新”“传帮带”培训新人，举办选拔内审员培训班1期，分6个专业共选拔参加培训276人，有力充实审核员队伍，为审核抽调人员提供保障。五是组织15名注册安全工程师参加继续教育，持续提升专业线队伍的技术水平和管理能力。

（三）风险管控能力进一步提升

一是加强浮盘改造关键环节风险管控，组织专家对各环节进行多轮研究讨论，制定印发《江苏公司油库浮盘改造关键作业环节安全风险分析及管控措施》，梳理了14项关键作业步骤、98项管控措施，为分公司实施浮盘改造安全监管提供安全技术参考。二是加强油库隐患排查治理。结合油库浮盘改造，组织公司安全、油库、工程等专业的骨干人员，以及设计单位、监理单位的专家，组成工作组对油库隐患问题现场进行逐项排查确认，组织上会评审，累计上报隐患139项，预算隐患治理资金1.3亿元。三是开展危险化学品安全风险集中整治活动，完成5座全资油库安装雷电预警系统、泰州油库加厚防火堤、宿迁油库增设高杆摄像头等安全风险评估问题整改；建立常态化评估机制，以国家应急管理部重大危险源督导核查为契机，组织开展6座油库安全风险自评估，发现并整改113项问题。四是完成油库风险智能管控平台建设并投入使用。

（四）QHSE管理体系建设进一步深化

一是强化审核组织。将安全大检查与QHSE体系内审同步开展、同步实施，结合安全生产三年专项整治、国家环保督查、安全大检查“十五条硬措施”、油库隐患治理等内容制定体系审核重点任务，明确五个方面19项重点审核内容，审核组织上打破以往分公司交叉审核模式，直接抽调各单位专业线业务骨干组成审核小组对各单位审核，提升审核质量，达到预期审核效果，促进了各单位QHSE管理持续改进，全年体系审核和安全大检查发现2890项问题，逐一落实责任人整改消项。二是克服疫情影响，采用线上线下相结合，坚持开展QHSE体系审核培训、环保业务培训、质量标准培训等专业化培训，全年累计组织培训2期次，累计参训162人次。三是审核总结提炼的典型做法推广学习，如盐城公司油库油罐浮盘改造施工安全管理“345”工作法、常州公司为属地加油站统一配备可燃气体和简易式加油枪油气吸力检测仪、泰州公司利用黄油防护、锡纸包裹隔绝潮湿空气的方式进行防腐处理。四是建立了“四不两直”检查工作机制，坚持每月至少开展一次现场“四不两直”检查，坚持每天利用施工安全监管APP和库站视频监控系统开展“视频扫站”，保证了疫情常态化条件下现场安全监管强度不减。2022年以来已累计检查库站1000余座次，累计罚分206人次，记分327分，处罚7.26万元，增强了安全监管的实效性。

（五）库站环保管理进一步合规

一是开展VOCs管控能力提升百日行动，累计对6座油库12219个密封点开展泄漏检测，修复泄漏浓度超标的密封点8个；累计对6座油库油气回收装置、111座加油站三次油气回收装置排放浓度开展检测，排放均达标，有效提升了环保设备运行水平。二是做好中央环保督查迎检工作。专题召开中央环保督查迎检部署会议，制定印发中央环保迎检方案，明确各项迎检要求，各单位主要领导亲自动员部署、靠前指挥、亲自带队，亲自部署问题整改工作。督查期间，累计编写迎检日报31期，累计自查发现问题1083项，整改1033项，整改率95.38%，有效提升了环保管理水平。三是组织开展加油站油气异味治理。进行全覆盖的专项检查，对易发生泄漏的加油现场、油罐区、卸油口等区域对表逐项排查，对发现的问题制定了专项治理方案进行整改，始终做到立查立改。四是有序推进排污许可换证工作，实时跟踪督促各单位排污许可证临期换证工作。五是持续推进加油站地下水监测工作，对加油站地下水打井明确技术标准，全省已有96座加油站完成地下水井建设并采样检测，检测结果均合格。

（六）安保防恐管理进一步强化

一是落实特殊时段监管。2022年是政治大年，安保防恐工作尤为重要，公司在“两会”“元旦、春节”等节假日及“二十大”前下发通知，提前部署安保防恐工作，督促各单位提高警惕，充分认识特殊时期安保防恐形势的严峻性，明确担负的重要责任，全面提高反恐防恐的能力和水平。二是强化加油站散装汽油销售管理。制定下发了《关于切实加强散装汽油销售管理的通知》，进一步规范了散装油品销售管控措施。通过智能化管控平台实时获取散装油品销售数据，对超20L散装油品销售实时预警提示。徐州分公司新沂城北加油站顾客购买散装油品自焚事件，因加油站严格按照规定销售散装油品而未对公司造成严重后果，且得到当地警方认可。三是推进库站安保防恐达标建设。上半年公司668个重点目标中已有373个完成达标建设，其中，25个二级重点目标全部达标。四是参与行业标准修订。质量健康安全环保部积极参与江苏省公安厅内保总队组织的《油库、加油站重点目标单位评估验收标准》的制定，目前该标准已经正式印发执行。

（七）狠抓应急管理

组织库站细化“一案一卡”，严格落实持卡上岗。强化演练抽查，通过视频方式采取不打招呼、随机抽查的演练方式，以战促训，全年共抽演22座站次，256人次参加演练，提升员工现场应急处置能力。嘉奖成功处置突发险情的单位，对分公司实施月度绩效加分奖励，充分调动了分公司和基层库站强化属地安全管理的积极性。全年加油站成功处置6起输入性车辆着火突发险情，给各分公司业绩考核累计加分12分。

（八）狠抓疫情防控管理

一是完善科学防控体系，根据国家、集团公司疫情防控相关要求，修订了疫情防控常态化工作方案、特殊敏感时段升级管理方案、突发疫情应急预案，及时完善公司疫情防控制度体系。二是强化防疫应急物资保障，上半年累计配发一次性医用外科口罩140万只，N95口罩11.3万只，防护手套55万副，确保储备量常态化防控不少于30天需求，升级防控不少于60天需求。三是持续推进新冠疫苗接种，公司全程疫苗接种率为98.32%，加强针接种率为97.33%。四是坚持网格化管理，将机关部门、油库、加油站、划分成“基础作战网格单元”，明确网格防疫专员。在库站、办公场所入口处张贴“场所码”，建立员工监测台账、场所消杀台账、外来人员登记台账，动态掌握疫情情况，跟踪人员动态，对重点人员实行“点对点”跟踪，全年累计排查出重点人员1297人次，跟踪核酸检测结果22.3万人次。五是建立了帮扶机制，保证加油站平稳运行。针对重点人员到站导致库站员工被隔离，造成库站人手不足的问题，公司建立了帮扶机制，调派机关工作人员、基层党支部及周边库站的员工成立应急突击队进行紧急支援，公司前后组建了57支帮扶队伍，其中还涌现了盐城公司领导班子带头到侨隆加油站帮扶的先进事迹。六是持续开展线上疫情防控巡查，先后对涉疫地区13座加油站、1座油库利用腾讯会议，从区域环境、人员管控、场所消杀、物资配备及应急隔离等方面，督促库站现场疫情防控措施落实落地，在集团公司线上视频远程抽查苏州长桥加油站疫情防控工作落实情况，检查效果很好，得到了集团公司领导的认可。提炼了苏州长桥防控经验，录制了视频供基层库站学习借鉴。七是编制印发了《江苏公司健康企业创建实施方案》，开展全员月度“健步走”达人评选，强化员工健康自主管理，定期开展员工健康体检，重点关注心脑血管等基础疾病员工，加大员工关爱，深入开展 EAP 帮扶工作，开通 EAP 心理疏导帮扶热线，为员工提供线上咨询，线下引导，起到降“压”作用。

（九）狠抓质计量管理

积极推进国ⅥB 标准汽油置换工作，目前油库已经全部完成了置换，11 月底前加油站全面实现国ⅥB 标准汽油上市销售。吸取陕西汉中民营加油站汽油含水的事故教训，公司全面加强合资合作站监管措施，将合资合作站纳入自营站统一管理，两级机关利用线上视频扫站、线下“四不两直”、神秘顾客暗访等方式，强化日常监管，确保合资合作站数质量风险受控。

加油站突发事件应急演练方法探索

甘玉生　公丕成　张迎梅　陈佳域

（中国石油山东销售公司）

加油站作为成品油销售业务的终端，是服务社会公众和展示企业形象的窗口。因其经营的汽油、柴油等产品具有易燃易爆、易产生静电等特征，结合其开放性的经营特点，流动车辆多，人员来往复杂，稍有不慎，易燃易爆的油品都有可能引发火灾爆炸事故，给企业带来巨大损失的同时还会给社会公众造成恐慌。在各类不安全因素时有发生的情况下，只有做好加油站应急防范工作，才能确保加油站员工自身安全，最大限度减少加油站的损失。因此，加油站如何优化应急演练，快速应对突发事件，避免事件的持续扩大，是推进加油站应急管理提升的重要课题。

（一）加油站应急演练工作现状

1. 演练方案缺乏灵活性

应急演练开展前，加油站需根据事故现场情况设计最优的应急处置方案，指导应急处置工作的开展，在短时间内控制事故影响范围。加油站作为一个开放的营业场所，事故发生时，存在众多不确定因素，加油站在制定演练方案时，往往忽视了这些不确定因素，构建的演练情景过于单一，没有设计安全事故影响范围扩大的应急处置流程，而且演练方案中针对加油站全体工作人员设计参与应急演练，与正常情况下加油站仅有当班员工参与应急处置不符，未针对加油站白天工作人员多、夜间工作人员少的情况设计不同的演练方案，失去了演练方案的针对性和实用性。同时，演练方案往往没有考虑事故发展的规律，只是为了完成演练计划而设计演练方案，缺乏灵活性。

2. 演练工作开展不规范

在与繁重的经营任务相冲突的情况下，加油站员工往往对应急演练不够重视，部分加油站应急演练仅是为了完成规定任务而敷衍应付，应急演练流于形式，人员组织不充分、情景构建不合理，演练内容过于简单，造成应急演练效果不佳。更有甚者，加油站为应付检查，只演不练，现场摆拍几张照片，做一份演练记录，将应急演练只停留在纸面上，这种只“演”不“练”，没有真正发挥演练在教育员工、锻炼队伍、磨合机制、校验预案等方面的作用。笔者在对加油站现场演练抽查时发现，突发事件发生时，有的员工对处置步骤不清楚，处置流程混乱，没有按照制定的应急预案演练，加油站演练人员不严肃、不紧张、处置动作散漫、汇报不及时等情况较为普遍，员工对事故发展研判能力不足，没有自我保护意识。受加油站安全条件所限，加油站应急演练基本采用模拟的方式进行，加油站开展实战化演练还处于起步探索阶段，哪一级人员要开展什么类型的实战化训练，达到什么程度，没有系统的参考指标。不同加油站演练方法不一、标准不一，从而导致演练水平参差不齐。

3. 演练评估考核不完善

应急演练评估是应急演练的重要环节，是在全面分析应急演练记录及相关资料的基础上，总结演练过程中的优点和需要改进的地方，对发现的问题提出改进措施。加油站实际演练中通常不重视演练活动的评估总结，演练评估往往只是组织者的定性总结，不能够客观、及时地发现演练过程中的问题，无法对加油站应急处置能力的提升提供帮助。目前，加油站应急处置能力尚未科学地纳入加油站安全工作考评体系，加油站应如何对应急演练开展系统化评估，以及如何对实战效果进行考核都缺乏有效手段，进而导致加油站出现“练为演”“练为看”等不实作风现象的发生。

（二）应急演练程序优化探索

1. 演练人员配置

加油站因规模不一，配置员工数量有多有少，规模较大的站点员工配置为5~6人，员工分班作业，实际在班人员只有3~4人；而规模小销量低的站点仅配置两人，正常上班时仅一名员工在岗。加油站在进行演练方案设计时则要考虑当班员工人员数量问题，参加应急演练的需为当班人员。因加油站最常见的事故形式为火灾爆炸，对比包括加油站发生泄漏、扩散的一般事故类型占80%以上，火灾爆炸事故中加油车辆着火事件尤为突出，笔者结合加油车辆着火应急处置流程，重点从三人及以上配合处置、两人联合处置、一人处置的情况进行论述，优化不同模式下的应急处置流程。

（1）三人及以上配合处置

三人及以上配合开展应急处置，是较为理想的应急处置模式，员工可按照演练方案中的职责分工，各司其职，相互配合，快速有效处置突发事件(表3-4)。在加油车辆着火事件发生时，第一发现人(员工A)按照处置流程进行呼救、停止加油并按下加油机急停按钮，立刻进行灭火；考虑到部分加油站因加油机配置时间较早而没有急停按钮，或急停按钮只在加油机一侧设置等情况，员工A在处置加油车辆着火时要沉着应对，随机应变，若无法第一时间切断加油机急停按钮，则应快速投入灭火行动中。员工B和员工C等其他员工在收到员工A的呼喊后，按照工作职责紧急启动处置程序，员工B立刻按下紧急切断系统启动开关，切断加油机电源，参与灭火；员工C紧急疏散现场人员及车辆，在进出站口进行警戒，现场参与灭火和指挥救援，研判火灾发展趋势，择机报公司应急办公室，若火灾未能及时扑灭，拨打119报警。所有人员在确保自身安全的条件下等待救援，火灾扑灭后，现场处置妥善，解除警戒，恢复营业。

表3-4　加油车辆着火应急处置流程(三人及以上配合处置)

步骤	处置内容	岗位
1	大喊“车辆(加油口/发动机)着火了”	第一发现者(员工A)
2	立即按下加油机急停按钮(如有且便于触及)、停止加油	员工A
3	立即进行灭火(加油口处用灭火毯，发电机处用干粉灭火器)	员工A
4	按下紧急切断系统启动开关，断开加油机电源，参与灭火	员工B
5	疏散现场人员及车辆，在进出口处进行警戒	员工C
6	现场参加灭火和指挥救援，上报公司应急办公室	员工C
7	如火灾未能及时扑灭，拨打119报警	员工C
8	在确保自身安全的条件下，等待救援	所有人员
9	火灾扑灭后，现场处置妥善，解除警戒，恢复营业	站经理

（2）两人联合处置

两人联合处置是加油站应急处置的普遍现象，现阶段多数加油站当班员工为两人，规模较大的站点夜间当班员工一般也为两人。人员少，员工身兼数职，更需要两人紧密配合，有效处置突发事件(表3-5)。与三人处置流程不同的是员工B在切断加油机电源后，需要对现场车辆及人员进行疏散，在进出站口进行警戒后参与现场灭火和指挥救援，研判火灾发展趋势，及时报警并组织撤离，在确保自身安全的条件下，等待救援。两人联合处置时，要对报警时间进行掌控，加油站发生火灾最有效的处置发生在火灾发生初期的2分钟内，员工在做完规定动作后应快速进行救火应急处置，研判火灾发展趋势，择机进行报警，避免因报警而耽误火灾最佳处置时间。

表3-5 加油车辆着火应急处置流程(两人联合处置)

步骤	处置内容	岗位
1	大喊"车辆(加油口/发动机)着火了"	第一发现者(员工A)
2	立即按下加油机急停按钮(如有且便于触及)、停止加油	员工A
3	立即进行灭火(加油口处用灭火毯，发电机处用干粉灭火器)	员工A
4	按下紧急切断系统启动开关，断开加油机电源	员工B
5	疏散现场人员及车辆，在进出口处进行警戒	员工B
6	现场参加灭火和指挥救援	员工B
7	如火灾未能及时扑灭，拨打119报警并报公司应急办公室	员工B
8	在确保自身安全的条件下，等待救援	所有人员
9	火灾扑灭后，现场处置妥善，解除警戒，恢复营业	站经理

(3) 一人处置

规模较小的加油站因人员配置，往往一个班次仅有一名员工在岗，一名员工无法按照应急预案里面的应急抢险、警戒疏散、通信联络等职责分工有序开展应急处置工作，必须按照事件发展态势制定最优应急处置流程，明确应急处置步骤，让员工在事件发生后及时、快速开展应急处置(表3-6)。加油车辆着火事件发生后，员工须第一时间呼喊警示他人并立即停止加油，切断加油机电源，进行灭火处置，研判火灾发展态势，如火灾无法扑灭，紧急疏散现场人员及车辆，在进出口进行警戒，拨打119报警并报公司应急办公室，在确保自身安全的条件下，等待救援。一人处置时，要对切断加油机电源时间进行掌控，若加油现场设置的紧急切断系统开关距离员工较远，员工可先尝试扑救初期火灾，若火灾无法及时扑灭，则必须第一时间切断加油机电源，再继续扑救火灾。

表 3-6　加油车辆着火应急处置流程(一人处置)

步骤	处置内容	岗位
1	大喊“车辆(加油口/发动机)着火了”	第一发现者(员工 A)
2	立即按下加油机急停按钮(如有且便于触及)、停止加油	员工 A
3	按下紧急切断系统启动开关，断开加油机电源	员工 A
4	立即进行灭火(加油口处用灭火毯，发电机处用干粉灭火器)	员工 A
5	如火灾未能及时扑灭，疏散现场人员及车辆，在进出口处进行警戒	员工 A
6	拨打 119 报警并报公司应急办公室	员工 A
7	在确保自身安全的条件下，等待救援	员工 A
8	火灾扑灭后，现场处置妥善，解除警戒，恢复营业	员工 A

2. 演练情景设计

加油站在进行演练时，要结合本站人员数量、位置、环境等特点，构建演练情景，还要根据突发事件的偶然性、多变性，多设计几种演练场景进行反复演练，在演练过程中结合临场分析，适时变换、增加演练项目。如加油站在进行加油车辆油品泄漏应急演练时，可延伸事件发展态势，增加加油车辆着火、加油机着火等演练项目，打破参演人员按部就班的处置节奏，丰富演练的对抗性，从而更好地提高应急应对能力。同时，要考虑加油站白班当班员工多，夜间当班员工少的现状，结合现场实际参加演练人员数量，按照“一人处置”“两人联合处置”及“三人及以上配合处置”的情景逐一安排演练，确保参演员工的人数必须是本班在岗员工，让员工适应事故过程不断变化的新情况，提高实战水平。

3. 联防联动

针对加油站工作人员少、工作场所开放的特点，加油站要充分利用社会资源，建立企地消防联动机制，不仅要与周边单位及附近消防、公安部门建立日常联防保护，还要与当地政府救援机构或大型化工企业签订应急救援互助协议，定期组织或参与区域协同联合演练，配合救援机构完成应急演练和培训，确保应急状态通顺、联动迅速。

4. 演练评估

应急演练评估的根本意义在于帮助参演者和组织者提升应急处置能力，加油站应积极落实演练评估工作，切实提高演练评估效果。加油站的评估工作应贯穿应急演练的准备、实施、分析与总结的全过程，通过评估，让参演者更好地理解应急行动需求，反思自身表现，发现其在应急演练过程中存在的问题，从而积累应急处置经验，提高解决实际问题的能力，同时协助组织者完善应急演练流程，提高应急演练组织能力，不断提升演练的适用性。每次评估结果需反馈至应急演练准备阶段用于改进完善，确保应急演练评估工作的闭环管理。

（三）小结

加油站应急演练是检验应急管理工作效果的有效形式，积极开应急演练，对发现应急管理工作中的不足、提升员工应急处置能力具有重要作用。加油站在开展应急演练过程中要优化演练人员配置、丰富演练情景设计、加强联防联动、重视演练效果评估，结合加油站实际灵活开展应急演练，提升应急处置能力，助力安全管理提升。

技术发展篇

第一章　井控管理模式创新与实践

翟志刚　郑何光　郭宗轲　匡生平

(中国石油塔里木油田公司)

一、井控管理历程

井控是涉及地质、工程、采油气多专业、勘探开发全业务链的一项系统工程，贯穿油气井勘探开发全过程、全生命周期和各作业环节，需要从地质、工程、装备、人员、应急等多方面入手，健全制度标准，优化工艺技术，完善管控措施。

塔里木油田自成立以来，就致力于建立新时代油公司体制，按甲乙方模式运行，为油田提供工程技术服务的承包商来自全国各地，既有中石油内部钻探企业，也有中石化及其他民营钻探企业，随着油田的发展，钻修井承包商由1989年的3家发展到22家(钻井9家，修井13家)，钻修井机数量从当初的5台发展到2022年的200台(钻机150台，修井机50台)，年完钻井数由6口增加到193口。这些来自全国各地的承包商传承不同的井控工作传统，执行不尽相同的井控工作标准，不同承包商的技术力量和岗位员工的技能水平参差不齐，大部分队伍缺乏在“三高”油气井施工的经验，这些不利因素给油田井控工作带来了潜在风险。而塔里木油田新的体制，无法照搬照抄老油气田现成的管理模式，只能根据“两新两高”体制的要求，创新井控管理模式，集中统一管理，集聚力量，以应对风险挑战。

塔里木油田地质条件复杂，油气埋藏深，勘探开发区域广，绝大多数井属于“三高井”。不同的区域面临着不同的井控风险：山前气井普遍高压(最高140MPa)、高产，多个区域高压盐水发育；塔中、塔北奥陶系普遍高含硫化氢(410000ppm)，安全密度窗口窄，溢漏频发；塔北哈拉哈塘区域作业地点紧邻乡间公路、民族群众聚居村庄等固定设施，若硫化氢溢出，风险极高；夏季高温、冬季严寒对岗位员工的影响也给钻修井作业增加了难度。这些客观因素决定了塔里木油田必定是井控高风险的油气田。

1989 年以来，油田井控管理经过了从无到有，从粗放到精细的发展历程。油田成立初期，由于地质认识不清、井控意识不足、装备水平不高，加之井控组织机构、井控管理人员、井控管理制度缺失，井喷成了“常客”，33 年间，共发生井喷失控 14 起(井喷失控着火 5 起)，其中 1996 年 2 口井井喷。特别是迪那 2 井井喷，由于对库车山前超高压、高产气藏的认识及井控应急抢险装备、技术储备不足，历时 66 天才将井喷制服，造成了巨大的经济损失和不良的社会影响。

2017 年以后，随着国家能源战略的调整，按照集团公司统一部署，油田上产节奏逐步增快。作业队伍需求量、钻修井工作量激增，为满足生产需要，新队伍、新员工持续不断涌入油田市场，新人员对油田的井控工作必然有一个熟悉的过程。工作量的增加对防喷器等井控装备的生产保障要求提高，有经验的现场井控装备服务力量摊薄、井控装备新度系数降低等，给油田的井控装备本质安全带来了极大的挑战。另外，随着油田勘探开发不断向纵深发展，地质情况越来越复杂、井越钻越深、井身结构进一步优化等，都对井控工作提出了更高的要求，一旦出现井漏、溢流等复杂情况，处理难度大、井控风险高，应急支撑困难。

油田高质量发展离不开井控安全的保障，不断总结固化井控安全管理成熟、有效做法，与时俱进、持续提升，建立适合油田的井控制度、井控培训制度、装备管理制度、配套工艺技术和井控突发事件应急的管理体系显得尤为重要和迫切。

二、创新管理模式

经过积极探索，油田已逐步形成了一套具有塔里木油田特色的井控管理体系——井控管理“四统一”模式。该模式是新型油公司体制下经过不断摸索创新产生的新型管理模式，这种模式符合油公司甲乙方服务合同制管理需要，符合塔里木特定条件下石油会战的需要，同时具备较强的井控风险应对能力，目前已为油田勘探开发作出了积极贡献，为安全生产提供了有力保障。

（一）主要内涵

“统一”井控管理制度和技术标准。面对复杂的管理对象和极高的井控风险，唯有统一号令、步调一致，方能行稳致远、长治久安。为此，油田将甲乙方所有井控有关的单位部门全部纳入管理网络，并以油田公司为主导、承包商共同参与，建立完善井控管理体系和管理制度，开展井控技术攻关并固化工艺技术标准，并按约定共同推进落实，油田范围内实现了井控工作标准统一、高效落实，缓解了各承包商井控管理水平参差不齐的问题。

“统一”井控技术培训。塔里木油田承包商人员构成多元，流动性大，加之塔里木油田井控技术难度大，管理要求、技术措施独具特色，油田外其他机构组织的培训，很难满足塔里木油田应对井控高风险的需求，集中统一培训成为必要手段，油田通过聘请多家井控培训资质机构，在油田公司集中组织井控培训班，并结合油田井控工作实际，细化分班、配套自编教材和考核标准，切实提高培训的针对性、实用性，让员工快速掌握塔里木油田井控工作标准，达到上岗要求。

“统一”井控装备服务。井控装备是井控的最后一道防线，是实现井控安全的关键，井控装备的技术等级、质量管控和日常运维尤为重要。然而由于油田钻试修井承包商较多，规模不一，且塔里木地处边疆，自带井控装备必将给承包商带来巨大的后勤保障压力，井控装备质量也不一定能满足油田需求，为此，塔里木油田自会战以来，一直坚持油田公司统一提供井控装备服务，即油田公司成立专门部门提供井控装备采购、检维修、现场服务等全业务链的专业服务，这样，既解决了承包商的实际困难，也保障了井控装备质量，规范了配套标准。

“统一”井控应急处置。应急工作的统一，既有利于最大限度地优化整合应急资源，也可进一步提高应急工作的组织效率和应急处置的成功率。总结塔里木油田历次井控事故事件处置经验，因现场人员自行处置导致事态恶化的情况时有发生，为此，油田规定，现场发生溢流、井涌、井喷、井控装备故障等井控突发事件后，均在油田公司的统一指挥下组织处置，作业现场负责做好发现、关井、汇报，以此最大限度规避因经验不足、组织不力等导致的事态恶化，同时，也很好地解决了承包商各自为战所带来的应急支撑不足的问题。

（二）主要做法

1. 统一井控制度标准

基于新的油公司管理体制，勘探开发业务全部依托专业队伍，最多达 9 家钻井公司、18 家井下作业公司。会战初期，由于甲方管理力量薄弱，对井控的认识也不够，井控工作基本是钻修井公司各自为战的状态，2005 年以前，油田公司机关业务管理部门只有 1 名井控兼职管理人员，之后增配了 1 名分管井控的副处级领导，2011 年井控管理科成立，管理力量得到充实，各二级单位也配备了不同数量的井控专职、兼职管理人员，逐步搭建起了塔里木油田井控管理体系，配套完善了井控制度标准，井控管理水平得到了质的提升。

①管理架构上，按照“立足体制机制、打造甲乙双方融合式管理”的总体思路，将油田公司12个机关处室、17个二级单位以及9个钻井承包商、13个井下作业承包商、12个录井承包商，全部纳入井控管理网络，并按职能定位，分为决策指挥层、支撑保障层和执行层三个管理层级，油田的井控管理层次更加分明，工作职责也更加清晰。

②管理制度和技术标准建设上，按照“横向分专业、纵向分层级”的总体规划，形成了钻井、试油、井下作业、辅助四个专业和管理规定、办法、细则标准、方案预案、专项措施五个层级的井控制度标准体系。目前在用井控规章制度10项，对管理流程、管控职责进行了明确；技术标准17项、针对性风险管控措施6项，对成熟井控工艺技术和井控设备检维修等进行了固化，基本涵盖了各井控技术关键环节。

③过程管控上，实行井控风险分级分类管控，分区块、分地层识别风险因素并对井控风险进行分类，实现风险等级划分、管控措施配套、管理力量配置相对应，风险管控科学规范，见图4-1。同时，全面推行专家井控制度，所有井均有井控专家日常盯防，关键环节井控专家驻井把关；全面落实钻开油气层前、井下作业开工前相关单位联合验收制度，确保关键环节全面受控。另外，油田编制统一的井控安全检查表，并定期组织开展四级井控安全检查，及时发现并消除作业过程中的井控风险隐患。

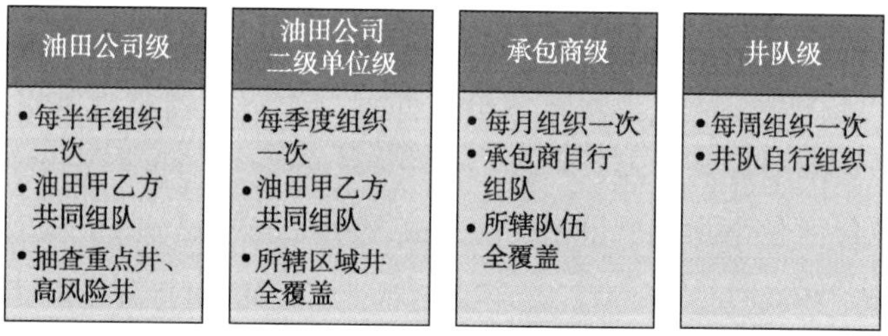

图4-1　井控风险分级管理

2. 统一井控技术培训

2001年，油田开始组织集中统一培训。统一培训之初，只有一家培训机构参与，培训分钻井、井下作业专业，实践证明仅分两个专业培训，仍不能满足油田对人员井控技能的要求，2011年起，油田细化培训分班，编制针对性培训教材，建立考试题库，逐步提高培训的针对性。井控培训分班设置情况见表4-1。

表 4-1 井控培训分班设置情况

序号	取　证	主要取证对象
1	钻井专业初培班	未取得井控培训合格证的钻井专业相关人员
2	井下作业初培班	未取得塔里木油田井控培训合格证的井下作业相关人员
3	技术管理(钻井)培训班	已取得塔里木油田井控培训合格证的油田机关及各二级单位钻井井控相关管理人员
4	技术管理(井下)培训班	已取得塔里木油田井控培训合格证的油田机关及各二级单位井下、修井井控相关管理人员
5	钻井操作复培班	已取得井控培训合格证的钻井相关人员
6	井下操作复培班	已取得塔里木油田井控培训合格证的作业队司钻、井架工、内外钳工
7	泥浆录井培训班	钻(试修)井队伍泥浆工程师、泥浆大班、泥浆工；录井队伍录井联机员
8	地质管理培训 1 班	油田机关地质监督；测井公司经理；录井公司经理、录井队长、录井地质师
9	地质管理培训 2 班	油田机关及各二级单位地质设计人员
10	井控装备培训班	井控装备维修人员、质量检验人员、现场服务人员及钻(试修)井队伍大班司钻
11	其他岗位培训班	除上述 1~10 类以外需取得塔里木油田井控培训合格证的人员

① 装备实操培训。

针对井队钻台大班、正副司钻等井控装备操作人员，创新开展了井控装备实操培训，通过解剖报废的井控装备，制作井控装备缩微透明模型，向学员展示井控装备内部结构，促进其对井控装备工作原理的掌握。见图 4-2~图 4-4。

图 4-2 钻井模拟教学界面

② 开创性开展井控能力评估，掌握关键岗位人员的井控技能水平。

2011 年底，油田探索开展钻井监督、平台经理、工程师、正副司钻、泥浆工、录井队长、录井联机员等井控关键岗位人员能力评估，通过书面考试、交流访谈的方式，掌握关键岗位员工的井控水平。新进人员评估合格后方可上岗，新进队伍评估达到要求后方可开工，不合格人员转岗或离岗培训后再次评估，不合格队伍停工整改。见图 4-5。

图 4-3　井控装备实物解剖模型

图 4-4　井控装备缩微透明模型

钻试修井队伍、测录井队伍

井控关键岗位人员能力评估细则

工程技术处

2018年6月

塔里木油田井控关键岗位人员能力评估情况统计表

被评估单位：　　　　队号：　　　　井号：

姓名：　　　　岗位：　　　　评估时间：　　　　评估人：

评估内容		得分	情况说明（存在的不足）
书面考试（30分）			
实际操作（30分）	关井操作（15分）		
	装备实操（15分）		
交流访谈（35分）	井控意识（10分）		
	井控知识（10分）		
	案例分析（10分）		
	质地风险（5分）		
工作经历及表现（5分）	本岗位工作满5年得5分，满3年得4分，3年以下得2分		
得分合计			

图 4-5　关键岗位人员井控能力评估细则和统计表

3. 统一井控应急处置

会战初期，油田井控应急管理缺失，没有专业应急队伍和应急物资储备，经历了10多次井喷抢险后，油田逐步意识到应急管理工作的重要性，并探索建立井控应急体系。2002年随着国家应急管理体系的启动，油田2003年开始建立应急管理体系，经过近一年的调研、研讨，结合油田应急管理实际，建立了油田三级应急组织架构(图4-6)。油田公司总经理为油田应急领导小组组长，油田应急办公室设在生产运行处，应急管理体系由应急指挥、信息、技术、保障、辅助等系统构成；油田各直属单位、二级单位以及承包商单位针对自身生产特点，逐级建立了相应应急组织机构，明确了各级突发事件应急救援的责任主体，形成了“统一领导、分工负责、部门联动”的应急管理工作格局。

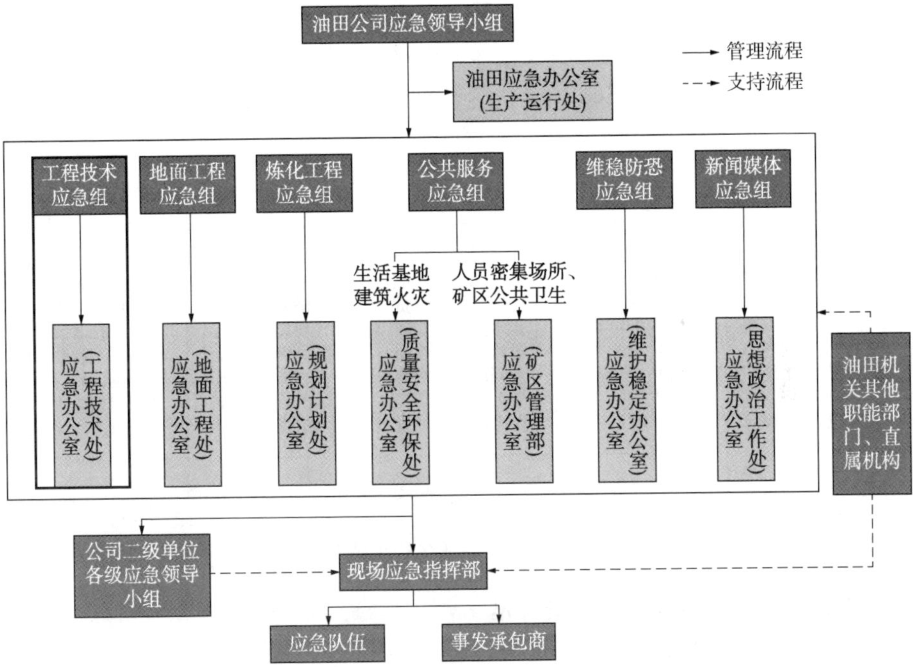

图4-6 塔里木油田应急管理体系组织架构

经过19年的不断总结和完善，油田井控应急管理模式日趋科学、完善、合理、高效，按照“统一领导、分类管理”的要求，实现了业务管理与应急管理相结合，工程技术部负责钻试修井控应急管理，进一步强化了应急管理主体责任。

按照“居安思危，思则有备”的应急方针和“以人为本、加强预防、快速反应、有效处置”的应急原则，发挥应急工作在事前预防、事发应对、事中处置和善后恢复过程中的作用，油田不断探索，持续完善井控突发事件的应急体系。

三、装备管理情况

（一）专门机构专业化管理井控装备

塔里木会战初期，各参加会战的钻井队自带井控装置，1990 年，指挥部成立专门的机构，集中管理各参战队伍的设备，并由四川石油管理局抽调一支整建制井控作业队专门负责井控装备检查、安装。之后，虽然机构几经变迁，但井控装备专业化管理的模式一直未变。

目前，油田公司井控车间采用统一标准，负责井控装备从订货技术要求编制、采购、验收、使用维护、回收维修到报废全生命周期的管理。为油田钻修井现场提供防喷器、套管头、采油树、欠平衡设备、内防喷工具等井控装备，现有井控装备能够满足 145 台钻机、60 台修井机同时作业的需求。井控装备管理流程见图 4-7。

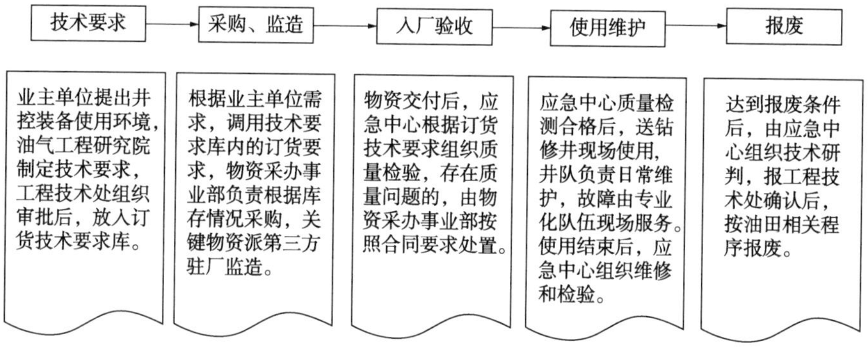

图 4-7　井控装备管理流程

（二）系统规范井控装备配套标准

1. 防喷器结构方面

结合多年的使用认识，油田逐步优化防喷器结构，已经形成了闸板防喷器以卡麦隆结构为主；环形防喷器 35-35/70 规格以下的以歇福尔结构为主，28-70/105 规格以上的以海德里尔结构为主的配套标准。

2. 钻修井井控装备配套方面

根据勘探开发区域、井身结构和作业类型，油田逐步规范了井控装备配套标准，减少了井控装备规格。见表 4-2、图 4-8。

表 4-2　油田井控装备配套标准

作业类型		防喷器组合	控制系统	节流、压井管汇	液气分离器
山前钻井	上部地层	54-70	1120-12	105MPa 及以上	1200/0. 862
	下部地层	35-105			
台盆钻井		35-70	8007	70MPa	
山前修井		28-105 或 35-105	1120-12	105MPa 及以上	
台盆修井		28-70	6406	70MPa	1000/0. 862

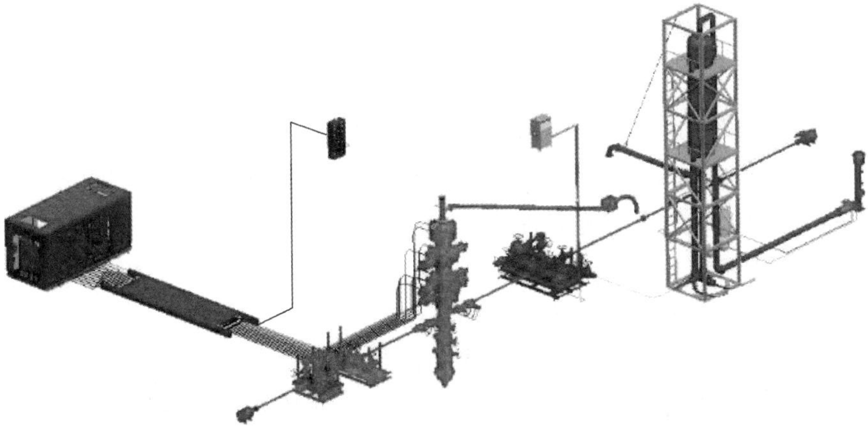

图 4-8　井场井控装备配套设施

3. 套管头、采油树配套方面

针对套管头、采油树规格繁多，不便于管理的情况，制定了“台盆区套管头、采(油)气井口配套标准”，通过统一套管头、采油树的规格型号、材料级别等，将台盆区常用套管头、采油树规格由原来的 80 余个优化为 12 个，极大降低了配套难度。

(三) 系统强化井控装备质量管理

近年来，随着井控装备国产化率越来越高，油田多措并举，从制造源头、现场使用和检验回收、维修过程入手，系统提升质量管控水平，推动井控装备全生命周期管理。

一是从源头上确保井控装备质量。梳理各类井控装备、零部件订货技术要求 150 个，针对性规范主要技术性能指标要求，并纳入井控装备技术要求库管理，即用即取，避免了以前每次采购均需编写技术要求，前后要求不一致的情况。同时，引入第三方机构开展驻厂监造，确保设备制造过程中严格执行油田的订货技术要求和相关技术规范。相关审批流程见图 4-9、图 4-10。

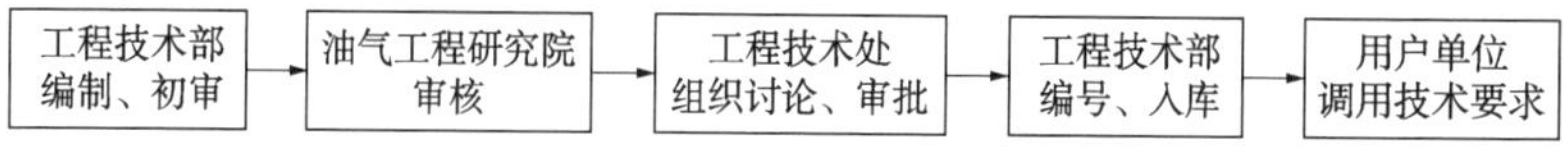

图 4-9 防喷器等井控装备订货技术要求编制审批流程

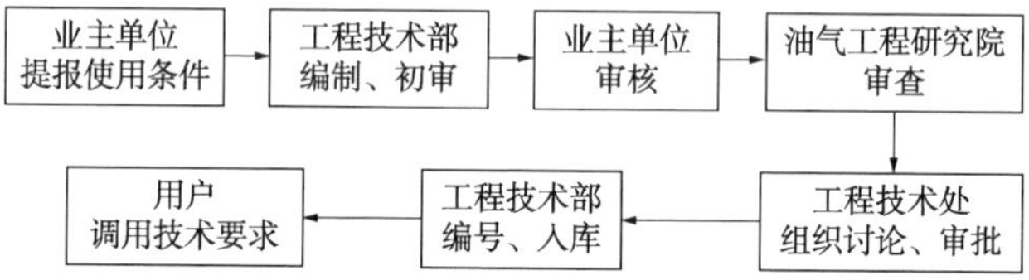

图 4-10 套管头、采油树订货技术要求编制审批流程

二是加强使用过程质量管控。对在用井控装备，作业队伍按严格按照要求开展巡检，发现问题及时处置或报专业化服务队伍到井处理。对于回收的装备，按照现有的 70 项作业指导书明确的检验、维修流程和作业要求，开展预防性维修，定期更换关键密封件(国产 2 年、进口 4 年)，定期检测钢圈槽等关键密封部位尺寸，超期服役设备通过声发射检测评价其性能。

三是在油田井控工艺安全管理系统中，集成井控装备综合信息管理平台，建立了井控装备的电子档案，实现了井控装备、配件购买计划、到货登记、送井使用、现场维护、维修检验及报废全生命周期中的服役情况，能够对井控装备故障进行统计分析等，为井控装备的质量提升提供了有力保障。

（四）规范现场井控专业化技术服务

油田实行井控装备专业化技术服务，主要承担着油田钻修井现场的井控装备安装、试压和检维修工作任务，近年来，建立了统一的井控装备现场服务标准，现行的现场安装调试作业文件 19 项，涵盖现场检验维修各个作业流程；为提升新进服务人员的业务能力，油田公司井控车间组织编写了操作指导手册两部，制作操作教学动画 50 余部，全面指导现场井控装备服务。见图 4-11。

（五）主导研发井控装备

1. 大通径 U 形管液气分离器

采用 U 形管原理，借助密度差进行液气分离，适当提高出液口，形成水压实现水封防止气体串入出液口，利用旋流板加速液气分离，采用 10in 排液和排气管线，防止装置憋压，属常压式分离器，具备日处理 $50\times10^4m^3$ 液体、$100\times10^4m^3$ 气体的能力，分离效果好，维护简便。

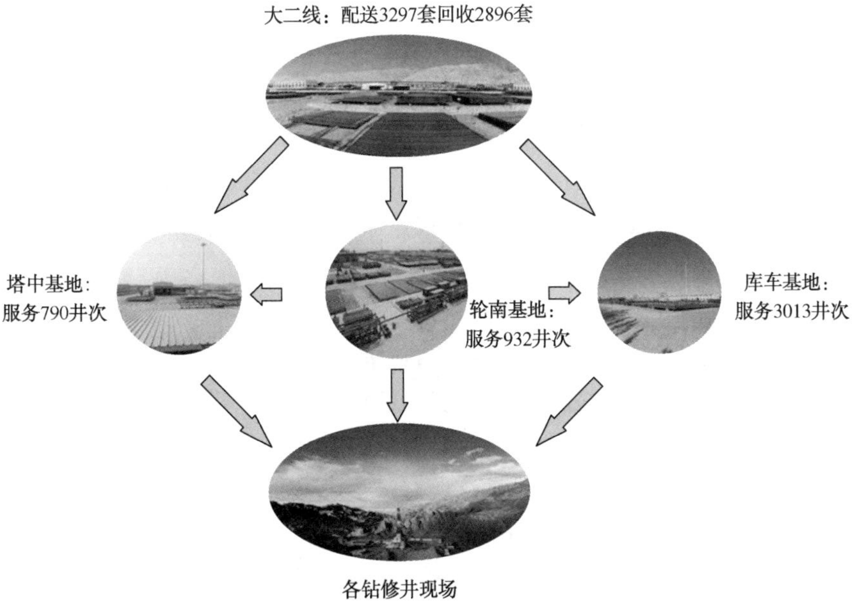

图 4-11　井控装备服务支撑点

2. 楔形抗冲蚀节流阀

阀芯采用楔形结构，通过调节阀芯伸入阀座的深度改变过流面积实现节流，合理的楔形设计可以获得更好的节流线性，节流阀阀芯与阀座始终接触，减小使用中阀芯的振动幅度，避免因振动造成阀芯断裂，YG8 耐磨合金整体加工的阀芯和阀座抗冲蚀能力更强。

3. 钻完井一体化四通

集成钻井四通和油管头四通的功能，既能满足钻井需要，又能满足完井作业需要，该四通在钻开油气层前安装，可以直接下入油管坐油管挂完井，避免了在打开油气层后将钻井四通更换油管头时存在的井口无控风险。

4. 普通闸板变径胶芯

利用橡胶的弹性，将胶芯的金属骨架尺寸设计为可以在推力作用下随着密封管柱尺寸在一定范围内变化的结构，达到密封不同尺寸管柱的目的，有效应对使用复合管柱不能装全闸板封芯的情况，减少闸板总成换装次数，节约钻井周期。

5. 140MPa 芯轴式套管头

随着油田山前高压气井勘探开发的不断深入，井口压力不断升高，原有的套管头压力等级不能满足使用需求，该 140MPa 芯轴式套管头，有效解决了上述问题，芯轴式悬挂器结构设计，规避了卡瓦悬挂器对套管椭圆度、外径公差等方面的要求，提高了密封可靠性。

6. 电动节控箱

电动节控箱利用电动机作为动力源，其有效解决了气动节控箱在冬季低温严寒环境下压缩空气冰堵的困扰，具有更强的全季节适应能力，同时将节流压井操作的套压及阀位开度信息集成并显示在数显面板上，便于观察和操作。

7. 油管堵塞阀

油管堵塞阀利用旋转激发卡瓦将阀体固定在油管内，进一步旋转激发堵塞阀的橡胶密封件与油管内径贴合，实现管内封堵，在油气活跃的井试油、井下作业过程中，为换装井口作业提供了可靠的第二道屏障，进一步降低井控风险。

8. 防喷器油路过滤装置

安装在远程台与防喷器之间，设计有过滤精度为 50μm 的滤子，耐压能力 35MPa，管路理论过流通径不小于 25mm，在不增加设备操作时间的基础上，对液压油进行过滤，减少了管线或设备运输、储存过程中固相颗粒进入液压防喷器液缸的概率，降低了固相颗粒对防喷器液缸和橡胶密封件的磨损。

第二章 动设备故障诊断技术现状与进展

刘文才[1] 段礼祥[2]

[1. 中国石油安全环保技术研究院；2. 中国石油大学(北京)]

动设备(关键机组、泵等)是石油化工生产装置中具有转动机构的工艺设备单元，故障发生频率较高，其微小故障也可能导致重大安全事故。石油石化行业动设备具有数量多、分布广且事故多发等特点，如2017年8月17日大连石化第二联合车间140×10^4t/a重油催化裂化装置分馏区原料泵密封泄漏引发火灾事故等。如何通过技术手段控制动设备事故的发生，已成为石油石化企业亟待解决的关键问题。

一、国内外故障诊断与预警技术现状分析

故障诊断是通过测定特征参数(振动、温度等)掌握设备使用状态，对可能发生或已经发生的故障进行预判，确定故障性质、程度、原因和部位，提出防控措施，使设备恢复正常状态。

(一) 国外动设备故障诊断技术发展现状

国外故障诊断技术研究与应用已有几十年历史，广泛应用于航空航天、核能、石油化工等领域。美国1961年成立了国家机械故障诊断研究所，日本日立公司从20世纪70年代就开始应用故障诊断技术。目前，美国GE、ITR等公司是行业内公认技术领先的机构，其技术优势表现在：一是专业的数据采集设备。检(监)测传感器、数据采集设备等硬件均自主研发，避免不同品牌、不同灵敏度的采集设备对后期诊断与分析结果的影响。美国GE公司的振动传感器应用最广，全球销量累计已超过四百万个。二是完善的故障诊断专家系统。采用“专家系统为主、人工审核为辅”的诊断方式，建立了比较完善的故障诊断专家系统(具有数万个典型故障案例)，可自动实现故障比对和初步判断，配合专家复核，确诊故障原因，评估故障后果，提出应对策略。

（二）国内动设备故障诊断技术发展现状

我国20世纪70年代末引进并启动相关研究工作，北京化工大学、西安交通大学等高校持续开展相关技术研究，形成了转动设备典型故障诊断与状态预测等特色诊断技术；北京博华信智、大连圣利来等状态监测机构研发的监测平台已在石油石化行业、核工业等领域应用，积累了一定的诊断经验。国内相关机构虽然在故障诊断技术领域取得了一定的成果，但与国外先进技术相比，在诊断精度、预警准确率等方面仍存在较大的差距。一是典型故障机理研究不足。现有故障机理多沿用经典的理论成果，理论持续研究与创新动力不足，“理论”与“应用”脱节明显。二是有效故障诊断方法欠缺。目前广泛应用的傅里叶变换、小波变换等方法都是基于内积原理的特征波形基函数信号分解和故障特征提取，具有一定的故障诊断效果，但对早期故障、弱故障、群故障等的诊断能力有限。三是故障诊断专家系统尚未真正形成。国内多以人工诊断为主，智能诊断起步较晚，部分企业和研究机构开展了专家系统建设，但受到数据样本少、训练模型不完善等影响，诊断准确率偏低。

（三）中国石油动设备故障诊断技术发展情况

中国石油集团公司在动设备故障诊断领域自主技术相对缺失，系统内支撑机构较为分散，支撑能力有限。一是技术研发尚未取得突破性进展。受国内整体研究水平限制，中国石油集团公司虽然在往复式压缩机、烟气轮机等关键机组故障诊断与RCM（以可靠性为中心的维修）等方面开展了研究工作，并取得了一定的研究成果，但尚未真正形成解决动设备安全问题的技术利器。二是现有内部支撑力量仅限在炼化领域，其他领域（如勘探开发等）尚未建立相关的支撑机构，如2005年，中国石油化工与销售分公司在辽阳石化成立了“关键机组远程实时监测诊断管理中心”，在动设备安全管理中发挥了一定的作用；2019年，中国石油炼油与化工分公司为了进一步提升动设备风险管控能力，委托中国石油安全环保技术研究院成立了“炼化设备技术研究与服务中心”，逐步接管和拓展“关键机组远程实时监测诊断管理中心”相关职能，先后开展了设备故障诊断技术研究与服务、设备全生命周期可靠性分析与失效数据库建设等工作，实现了部分炼化关键机组和重点机泵在线监测与故障诊断。

二、国内动设备故障诊断技术存在的问题

对比美国ITR公司发展历程与诊断技术特点，目前国内在本技术领域存在以下几个问题：

（一）典型故障机理研究不足

国内对动设备故障机理研究重视不够，现有故障机理研究多沿用经典的理论成果，理论持续研究与创新动力不足，“理论”与“应用”脱节明显。一是大型机械设备故障机理研究通常需要涉及繁多的数学、力学等知识，工程结构的简化和力学模型的建立都存在较大难度；二是缺乏有效的实验室手段，故障机理研究需要结合大量的试验验证，一个模型简化合理、故障模拟典型、制造精度保证和测试数据可靠的试验台，需要持久、大量的资源投入；三是实验室针对单一故障的准确表征居多，需要工程实际的验证，而企业现场设备单一故障较少、综合故障居多；四是旋转机械运行方式较为简单，相关故障理论与模拟实验研究较多，但对于结构复杂的往复机械、专用机械设备的理论和实验研究相对较少。

（二）有效故障诊断方法欠缺

各类机械故障在动态信号中会表现出差异化的特征波形。目前广泛应用的傅里叶变换、短时傅里叶变换、小波变换、第二代小波变换和多小波变换等方法都是基于内积原理的特征波形基函数信号分解，利用与特征波形相匹配的基函数处理信号和提取故障特征，取得了一定的故障诊断效果，但针对早期故障、弱故障、复合故障、系统故障等的诊断能力有限。一是在理论层面，经快速傅里叶变换得到的离散频谱，其频率、幅值和相位均可能产生一定的误差，单频率谐波信号加矩形窗时的幅值最大误差在理论上可以达到36.4%。使用其他窗函数滤波时，也不能完全消除此误差。二是在应用层面，机械设备运行过程中不可避免地会产生损伤和出现早期故障，具有潜在性和动态响应的微弱性。复合故障和系统故障由于多因素耦合和传递路径复杂，导致单一的信号处理方法难以有效溯源故障成因，如航空发动机振动故障诊断至今没有很好的解决方法。

（三）专家诊断系统尚未真正形成

智能诊断的基础是建立完善的专家诊断系统，国外GE等公司经过不断积累完善建立了专家诊断系统，并长期处于国际领先水平；国内该领域起步较晚，部分企业和研究机构建设了相关系统，但受到数据样本少、训练模型不完善等影响，诊断准确率较低，特别是往复机械专家诊断系统尚处于空白。一是专家系统诊断技术存在知识获取“瓶颈”，标准案例、典型案例缺失，有效的诊断知识表达方式缺乏，诊断推理效率低；二是完善的专家诊断系统是建立在故障机理等底层基础研究上，国内相关研究尚未实现从“零件-整机”的点面结合，在故障机理不清的前提下，采用1~2种诊断方法判定所有零件故障，判定结果准确度偏低；三是诊断模型有待提升，国内现有诊断模型多采用一定假设条件和人为设置参数，仿真验证故障诊断算法较多，缺乏基于典型案例的训练方法，自动诊断误差较大。

三、国内外动设备故障诊断技术发展方向

随着企业对设备安全的关注度提升，动设备状态监测与故障诊断需求呈现“由人工判断到自动诊断”“由实时诊断到早期预警”等特点。结合工业现场需求与现有技术发展现状，动设备故障诊断技术将逐步从六个方面实现突破，最终形成早期、动态、定量、智能故障诊断技术。

（一）由表象研究到机理研究的突破

基于故障机理的故障诊断方法是实现早期智能预警的基础。故障机理是故障产生原因和劣化过程的反映，是通过理论或大量实验分析得到反映设备故障状态信号与设备系统参数之间联系的表达式，需要长期不断积累和完善。传统的故障诊断多采用“故障信号反推故障机理”的方式，一旦出现经典理论中未列入的故障（如新型设备出现故障等），可能无法有效判断故障原因。因此，跳出“表征”、回归“机理”，是故障诊断技术发展的必由之路。

（二）由定性研究到定量研究的突破

按照故障诊断流程，可分为“确定故障是否存在、能够确定故障的位置、能确定故障的损伤程度、剩余寿命预测与可靠性评估”四个层次，前两个层次为定性判断，后两个层次为定量诊断。“定性”是“定量”的基础，“定量”是“定性”的提升，当前多数研究工作停留在第一层级、少数达到第二层级。而第三、第四层级的定量诊断是企业需求的重点，需要通过判断故障的部位、种类以及程度，揭示设备故障状态的发生、发展及演化规律，为机械设备的安全性分析、可靠性评估和寿命预测提供基础性依据。因此，提升“定性”、实现“定量”，是故障诊断技术发展的必然要求。

（三）由单故障研究到群故障研究的突破

实际工况中，动设备故障多为几个因素的耦合（群故障），单故障情况较少。单故障诊断适用于故障信号特征与其他干扰成分频谱容易区分的情况，理论上容易实现，但实际应用中存在精度不高、泛化能力不强以及通用性较差等缺陷，盲目地以单一故障对机械设备诊断，可能造成漏判甚至误判；群故障诊断是一个多故障的模式识别问题，群故障耦合特征的一次性分离和诊断的相关方法研究是行业内关注焦点，群故障诊断方法的突破是今后故障诊断一个重要发展方向。

（四）由强故障研究到弱故障研究的突破

强故障是指机械故障已发展到中、晚期，故障特征容易提取，故障状态容易识别，机械零部件性能已严重退化。弱故障通常处于故障早期阶段或者潜伏状态，具有症状不明显、特征信息微弱等特点，也可能是故障已发展到中晚期，但故障特征被强噪声淹没，致使故障特征微弱，不易识别。弱故障特征增强和强噪声背景下故障特征提取方法研究是实现技术突破的重点，需要建立研究故障演化过程与征兆间的映射关系，保证弱故障特征提取的准确性和有效性，及时掌握设备的性能退化过程以及故障的动态演化过程，为有效发现和遏制早期故障提供了一个重要的发展方向。

（五）由零部件故障研究到机械系统故障研究的突破

机械系统的相互作用是故障产生的本质原因，零部件故障诊断只能诊断出诱发性故障，不能根治机械系统的故障隐患。应将机械设备看作多层次、非线性的复杂整体，建立多维和多参数复杂系统模型，从系统的整体性和联系性出发，深入研究系统内部各组成部分的动力特性、相互作用和依赖关系，得出零部件故障的初步结论，进一步探索系统故障的根源，找出故障根源，从而根除机械设备故障隐患。

（六）由特征频率故障识别到多源信息智能诊断的突破

随着现代机械设备的大型化、复杂化和自动化程度的提升，故障的产生原因复杂，导致设备振动激励源较多，振动信号中包含了不同零部件的振动特征信息，不同故障的特征体现在不同类型的特征信号上，特征频率的提取越发困难，单一特征信号诊断方法不确定度较高。因此，采用多源信息融合技术，合理支配各种观测信息，从空间和时间两个维度，利用某种优化准则将互补的、冗余的信息相融合，形成对被测对象的一致性解释与判断，特别适用于运动形态复杂、特征不易识别的往复机械设备，可有效提高故障诊断准确率，避免误诊和漏诊。

四、思考与建议

借鉴国外先进技术发展经验，结合国内企业实际需求，应坚持“主营业务驱动、生产目标导向、顶层设计布局”的理念，从“整体规划、专项突破、打造利器、培养队伍”等方面入手，逐步形成具有国内特色的动设备故障诊断与预警技术。为此提出如下建议：

（一）立足长远布局，统筹制定动设备安全发展规划

以“十四五”发展规划为契机，坚持“统筹考虑、科学规划、精细管理、勇于

创新、注重实效”的原则，厘清影响设备安全运行的瓶颈问题，对标国内外同行业现状，结合炼化企业设备运行实际情况，梳理总结影响炼化企业设备安全运行的关键问题，从管理和技术两条主线出发，双管齐下、对症下药。一是管理上“重点防控、关注细节”，促进技术发展。从设备前期管理和日常运维管理两个方面入手，严把设计选型、技术把关和采购招标等关键环节，做好日常巡检、监测和分析诊断、润滑与密封维护、参数异常报告等重点工作，持续开展大型机组、关键机泵状态监测和振动等级评价，采用“标准制度+数据分析+诊断技术”的方式，掌握设备运行状态，预知可能发生的故障，提前采取预防性检修维护措施，消除设备故障隐患。二是技术上“点面结合、逐一突破”，提升管理能力。坚持“重点突破、开放研究、强化应用、整体推进”的原则，关注诊断技术发展趋势，依托设备中心，建立动设备故障诊断与预警技术体系。结合企业需求程度，分层次、分阶段，采用“企业需求主导+专业机构研发+企业应用示范”的方式，部署专项课题，围绕标准规范、故障诊断、状态预测、预知性维修等领域关键问题，开展技术集中攻关。

（二）整合数据资源，建立统一的监测平台和专家系统

监测数据积累是开发准确、快速、高效的预测技术的基础，构建完备的故障诊断专家系统是实现准确诊断的重要依据（国外诊断技术高准确性的关键所在），建立统一的动设备监测平台是获取有效数据的必要途径。一是建立统一的第三方支持机构接口规范，整合现有第三方支持机构平台数据资源。以实现全部关键机组在线监测为目标，服从企业工业互联网平台建设安排，坚持“整合资源、协同共享，突出重点、深化应用”的原则，实现监测平台“展示界面统一、数据格式统一、上报形式统一”；二是打破各企业间的“数据保护”，建立数据共享机制，挖掘数据内在规律，逐步完善专家诊断系统。借鉴国外故障诊断技术发展脉络，结合监测数据，分析不同类型动设备重点部位典型故障形成机理，应用数据挖掘技术，建立监测诊断案例库、故障模型库等知识库，构建多模型、分布式网络的专家系统，实现动设备故障精确判定与智能早期预警。

（三）重视技术引领，打造故障诊断与预警技术利器

借助外脑、挖掘潜力，加强外部机构（特别是国外 GE 等机构）先进技术的引进、吸收、再创新，对缺失和短板的技术统筹规划、集中攻关、强化应用，逐步形成具有中石油自主产权的关键技术。一是关注相关的法律法规和标准的变化更新，及时跟踪国内外动设备相关的新技术、新方法，开展动设备安全技术系列标准的制/修订工作，形成状态监测和故障诊断的方法体系。结合企业设备自身特性进行风险分级，为企业动设备安全运行提供技术标准支撑。二是研究不同类型动设备典型故障机理，优化传感器布局，构建故障诊断与运行状态预测模型，建立“振动信号+其他参数”诊断分析方法，完善故障诊断专家系统，综合评估设备运行状态与发展趋势，开发准确、快速、高效的预测工具，提供一体化解决方案。

（四）培养专业人才，建设高水平监测与诊断队伍

高标准、严要求，突出高技能、高技术人才培养及专业技术力量储备，建立“监测人员–诊断人员–行业专家”三级人才培养机制，着力打造一支高水平的专业队伍。一是建立动设备状态监测专家组。整合高校、企业内部优势资源，选拔各企业现场经验丰富、诊断能力较强的专家，组建一支咨询专家团队，为企业设备运行“疑难杂症”把脉，提出有效的解决方案。二是引入考核机制，持证上岗。借鉴国际诊断分析师等考核模式，建立诊断人员培训与考核体系，分层次、分阶段考核，建设监测与诊断人员梯队，实现“最合适的人”在“最合适的岗位”。三是加大培训力度，开展差异化培训。针对不同层次技术、管理人员，充分利用国内外研究机构、企业各培训中心等师资力量，组织开展动设备的相关标准、安全技术、事故预防与分析等内容的培训工作，持续提升人员的业务能力和技术水平。

第三章　管道安全风险防控技术现状与进展

董绍华　胡瑾秋　魏昊天

[中国石油大学(北京)]

一、管道安全检测与风险防控技术现状

(一) 管道安全检测技术现状

油气管道的安全检测与监测是保障油气管道安全运行的重要手段，针对油气管道的检测主要为内检测。管道进行内检测时通常处于正常输送状态下，通过智能检测设备对管道现行状态进行检测，根据检测结果对管道的状态进行评价，并采取合理必要的修复措施，保障管道的安全运行，延长油气管道的使用寿命。油气管道内检测时主要关注管道的金属损失，裂纹及类裂纹，几何变形及焊缝缺陷等。此外，精确的管道中心线及中心线改变引起的弯曲应变可以由惯性测绘得到。目前采用的主要检测方法包括漏磁检测技术、超声检测技术、电磁超声等多种无损检测技术与原理。油气管道的评价方法主要包括直接评价、压力试验、适用性评价等技术。

1. 轴向漏磁检测技术

漏磁检测技术是通过漏磁检测器在管道中运行，对钢质管道上存在的金属损失(点状、坑状、大面积等腐蚀)进行内检测，确定管道内外壁金属损失的大小、位置，为管道的安全运行和维护管理提供依据。管道漏磁检测技术是利用设备自身携带的磁铁，在管壁全圆周上产生一个纵向磁回路场。如果管壁没有缺陷，则磁力线囿于管壁之内，均匀分布。如果管内壁或外壁有缺陷，则磁通路变窄，磁力线发生变形，部分磁力线将穿出管壁之外而产生所谓漏磁。管道漏磁检测器主要用于在役管道内外壁腐蚀检测及新建管道的基线检测。适合口径 168~1219mm 的在役油气管道检测，出具管道完整性评估和分析报告。三轴腐蚀检测将是管道漏磁检测发展的大趋势，因为三轴检测器对比单轴具有明显的技术优势。缺陷量

化精度的提高，特别是在宽度和深度方面有明显提高。由于三轴探头相比单轴探头多采集了周向和径向二维方向的缺陷数据，因此以往单轴腐蚀检测器不能识别的缺陷，三轴腐蚀检测器能够识别到，如狭长轴向缺陷、螺旋焊缝缺陷等。

2. 横向漏磁检测技术

当造成局部漏磁场的缺陷取向与磁环方向垂直时所产生的漏磁场最大，也就是说当缺陷的取向与磁化场平行时，缺陷处产生的漏磁场最小。这意味着常规漏磁检测方法，即轴向磁化时对平行与管道轴向的凹槽检测能力最小，而这种缺陷与管道应力垂直，对管道具有更大的危险性。为了提高轴向凹槽类缺陷的检测能力，目前业界采用方法是横向磁化方式。这时磁铁沿管道周向间隔布置，在磁铁间隔空的管壁内产生沿管道周向分布的磁场，传感器按照周向布置。周向磁化与常规轴向磁化不同，需要解决诸多的实际问题后才能应用。幸运的是对于存储记录系统而言是相同的。不同之处在于检测器的磁路结构设计和传感器设计，同时还应考虑到在高速时速度对磁场的影响。

3. 电磁超声检测技术

输油气管道常年不间断服役，管道在应力和腐蚀环境下容易产生应力腐蚀裂纹(SCC)。由于管道内部介质产生应力的特点，管壁上产生的应力腐蚀裂纹沿轴向成簇分布。该种裂纹的劣化扩展会造成管壁大面积撕裂，从而导致灾难性后果。为了能够尽早检测出管道的SCC，减小管线运营的风险需要研制管道裂纹检测技术及装备。管道裂纹检测系统由管道裂纹检测器、调试系统、速度控制系统、地面标记系统和数据分析回放系统组成。

超声波检测技术对裂纹缺陷的检测灵敏度相对较高，考虑到应用于输气管线，常规压电超声检测技术实施过程中需要耦合剂，所以最终采用基于磁致伸缩的电磁超声技术(EMAT)。传感器利用磁致伸缩效应在管壁中产生沿管壁周向传播的超声波，超声波在传播过程中遇到缺陷被反射回来，通过接收传感器接收到反射回波从而检测管壁SCC缺陷。

4. 超高清数字化管道漏磁内检测技术

我国第五代超高清数字化管道漏磁内检测技术，在中国石化华南成品油管道上实现工业化应用，解决了漏磁检测的焊缝描述不准确、精度低、针眼缺陷不能检测的难题，创新点如下：一是突破了超高清数字化亚毫米级探头间距难题，将探头通道数量增加了近10倍，做到了缺陷的精细化描述，解决了油品管道针眼小面积深度腐蚀的难题；二是形成了管道超高清漏磁、变形检测、IMU位置检测等三位一体的复合检测技术，并在同一时间轴上进行分析，定位更加准确，可以检测几何变形、金属损失的复合缺陷；三是突破了管道大壁厚、小口径管体磁化的检测难题，将磁场强度提高到了原来的2~3倍，实现了对管道缺陷的精准检测；四是突破了基于海量数据的综合分析技术，超高清焊缝数据采集大大增强焊缝的可识别性，焊缝缺陷精准评价问题有望突破。

5. 多功能复合检测技术

管道多功能复合检测器是集三轴主探头、内外壁缺陷区分探头（ID/OD）、变形探头、惯性测绘系统（Mapping）、壁厚测量及速度控制等多种高新技术于一体的高清晰度检测器，能够准确发现小变形上的腐蚀情况，提高腐蚀缺陷识别率；同时设备也具备测量管道的三维坐标和壁厚变化的功能；速度控制系统能有效地解决大排量、高流速的大口径管道中设备速度的自动控制问题，为实现检测器安全平稳运行以及获得最佳检测数据质量提供有力保障。

开展多功能复合检测将是管道检测的大趋势，国内大口径管道检测市场主要是西气东输。近些年，受到国外高端检测技术的冲击，国内大口径管道检测市场主流将逐渐走向高精尖化，业主对管道的安全运行管理及完整性管理要求也是越来越高，多功能复合检测的市场也将越来越广阔。研制管道多功能复合检测器并拥有多功能复合检测设备后，将进一步增强该产品的市场竞争能力。

6. 多通道变形检测技术

随着管道建设的快速发展，变形检测作为新建管道验收的重要手段之一，已受到管道业主的高度认可。根据变形检测的结果，业主可有效了解新建管道的建设状况，包括管道是否存在变形，焊缝余高等信息。另外，在役管道运行一段时间后，也不可避免会产生变形，严重的变形不仅降低了管道输送效率，也影响了管道内腐蚀检测设备的顺利通过。腐蚀检测器通过能力相对较小，在投运腐蚀检测器前，必须对管道进行变形检测，了解管道的变形情况，然后才能投运腐蚀检测器，保证管道运营的安全。

目前国际上知名的检测公司都已经在推广和应用多通道高精度变形检测技术，由于与国外同行在此领域的竞争关系，掌握该技术的国外公司一直对我国实行技术封锁。由于已引进的检测设备技术的局限性，检测结果无法令业主满意。在哈萨克斯坦、泰国等多个管道变形检测项目的国际招标中，均被国外检测公司中标。国际现有管道变形检测设备已经发展到多通道检测，目前，由我国开发的管道变形检测设备也已经赶超了国际水平。与国外相比，我国的技术性能参数达到了世界先进水平，但是价格却不足国外产品价格的50%，具有很高的性价比和很好的市场竞争力。

7. 速度控制技术

速度控制系统由速度控制单元和备用安全装置构成，可搭载在智能检测器上。针对大排量、高流速的输气管线，速度控制单元通过调整泄流通道，在不影响管道正常输量的条件下，将设备运行速度控制在一个预定范围内，保证管道检测的安全性和有效性。中国石油研发的速度控制系统填补了国内空白，技术性能指标达到了国际先进水平。该系统可适用于各种口径的管道智能检测器，满足国内外大输量天然气管道的检测需求。

8. 地面标记系统

地面标记系统是整个漏磁检测系统的管外定位部分，是消除检测器里程累积误差、精确定位管壁缺陷的关键设备。

MAGM 强磁地面标记系统是埋在管道上方对漏磁内检测器的行进过程进行时间标记的定位仪器，是管道智能检测过程中重要组成部分。它实现管道地面标记的具体过程为：标记之前，先对标记器进行授时，将上位机当前时间赋予 MAGM 标记器，从而使得标记器与管道智能检测器系统具备同一时间基准。授时完成后，标记器即可开始标记。标记完成后，上位机先读取标记器的当前时间，并与时钟源进行对比校验，若两者时间一致，说明标记器时间正确，若两者时间有差别，记录误差值。最后上位机读取标记器的存储数据，经过误差修正等数据处理过程，得到整个标记过程的通过时间，从而实现准确的管道地面标记。

（二）管道管材失效控制技术现状

失效理论方面取得进展，对各主要失效模式发生原因、机理、影响因素，进行了研究并提出失效控制措施和方法。基于随机有限元可靠性，提出了管道的穿透性裂纹与非穿透性裂纹起裂准则，推出了韧性金属硬化材料裂纹扩展的分形运动学公式，得出了动、静态裂能量释放率与分形裂纹扩展速度、HRR 场角分布函数、微结构特征量 δ_c，以及分形维数的关系，从而得出了材料断口裂纹分形扩展速度的计算表达式；基于感应加热控轧钢推制弯管的残余应力较直管明显增加，经回火热处理后，虽然残余应力状态得到明显改善，但强度指标进一步降低。采用失效评定图技术和 PREFIS 软件分析了弯管热处理前后的使用安全性，指出残余应力对弯管的脆断倾向有较大的影响；建立了管道氢致开裂、焊缝、平面型缺陷、体积型缺陷、管道不同损伤状况的评估理论方法，以及多种在线、离线管道检测技术和方法；复杂地区地段完整性评估取得进展，如并行管道完整性评估与应用、应力腐蚀评估、地区等级升级安全性评估、高钢级大口径全尺寸管道气体爆破试验完整性评估等技术的进展。

基于多源数据的管道失效评估取得进展，其中我国学者修正腐蚀缺陷 B31G 公式，将缺陷简化成矩形或抛物线，表征其缺陷形貌的分形特征；针对复杂管道外力载荷评估，建立了管土接触作用、沉陷作用下管土相互作用模型，给出了管道沉陷区长度、壁厚、内压、管径、管土摩擦因数、管道埋深等复杂因素作用下的管道应力；针对碾压管道的安全性测试，通过对重车碾压的土层压力试验，得出车辆载荷引起土层应力的分布规律；针对开挖验证结果验证内检测的可靠性，提出确定度置信区间的评价方法，分析其内外腐蚀因素，得出针对腐蚀缺陷引起腐蚀的原因。

（三）风险评估与控制技术现状

针对管道及站场风险技术，结合我国油气管道生产管理的现实状况，基于采集真实可靠的评价原始数据、风险影响因素的界定、随机因素的概率模型和模糊因素的潜在影响，在国外管道风险评价技术成功经验的基础上，制订我国管道风险评价技术国家标准，开发适合中国国情的油气管道风险评价体系和评价软件，是我国发展油气管道风险评价技术的正确思路。我国已建立了基于风险评价的管道维护决策支持系统，其本质是减少潜在损失的发生和优化分配用于管道安全维护的资源，得出我国风险管理仍然处于风险评价阶段，而在风险评价技术的应用上处于半定量阶段；针对管道周边爆破风险，研究了爆破波的传递特性方程，给出了爆破条件埋地管线的安全性影响，桥梁桩基爆破施工对邻近埋地管道的振动影响不容忽视，通过现场试验较系统地研究了爆破振动波的传播规律及对邻近埋地天然气管线安全的影响；采用 ANSYS/LS-DYNA 分析方法，分析了炸药设置产生的爆炸冲击波对跨越段架空管道的影响，数值模拟了炸药用量和炸药位置与管道的距离等因素对架空管道的应力分布，解决了爆炸冲击波作用下架空管道的动力响应问题，给出不同炸药用量和不同的炸药位置与管道的距离组合对管道造成实质性的损伤程度，以及不同并行间距下埋地天然气介质爆炸对并行管道的冲击破坏效应，提出 1016mm 并行管道的安全间距为 6~8m 范围。

在基于风险可靠性研究方面，董绍华等提出基于动力分析的摄动有限元法的管线可靠度分析模型，通过建立动态随机有限元方程，对管线质量以及几何特征的随机性进行分析，计算在 Elcentro 地震波的激励下，具有非穿透性裂纹的管线结构的动力响应以及抗震可靠度；针对在役管道内涂层腐蚀风险，马卫峰等提出一种基于模糊理论的在役管道内涂层寿命评价和风险控制模型；针对地质灾害风险，形成油气管道地质灾害监测、评估、治理技术体系，解决地质灾害滑坡、泥石流模拟仿真、数据分析的难题。

针对油气介质泄漏风险，谷志宇等提出了高压天然气管道泄漏危害和潜在影响区域取决于泄漏模式、气体释放、扩散条件和点燃方式，针对城镇管道泄漏燃烧和扩散两种情况对天然气管道泄漏的后果影响进行分析，给出了扩散范围，据此可以划定警戒区域，制定应急预案。关于第三方风险评价，中国石油已建立西气东输管道第三方破坏风险评估模型，依据此模型评估得出其第三方破坏风险等级，给出了第三方破坏防控措施与建议。针对原油凝管风险，用瞬态法测定了使用不同年限的泡沫保温材料下整管的导热系数，提出土壤当量导热系数的取值对管道的传热计算影响不大。

针对地震灾害风险，建立了天然气管道地震风险综合评估的基本思路和整体框架，提出了地震危险性分析和管道工程易损性(脆弱性)分析模型。针对黄土塬地质灾害风险，根据不同地区黄土的特性，结合地形地貌、土体条件，防止坡面径流下泄、侵蚀引起沟头前进、沟道下切和沟岸扩张是重要控制措施，敷设于黄土嵝岘地区的油气管道易遭受由洪水引发的滑坡、坍塌等水毁地质灾害，提出了素土、水泥土及灰土用于嵝岘边坡治理时的适用范围；针对洪水灾害，葛艾天等结合汛期降雨实测数据、数值天气预报数据和管道穿河点历史水毁数据等综合分析结果，以陕京三线穿跨越地区的临界降雨量作为洪水风险发生概率的指标，提出了管道洪水风险预报模型。

针对管道地区等级升级的风险评价与控制，提出了所有地区等级管道的目标失效概率，按照低、中、高人口密度优化修正；基于应力-强度干涉理论，建立了管道应力与强度的概率分布规律模型，形成了地区等级升级管道失效概率的半定量风险评价模型和软件，提出了相应指标体系和控制措施。

基于我国城镇地区人口分布统计数据，提出了国内输气管道地区等级划分的可接受风险概率值。基于应力-强度干涉理论，提出了地区升级管道的失效概率的定量分析方法，量化了不确定性对管道失效概率的影响，实现管道地区升级的量化评估，提出其风险控制措施，开发了评估软件。

(四) 输送介质安全保障技术现状

在管道安全保障方面，结合完整性管理体系，通过内外检测技术对天然气管道本体进行检测与评价，利用各类安全监测装备对管道周边环境进行实时监测，并借助各类维抢修技术及装备实现事故管道的迅速修复，全面保障管道安全。国家管网建立了以风险预控为核心的管道完整性技术体系，实现了油气管网系统全生命周期管理，管道失效率从 2006 年的 0.87 次/(10^3km · a)降至目前的 0.30 次/(10^3km · a)。研发了能够全面覆盖各尺寸管径的三轴高清漏磁、电磁控阵、几何变形、中心线测绘、打孔盗油等系列专项内检测技术与装备，满足管道本体金属损失、变形、中心线测绘等工程检测要求并可大幅降低检测成本；形成了负压波法、音波法、负压波结合流量平衡法共三代输油管道泄漏检测技术及基于不同光纤传感原理的管道安全预警技术；建立了集调查识别、风险评价、监测预警、工程防治于一体的管道地质灾害防护技术体系。

在多介质输送方面，氢、二氧化碳等管道输送相关研究已经逐步开展，混氢输送引起了广泛关注。就掺氢比而言，受各国对天然气气质要求不同的影响，国外各研究项目中规定的掺氢比上限体积分数从1%~20%变化。我国天然气管道混氢输送尚未有明确掺氢比上限，但针对掺氢比的确定已开展了大量实验研究。董绍华认为，油气管道损伤问题是由材料、应力场和氢浓度三者的共同作用引起的，氢的存在致使管道钢的断裂韧性及材料的物理、化学和机械性能下降，从而影响输气管道的使用寿命。大量事例表明，油气管道的破裂事故均由氢损伤引发。通过对氢损伤的作用机理以及氢损伤行为的静力学和动力学研究成果进行概述与总结，得出目前亟待解决的问题主要为建立涉氢管道安全运行评价预测系统和研制抗 H_2S 材料；通过研究管道裂纹尖端过程区氢浓度与裂尖应力、应变场、氢扩散及管道内压力的关系，确定了氢致裂纹过程区的长度，依据微裂纹成核的开裂机理，提出了氢致开裂断裂判据的位错模型，并分析了材料-环境体系的影响；在此基础上研究了含裂纹管道极限承压能力和临界J积分JISCC，对含平面型裂纹管道的安全运行具有重要意义。张伟为解决天然气长输管道冬季运行因管内产生液态污物而影响管道安全运行的问题，采用了蒸馏切割、模拟蒸馏、金属元素测定、色谱分析以及烃露点分析等技术手段，针对现场的实际情况，对调研、取样、试验验证及数据进行了分析研究，最终给出液态污物的来源及解决方案，对天然气长输管道的安全运行具有重要的现实意义和参考价值。董绍华认为，对于氢致裂纹扩展的氢增塑性理论，需要考虑焊缝去应力热处理残余应力的影响，提出了一种氢致裂纹扩展的分形模型。通过阐述分形断裂的发展及应用，总结了国内外氢致裂纹扩展的分形模型研究成果，指出分形应用于材料的断口分析可从实验方面和理论方面得出分形维数与材料特性、物理量的关系，分形断裂力学引入可为环境断裂研究提供新思路。建立了管线焊缝在氢环境下，广义有效表面能与分形维数以及氢致裂纹扩展应力强度因子间的关系，并在焊接区进行试验验证了理论的正确性。

（五）管道维抢修技术现状

路民旭对管道维修补强的有关方法进行了总结归类，并对其各自的优缺点进行了对比，认为迄今国内外用于管道维修补强的方法大致可以归结为焊接类型、夹具类型和纤维复合材料三大类，并可以细分为堆焊、打补丁、打套袖、夹具、夹具注环氧、玻璃纤维复合材料和碳纤维复合材料七小类，其中碳纤维弹性模量与钢材接近，碳纤维和管材协同变形具有优势，碳纤维敷设方式和综合性能最优，碳纤维复合材料修复技术是发展趋势。在复合材料抢修技术方面，由高强度单向复合套筒、快速固化强力双面黏合剂和超高抗压强度填料组成的复合套筒，适用于管体补强、堵漏和裂缝抑制等情形，能很好地与管道黏合，对管道阴极保护系统无影响。董绍华对聚乙烯(PE)管道的综合性能、使用及快速开裂的研究进行了评述，阐明了修复钢制管道中穿插 PE 管的管径选择方案，确定了承压能力以及套管流量参数，并针对 PE 管道的断裂机理进行了分析，结果表明 PE 管道的快速开裂承压能力阻碍了其在长输管道领域的应用，研制具有较高承压能力的 PE 复合结构材料是促进 PE 管道替代钢制管道的唯一途径。

在管内高压智能封堵技术方面，突破了封堵器由开孔进入管道的结构性局限，无须管道开孔、焊接作业，适用于管道干线截断阀更换维修。其中，TDW 公司研发的 Smarttrack TM 监控系统可与 Smart Plug 联合进行管道封堵，封堵器运行及定位更加准确可靠并实时监控管道压力、温度参数，可在不降低管道运行压力、不放空待维修管段的条件下，应用于管道抢修和清管作业，降低了开孔、焊接的风险与管道维修成本；STATSGroup 公司的封堵产品适用于 323～1067mm 管径，代表性产品 Tecno Plug TM 具有自动防故障的双封堵头，可以通过远程控制和手动操作完成封堵器的坐封与解封操作；赵宏林在管内高压智能封堵器水声通信方面的研究，为海底管道封堵系统的控制与通信奠定了基础。

在冷冻封堵技术方面，梁政等对冷冻封堵技术做了大量研究，研制了一种固水乳化剂，在解冻条件下能够迅速恢复其初始的乳膏状，并且有良好的质密性，施工工艺简单、安全可靠、成本低，但是存在封堵压力低，难以应用于较大管径的管道、在低温环境下易发生冷脆等问题。在不停输带压开孔封堵技术方面，张仕民设计制造了双级悬挂封堵头，相比传统的悬挂式封堵器，串联两个封堵器的结构设计除了具有双层封堵的功能外，前封堵皮碗还具有扫除管道中残留切屑或其他杂质的功能，使后封堵皮碗的封堵效果更好；王联伟建立了 X60 钢的本构关系，确定了 X60 钢失效分析算法和爆破失效准则，并以腐蚀缺陷为例进行了失效分析，提出了一种管道腐蚀缺陷不停输修复技术，并对修复前后管道承载能力进行了对比分析，验证了该技术的可行性和可靠性；该技术对降低管道腐蚀缺陷修复成本、提高缺陷修复速度具有重要意义。

二、主要技术服务商情况

典型的管道外防腐层检测技术有皮尔逊(Pearson)检测技术、管中电流法、直流电压梯度测试法(DCVG)、密间隔电位检测法(CIPS)。管道内检测技术主要依靠管道内置检测机器人(清管器)实施，其基本检测原理还是应用无损检测技术中的漏磁检测技术。其中，轴向漏磁检测技术发展最早并最为成熟，继之又出现了横向漏磁检测技术、三维探头漏磁检测技术和螺旋磁场检测技术。轴向磁场检测技术仍是大部分检测公司最常用的安全检测技术，如 GE-PII、ROSEN 等检测公司早已开发出轴向磁场的三轴探头检测设备，并在工业现场广泛应用。而传统的轴向磁场检测技术对轴向缺陷较敏感，而对沿管道轴向的纵向金属损失缺陷不敏感，被轴向磁场漏磁检测器发现或者探测到的信号较弱，因此作为常规轴向漏磁检测技术的补充，横向磁场检测器应运而生。它提高了对沿管道轴向狭长金属损失缺陷的检测灵敏度。在 2011 年里约国际管道会议上，TDW 公司发表了论文《倾斜漏磁场在线检测技术》，阐述了螺旋漏磁场检测管道金属损失缺陷的优势。而螺旋磁场检测技术正好是轴向和周向磁场检测技术的有机结合。

在内检测技术方面，国外管道内检测技术起步较早，发展较快。目前，已成功研究开发了不同量化精度的变形内检测器、惯性测绘内检测、漏磁内检测器(包括轴向磁化、环向磁化、螺旋方向磁化)、超声内检测器(包括超声测厚、超声裂纹、电磁超声)、涡流内检测器等系列内检测器，成功应用于管道不同类型缺陷的检测。德国 ROSEN 公司研发出了新型高分辨率超声波检测器，该裂纹检测器使用电磁声波传感检测技术(EMAT)，提供了有效和精确地检测裂纹的新方法。英国 GE-PII 公司和德国 NDT 公司分别推出了一种先进的组合式内检测器，这类内检测器结合应用新一代的超声、电子技术和相控阵技术，对超声波传感器进行了全新的设计，把金属损失、壁厚和裂纹检测功能融为一体，可实现一次检测同时检出管道的腐蚀和裂纹；比较典型的漏磁内检测技术还包括英国 GE-PII 的轴向磁化的三轴高清漏磁和超高分辨率内检测器、美国 TDW 公司的螺旋磁化设备以及俄罗斯的以 DiaScan 为代表的组合型内检测设备，如轴向磁化+环向磁化内检测设备，轴向磁化+环向磁化+超声裂纹内检测设备。国外还十分重视管道内检测缺陷的识别，研究了对内外检测结果都有一定的识别、验证和评价的方法，对常见的缺陷有识别规范和数据库支持，并且在外开挖检测程序和设备等技术方面相对成熟，如超声导波、C 扫描等等。

关于超声检测方面，近年来超声多维成像技术中的 C 扫描、D 扫描、P 扫描成像技术发展迅速，其中的面阵相控阵扫查技术利用面阵相控阵探头的可编程控制特性完成不规则工件截面的完整扫查，而不需要移动探头，在检测空间受限或工件结构复杂时技术优势明显。

在数字X射线技术方面，主要包括CR和DR成像检测技术，CR技术即计算机X射线成像技术，是用影像板IP替代传统的胶片，DR则是指直接采用电子扫描成像技术。CR和DR技术已经开始在临床医学、非标件的无损检测等领域大量推广应用，其成像面板主要被柯达、GE等少数在成像材料研制方面领先的大公司垄断。CR和DR技术具有不用成像胶片、更宽的动态范围和更小的像素尺寸等优点，在图像的对比度、宽容度和所具备的灰阶指数方面都优于胶片，数字射线成像能够通过网络共享和评估影像，加快工作流程，在管道环焊缝检测领域发展潜力巨大。

三、当前技术存在的问题

（一）高级钢与老旧管道焊缝检测技术交叉应用困难

老旧管线存在不同程度腐蚀、裂纹、应力集中等缺陷。随着X80级以上高钢级管道的应用，以及在役老旧管道越来越接近失效的高发期，环焊缝开裂成为管道失效的主要因素。管道应力状态长期处于交变载荷环境，有的处于河谷地带、大江大河穿跨越等地段。目前高清内检测技术难以有效量化焊缝的体积型缺陷和裂纹型缺陷，并且受到诸多条件限制，环焊缝裂纹检测问题成为制约管道安全的世界性难题。需要研究复杂应力状态下高钢级焊缝容许的应力、应变极限状态，以及焊接的金相组织结构、焊接工艺热处理、焊缝的最大失效抗力等多因素耦合的问题，尽快建立焊缝内检测数据与无损检测射线图像的表征关系，找出存在的缺陷。

（二）天然气管道泄漏监测仍存在技术困难

天然气管道泄漏监测方法较多，各有利弊，但整体技术亟待完善提高。数据分析法主要依据SCADA采集的数据，以及流量计温度、压力、流量等数据找出泄漏的位置，缺点是定位精度低、反应慢。次声原理法受环境噪声的影响，加大了对泄漏信号提取的难度，影响了泄漏监测与定位，小泄漏的判断定位难度较大；负压波法要求较大的压力降，适用于大泄漏或突发泄漏；音波声波法因其波长短、频率高等自身特点，衰减速度比较快，长距离很有可能检测不到信号。

（三）公共服务与第三方防范技术亟待完善

我国尚未建立国家层面统一的挖掘报警系统，以及统一的管道安全特定施工作业申请与审批程序。未建立国家管道地理信息系统和与之配套的施工挖掘信息查询统一呼叫电话，未采取多举措预防施工挖掘过程中损坏管道事故的发生。

对打孔盗油和施工挖掘损坏仍以人防为主。社会参与度低，预警预报技术没有实质性突破，北斗卫星、遥感技术、无人机巡线技术仍然处于局部应用和适用发展阶段，不能完全代替人工巡线；光纤第三方入侵技术仍然存在误报率高、灵敏度低、光纤振动信号微弱等情况。基于大数据的第三方防范技术、基于视频的第三方影像识别技术还处于研究阶段。

（四）地区等级风险评价和管控面对动态挑战

一些地区在管道建设期人口稀少，现在已变成人口稠密的市区中心地带。根据中国石油所属 22 个地区分公司的初步调查，地区等级升级点达到 9800 多处。越来越多的管道地区升级情况对在役管道的安全管理带来了更大的挑战，因此非常有必要采取合理的风险控制措施以应对由此产生的一系列问题。我国目前缺乏地区等级升级的风险评价标准和管控措施，政府和企业对地区升级管控均有顾虑，一旦标准出台，对企业风险管控目标的落实是一个挑战。

（五）智慧管道成果尚不能满足需求

智慧管道突出特点是管道数据深度挖掘与智能化决策支持。目前国内智慧管道建设均处于数据采集和存储阶段，管道系统大数据尚未形成。大数据的应用案例相对较少，仅限于在管道风险分析、内检测等方面的初步探索，缺乏深度分析和决策支持应用；基于大数据的管道泄漏监测和预警、灾害预警、腐蚀控制管理仍然空白；基于大数据的决策支持平台仅完成系统架构搭建，未实现决策支持功能的落地。如何提升模型的适用性和针对性，有效应用于管道运行管理及评估，把各环节产生的数据、信息系统等集成于一体还有待攻关。

（六）管道信息安全威胁问题

在管道智慧化建设的同时，对包括蓄意攻击及非蓄意行为导致管道信息空间出现故障或异常的信息安全威胁这一新型、复杂安全隐患，缺乏充分认识和有效检测与预警方法。针对油气管道系统有效的威胁通常是通过本地或远程访问在网络域中启动，模仿组件故障，同时隔离网络与物理系统之间的连接，从而使油气输运物理过程不受控制。这些将会导致油气输运过程延迟、动力机组拒绝服务（DoS），从而会干扰局部管网的正常运行或能量/物料的意外释放。与物理实体在自然界的失效相比，信息安全威胁对油气管道的运行具有创造更大灾难性后果的潜力。因此在信息安全威胁深度跨域迭代以及攻击模式多样化的双重挑战下，急需从“信息-物理-社会”系统视角，研究油气智慧管道信息安全威胁驱动的新型致灾机理，创建早期预警方法，实现油气管道智慧、安全、可持续并行发展。

四、未来发展趋势

针对我国油气管道所面临的问题，未来发展必须紧紧围绕以管道本质安全和公共安全风险控制为核心，全面实现管网的高效运行和安全管控，保障能源供给。在管道完整性技术层面上将建立基于全生命周期的智慧管网的风险管控机制，全面实现系统智能化数据采集、风险因素精准识别、系统自适应反馈与控制、高精度的完整性检测评价等，最大限度降低失效概率，减少次生灾害发生。

（一）油气管道检测技术及装备

通过理论研究、计算模拟与试验相结合的方法，研究电磁控阵、压电超声、自动超声、瞬变电磁、主动声波、机器人、高频导波等信号的发射与接收技术，探索检测信号传输过程中遇到裂纹、缺陷时的反射信号规律，开发反射信号的数据处理系统，形成裂纹、缺陷的显示方法，最终开发管道内检测、环焊缝检测、外检测技术与装备，填补国内在管道检测技术和设备方面的空白，为油气管道的长周期安全运行、定期检测、完整性评估等提供技术支持，减少油气管道的事故发生率。主要可围绕管道缺陷检测、管道状态监测检测与定位等方面相关技术开展。

其中，在管道缺陷检测方面，包括管道缺陷漏磁特性分析与模型构建技术、标记点精确定位技术及轨迹精确定位技术、管道缺陷及轨迹自主定位技术，基于电磁控阵、压电超声、高频超声导波原理的油气管道金属损失、裂纹、环焊缝的内检测技术；在管道状态监测方面，包括管道缺陷漏磁特性分析与模型构建技术、复杂环境下管道长距离光纤安全监测预警技术、基于位置大数据的第三方破坏监控与预警技术、环焊缝泄漏风险控制技术、基于化学成像遥测技术的管道泄漏实时监测装备。

（二）智慧管道系统信息安全威胁致灾风险预警

针对智慧管道信息安全威胁新型攻击行为建模，重点研究三种典型攻击模式（多步攻击、观察性攻击、横向移动攻击）的动态行为特点，研究典型油气输运环节（长输管道段、海底管道段、沿海接收站、海上浮式输运段等）的建模方法。开展信息安全威胁的跨域响应及其时间依赖性研究，研究攻击行为和智慧管道系统固有响应机制之间的动态交互特性，建立攻击者行为预测和安全态势评估方法。

基于网络与系统功能的信息安全威胁跨域传播机理研究。研究信息安全威胁下管道各系统破坏与功能损失之间的关系。研究被攻击系统各种状态(渗透状态，受影响状态和受到损害的状态)的判定和定量建模，建立包含状态转移、故障积累强度以及暂态过程持续时间的定量表征方法，提出智慧管道系统安全态势失稳奇点和判据。建立不同节点漏洞组合的攻击能力和系统脆弱性评价方法，并分析系统脆弱性指标对各种攻击类型时间窗口的敏感性。

（三）公共安全的重大隐患监测与防护

针对长输油气管道中的管输产品泄漏、第三方破坏、地质灾害、大型输油泵故障、杂散电流腐蚀等威胁，通过理论研究、仿真计算、现场试验方法，围绕微弱泄漏信号提取与定位、长距离光纤传感与复杂信号识别、地质灾害识别监测、大型输油泵多源信息融合诊断、罐区激光多组分气体泄漏探测、高压直流干扰防御和评价等技术难点，开展油气管道安全状态监测与防护技术研究。研制主动激励式输油管道泄漏监测技术及设备、基于复合模式光时域反射分布式光纤传感原理的长距离油气管道安全预警技术及设备，地质灾害作用下管土耦合监测技术、建立个性化故障模式库和诊断标准库，开发多源信息融合诊断和预测维护系统、布设安装方案和综合监测系统，形成油气管道杂散电流干扰危害评价准则和油气管道安全监测及防护国家标准，提高管道风险预控水平。

（四）风险评价定量化

针对特殊敷设方式和环境敏感区管段风险评价定量化程度不高的问题，以“中国石油管道失效库”积累的典型失效案例为基础，结合中国石油 2009 年以来风险评价工作识别的风险点开展研究。采用不确定性方法进行管道及油罐失效概率理论研究，改进管道及油罐失效概率模型，通过生命线工程影响范围仿真计算、管道和油罐失效后果仿真计算，获得灾害强度分布和风险值，进行灾害分级、风险分级和隐患分级，提出隐患治理与风险管控措施。主要可围绕管道安全评价与风险预警方面相关技术开展，具体技术可包括环境敏感区和特殊敷设方式下的定量风险评价技术、环境敏感型高后果区泄漏事故仿真与决策支持技术、管道信息安全威胁致灾风险分析与早期预警、多因素耦合下作用下的管道安全评定技术等。

（五）维抢修技术与设备

针对油气管道智能维抢修封堵器的结构设计、速度及姿态控制难题及高钢级、高压力、厚壁油气管道的封堵密封严密性和可靠性问题。基于现有国内油气管道维抢修技术基础，结合国外成熟、先进的油气管道维抢修技术，以“油气管道在线开孔封堵”技术为依托，针对近年的大口径规格管道(如中俄东线、陕京四线等)进行相应维修、抢修装备的研发设计。针对国际上最先进的“管道智能维抢修封堵器”开展攻关研制，收集国内外的相关资料，通过对该装备的行走、锚定机械设计以及无线通信定位等关键技术进行攻关，掌握该设备的自主设计、研发、应用。具体技术可包括油气管道无痕(免三通)维抢修技术及工艺研究、油气管道泄漏快速疏导与堵漏技术及装备、特殊地区管道高效维抢修技术等。

(六) 设施完整性评价准则

针对以高钢级为主的管道完整性评价准则不确定的问题，通过理论计算、有限元模拟、试验研究和现场验证方法，研究高钢级管道完整性评价技术。通过研制开发小冲杆试验装置及微探针压痕测试方装置，建立油气管道微损试样试验方法。以中国石油干线管网在用离心式压缩机失效案例为基础，通过建立核心部件失效模式库，建立离心式压缩机组损伤、腐蚀及疲劳评价方法。具体技术可包括高钢级管道完整性与适用性评价技术、高钢级管材各向异性与变形和断裂行为技术、大口径高压油气管道韧性止裂关键技术、复杂载荷下环焊缝的缺陷容限判定技术、低温低应力管材脆性断裂控制技术、高压/超高压直流输电干扰下管道腐蚀控制技术、X80管道在内压及外载条件下的承压能力及缺陷增长规律研究、信息安全威胁下智慧管道新型失效机理与致灾风险等。

(七) 安全与应急辅助决策支持

围绕管网系统安全综合评价技术和大数据分析技术两条主线，建立管道安全保障技术体系及安全保障决策支持平台，实现管道重大灾害区域预测及应急资源调配决策支持；通过大型物理试验模型和多种环境下的工程示范作为测试手段和应用平台，实现管道安全保障技术体系的工程应用。

第四章　危险气体探测、监测、检测技术现状与进展

北京华泰诺安探测技术有限公司

一、引言

石油是一种重要的能源，也是关系到国计民生的重要战略物资。在现代化建设发展过程中，石油发挥着不可替代的作用，作为我国社会建设的基础性产业，石油化工产品极大地便利了我们日常的生产生活，在国民经济中也占据了主要的地位。然而由于石油化工企业本身的特性，在勘采、储运、炼化各环节极易产生易燃易爆和有毒物质，一旦发生火灾、爆炸等安全事故，不仅会带来大量的经济损失，还会对人身安全和环境造成极大的危害，所以石油行业也是国家严格管理的高危行业。

HSE 管理体系是当今国际石油石化行业通行的安全、环境、健康一体化管理体系，它是一种事先通过识别与评价，确定在活动中可能存在的危害及后果的严重性，从而采取有效的防范手段、控制措施和应急预案来防止事故的发生或把风险降到最低限度的有效管理方法，也是我国国内石油企业实现科学化管理，走向世界市场，实现与国际接轨的准入证。中国石油天然气总公司于 1997 年颁布了石油天然气行业标准 SY/T 6276—1997《石油天然气工业健康安全与环境管理体系》，中国石油企业还明确提出了”环保优先、安全第一、品质至上、以人为本”生产核心理念。

综上可见，针对石油天然气行业的 HSE 管理，应坚持以人为本，提升管理体系的科学化、制度化和先进化，其中最重要的一点是要做到预防为主。从下述三个层面考虑：在制度层面，尽可能完善各种管理制度、培训制度、实施措施；在人员层面，加强各类培训和宣传教育；在设备层面，应采用更多先进的技术设备和仪器，对各种危险隐患进行监测、探测和检测，力争将危险事故的发生或把风险降到最低限度。

石油天然气工业多涉及易燃易爆和有毒物质，且多为气体或具有挥发性的液体。所以，气体探测、监测和检测技术和设备在健康安全与环境管理体系中被大量采用，对气体探测、监测和检测技术和设备的研究也是健康安全与环境管理体系能否有效发挥作用极其重要的一个环节。本文将对气体探测、监测和检测技术的现状、主要服务商情况、技术研究的最新进展、当前技术存在的问题、未来发展趋势等问题进行探讨。

二、气体检测技术及其应用现状

石油化工行业80%以上的生产区域存在易燃易爆的可能，主要气体为碳氢化合物和 H_2S、O_2、CO、SO_2、VOCs、BTX、ETO、Cl_2、ClO_2、NH_3、PH_3 等各种化学气体。油气田开发工程的大气污染源较多，除遍布整个油区的钻井井场、采油井外，原油接转站、联合站、注水站和油田开发辅助工程及运输车辆也都是油田开发大气污染源的组成部分，其主要气体包括 SO_2、CO_2、H_2S、烃类气体以及 CO、NH_3、Cl_2、H_2、HF、NO_x 等其他气体。因此，本着“预防为主，防消结合”的方针，可燃气体、有毒气体的检测和报警控制在石油石化生产中一直受到高度重视，石油石化企业对国家和石化行业的相关标准、部分条文必须严格执行。

（一）石油天然气行业中气体监测检测应用

1. 气体检测的应用场景

应用场合包括加工提炼、密闭空间、管道检漏、个人保护、常规安检、区域监控、设备监控、应急处理等。

具体应用实例如下：

泄漏检测：设备管道现场可燃或有毒气体和蒸气泄漏检测报警，设备管道运行检漏。

检修检测：设备检修置换后检测残留可燃或有毒气体和蒸气，特别是动火前检测更为重要。

应急检测：生产现场出现异常情况或者处理事故时，为了安全和卫生要对可燃或有毒气体和蒸气进行检测。

进入检测：工作人员进入可燃和有毒物质隔离操作间进入危险场所的下水沟、电缆沟或设备内操作时，要先行检测可燃和有毒气体或液体蒸气。

巡回检测：安全卫生检查时，要检测可燃和有毒气体或液体蒸气。

在上述应用场景中，气体检测设备或仪器被大量使用，用来对各类气体进行探测、监测和检测，因此，对气体检测技术的研究与应用在各个国家石油天然气行业均具有重要战略意义。

2. 系统化应用

石油天然气行业在气体监测和检测方面，其解决方案往往采用系统化方案，一般方案中需要考虑的因素包括监测位置、监测气体种类，石油、石化行业气体监测系统系统方案一般由气体检测报警仪、气体报警控制器、无线模块、交换机、监控平台系统等构成。

① 监测位置：油气藏、计量间、油气站库、油气井；气体压缩机和液体泵的密封处；液体采样口和气体采样口；设备和管道的法兰和阀门组；设备和管道的法兰和阀门组；在线分析仪表间；控制室；机柜间；变配电所的空调引风口、电缆沟、电缆桥架进入建筑物的洞口处；工艺阀井、地坑及排污沟等场所；液化烃、甲$_B$、乙$_A$类液体液体储罐、灌瓶间；装卸码头；储存、运输有毒气体有毒液体的储运设施等。

② 监测气体：烷类、天然气、城市煤气、液化石油气、石脑油、汽油、煤油、原油、一氧化碳、氯乙烯、硫化氢、氯气、氰化氢、丙烯腈、二氧化氮、苯类、环氧乙烷、醇类、水合肼、氢气、二氧化碳等气体。

③ 数据物联：根据现场实际情况，通过在线监测、实时数据自动采集、实时分析，将油田生产的自动化与信息化相结合，将物联网和云计算技术应用到石油石化生产流程过程中，通过先进的实时传感系统和网络系统，将实时传感设备、自动控制设备等部署到井下、井口、计量间、联合站及井区、厂区、输管网和运输车辆等位置，对气体泄漏动态实时监测、实时数据自动采集。通过物联网实现各类设备、人员等的信息交换与通信，以实现智能化识别、定位、跟踪、监控和管理。

（二）气体传感器技术

气体探测、监测和检测设备和仪器中最核心的器件是气体传感器，其作用为测量气体在传感器附近是否存在，或在传感器附近空气中的含量。传感器可以为系统提供可燃、易燃和有毒气体的信息，以及区域内氧气的消耗，二氧化碳的比例等。常见的气体传感器包括：金属氧化物半导体传感器、电化学气体传感器、催化燃烧气体传感器、红外气体传感器、PID 光离子化传感器等。不同类型的传感器由于原理和结构不同，性能、使用方法、适用气体、适用场合也不尽相同。

1. 金属氧化物半导体传感器(图 4-12)

半导体气体传感器是采用金属氧化物或金属半导体氧化物材料做成的元件与气体相互作用时产生表面吸附或反应引起以载流子运动为特征的电导率或伏安特性或表面电位变化。这些都是由材料的半导体性质决定的。

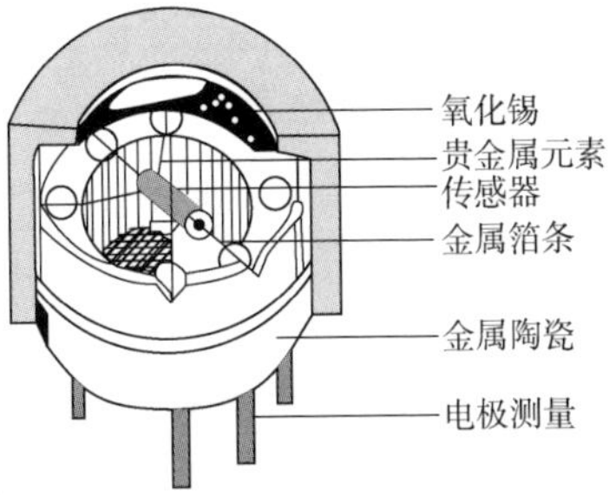

图 4-12 金属氧化物半导体传感器

半导体气体传感器具有成本低廉、制造简单、灵敏度高、响应速度快、寿命长、对湿度敏感低和电路简单等优点。不足之处对气味或气体的选择性差、元件参数分散、稳定性不够理想、功率要求高，当探测气体中混有硫化物时容易中毒。

2. 催化燃烧式传感器(图 4-13)

催化燃烧技术的工作原理是气敏材料(如 Pt 电热丝等)在通电状态下，可燃性在催化剂作用下氧化燃烧，电热丝由于燃烧而升温，从而使其电阻值发生变化。

催化燃烧式气体传感器计量准确，响应快速，寿命较长。传感器输出与环境爆炸危险直接相关，安全检测领域是一类主导位传感器。

催化燃烧传感器的缺点：

① 可燃性气体范围内，无选择性；

② 暗火工作，有引燃爆炸危险；

③ 大部分元素有机蒸气对传感器都有中毒作用。

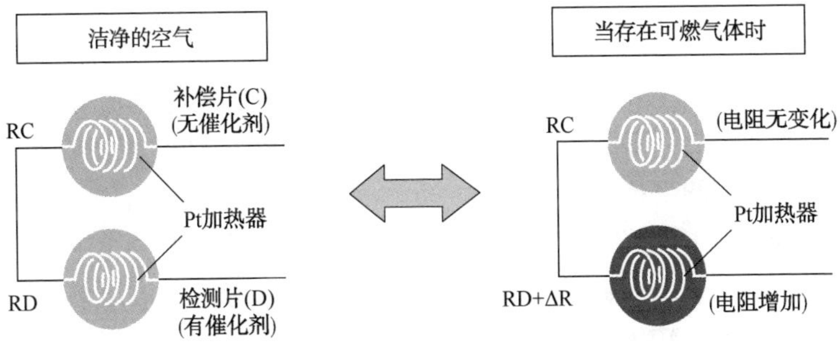

图 4-13 催化燃烧式传感器(图片来源：费加罗技术信息)

3. 红外气体传感器(图 4-14)

大部分气体中红外区都有特征吸收峰，检测特征吸收峰位置吸收情况，就可以确定某气体浓度。红外气体传感器是通过由入射红外线引发对象气体的分子振动，利用其可吸收特定波长红外线的现象来进行气体检测的。红外线的透射率取决于对象气体的浓度。

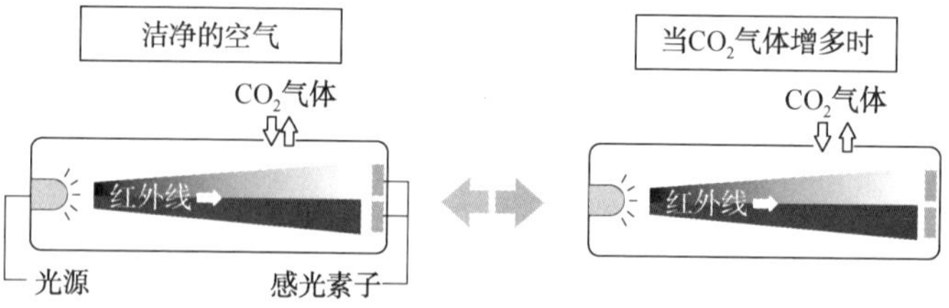

图 4-14　红外气体传感器(图片来源：费加罗技术信息)

传统来讲，红外传感器多为分析仪器，近年以 MEMS 技术为基础传感器工业发展，这种传感器体积显著减小，逐渐在工业领域应用。红外线气体传感器可以有效分辨气体种类，准确测定气体浓度。

红外气体传感器能量消耗小，整体气体检测仪可以运行的时间更长。即使在氧气缺乏的环境里，红外传感器的检测依然准确，并且不会出现“中毒”的情况。

红外气体传感器应用的场景：

① 可燃气定量检测；

② 家庭、工业 CO_2 检测；

③ 工业及环保领域可燃气、硫化物、氮氧化物定量检测。

4. 光离子化气体传感器(图 4-15)

光离子化气体传感器通常被称为 PID(Photo ionization Detector)，这是一种具有极高灵敏度，用途广泛的检测器，可以检测从 10ppb($1ppb=10^{-9}$)到较高浓度的 10000ppm($1ppm=10^{-6}$)的挥发性有机物和其他有毒气体。PID 的原理为样品气体首先扩散到 PID 的离子舱中，此时 PID 中的高能紫外光源将离子舱中的气体分子电离，生成电子并产生电流信号。该信号被收集处理后即可反映样品浓度信息。

由于样品分子的电离能小于紫外光源的能量时才可被电离，而 PID 的紫外光源多采用 10.6eV，所以绝大多数挥发性有机物和部分无机气体分子可以被电离，而空气中的主要组分 O_2、N_2、CO_2 不会被电离。因此，PID 可以用来监测空气中的 VOC(挥发性有机物)等电离能小于 10.6eV 的气体，并且不受到空气组分的干扰。

光离子化传感器，因其具有检测范围广、检测速度快、检测限低、灵敏度高、响应快、对目标检测物无破坏性、可连续监测等优点，受到国内外重要研究者的关注，目前该项技术是检测挥发性有机气体灵敏度高、检测限低最成熟先进的技术。

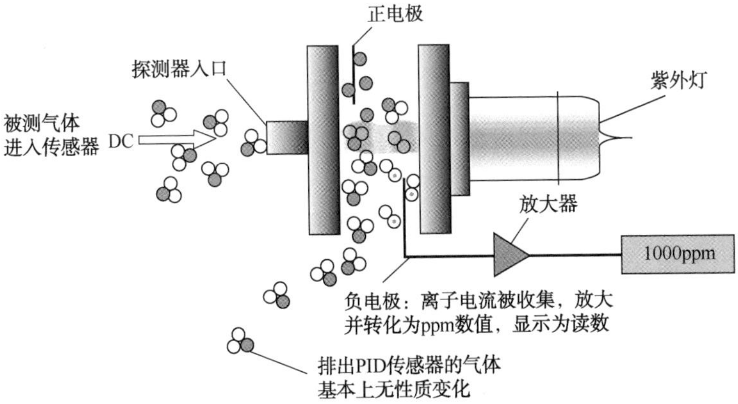

图 4-15　光离子化气体传感器

在民用和军用中都有着广泛的应用，对大多数有机和部分无机气体均可检测，可以广泛应用于化工、运输、军事、航天等领域，特别在有限空间毒性气体、石油石化生产过程中泄漏的化学品等领域的应用，可以有效控制或预防各种气体对人类生命或身体健康造成的伤害。

PID 气体探测器通常用于测量 VOC 类气体和有毒气体。一般包括：苯、甲苯、氨、烯烃、芳香烃、丙酮、肼等。

VOC 的污染源分为固定源和移动源。煤、石油和天然气或以煤、石油和天然气为燃料或原料的工业与它们有关的化学工业是挥发性有机物产生的三大重要来源。相对其他传感器 PID 最大的特点是只对很少的无机气体，如氨气、磷化氢等敏感，原因在于大部分的无机气体有很高的电离能，因此非常适用于石油石化企业生产、储存及运输过程。

全世界范围内，只有美国霍尼韦尔公司、美国 Baseline 公司和英国 Ion Science 三家公司真正掌握光离子化传感器的核心技术，基于光离子化技术的有毒有害气体检测仪市场长期被这三家企业所垄断。光离子化检测技术起源于 20 世纪 50 年代末，一直不被重视，直到 20 世纪 80 年代初，美国 HNU 公司推出了第一批商业化的光离子化探测器（PID），因为其高灵敏度、低检测限等优点，立刻引起气相色谱专家的关注。在光离子化学检测器方向成绩比较突出的是美国的 RAE 公司，1993 年该公司在保证 PID 各项性能指标的前提下实现了仪器的小型化，推出了世界上第一台便携式 PID 产品 Micro RAE，并于 2004 年推出气体检测仪 Entry RAE，该仪器可检测的气体范围较宽，不仅能够胜任传统四合一毒气（O_2、CO、H_2S 及可燃性气体）的检测工作，还能够准确地检测出泄漏在空气中的 VOC，是世界上第一台佩戴式密封空间进入气体检测仪。英国的 Ion Science 公司推出气体检测 First Check Ex6000，在保证高精度的前提下能够检测从 1ppb～10000ppm 的气体检测仪，是当时检出限最低(ppb 级)的气体检测仪。

目前世界上超过一半的采用光离子化气体传感器的手持式 VOC(挥发性有机物)检测仪由霍尼韦尔制造。

据权威报道，当前我国的市场，估算年用量在 10 万支左右，市场规模高超过 5 亿元，然而，使用依靠代理国外的产品存在以下问题：

（1）不能满定制化的需求，由于检测的具体作业不同，客户对产品的需求存在较大差异；

（2）一些技术指标不满足我国的安全标准，受国情影响，我国现行的安全标准不同；

（3）受我国地理位置的影响，环境可靠性存在较大差异；

（4）售后维护效率低，无法满足我国社会快速变化的需求等问题。

根据我们的详细测算，突破该项技术并实现转化后，成本将得到大幅度降低，量产后基本上可以替代进口产品的市场，届时产生的经济社会效益将对区域产业的拉动和经济的贡献都将是显著的。

（三）气体传感器特性

气体传感器具有一些特有的指标来表征传感器各方面的性能，这些性能指标也决定了气体设备的性能及应用。

1. 稳定性

稳定性表示传感器在一个较长的时间内保持其性能参数的能力。理想的情况是不论什么时候，传感器的特性参数都不随时间变化。但实际上，随着时间的推移，大多数传感器的特性会发生改变。这是因为敏感元件或构成传感器的部件，其特性会随时间发生变化，从而影响了传感器的稳定性。

稳定性一般以室温条件下经过一规定时间间隔后传感器的输出与起始标定时的输出之间的差异来表示，称为稳定性误差。稳定性误差可用相对误差表示，也可用绝对误差表示。

2. 线性度

通常情况下，传感器的实际静态特性输出是条曲线而非直线。在实际工作中为使仪表具有均匀刻度的读数，常用一条拟合直线近似地代表实际的特性曲线、线性度非线性误差就是这个近似程度的一个性能指标。拟合直线的选取有多种方法。如将零输入和满量程输出点相连的理论直线作为拟合直线或将与特性曲线上各点偏差的平方和为最小的理论直线作为拟合直线此拟合直线称为最小二乘法拟合直线。

3. 灵敏度

灵敏度是指传感器在稳态工作情况下输出量变化对输入量变化的比值。它是输出–输入特性曲线的斜率。如果传感器的输出和输入之间显线性关系则灵敏度是一个常数。否则，它将随输入量的变化而变化。

4. 分辨力

分辨力是指传感器可能感受到的被测量的最小变化的能力。也就是说，如果输入量从某一非零值缓慢地变化。当输入变化值未超过某一数值时，传感器的输出不会发生变化，即传感器对此输入量的变化是分辨不出来的。只有当输入量的变化超过分辨力时，其输出才会发生变化。

通常，传感器在满量程范围内各点的分辨力并不相同，因此常用满量程中能使输出量产生阶跃变化的输入量中的最大变化值作为衡量分辨力的指标。上述指标若用满量程的百分比表示，则称为分辨率。分辨率与传感器的稳定性有负相关性。

5. 精确度

传感器的精确度是指测量结果的真实程度，是测量中各类误差的综合反映。测量误差越小，传感器的精度越高。传感器的精度用其量程范围内的最大基本误差与满量程输出之比的百分数表示，其基本误差是传感器在规定的正常工作条件下所具有的测量误差，由系统误差和随机误差两部分组成。工程技术中为简化传感器精度的表示方法，引用了精度等级的概念。精度等级以一系列标准百分比数值分档表示，代表传感器测量的最大允许误差。

6. 选择性

选择性也被称为交叉灵敏度。可以通过测量由某一种浓度的干扰气体所产生的传感器响应来确定。这个响应等价于一定浓度的目标气体所产生的传感器响应。这种特性在追踪多种气体的应用中是非常重要的，因为交叉灵敏度会降低测量的重复性和可靠性。理想传感器应具有高灵敏度和高选择性。

7. 重复性

重复性表征传感器在同一负荷、同样条件下反复施加时，其输出值是否能重复一致。这项特性更重要，更能反映传感器的品质。重复性误差可与非线性同时测定。传感器的重复性误差 R 按下式计算

$$R=\Delta\theta_{\mathrm{R}}/\theta_{n}\times 100\%$$

其中，$\Delta\theta_{\mathrm{R}}$ 是同一试验点上 3 次测量的实际输出信号值之间的最大差值。

8. 零点漂移

零点漂移指输入为零时输出偏离零值的变化，简称为零漂。这种输入为零而输出不为零且缓慢变化的现象称为零点漂移现象。

在放大电路中，任何参数的变化，如电源电压的波动、元件的老化、半导体元件参数随温度变化而产生的变化。都将产生输出电压的漂移。在阻容耦合放大电路中，这种缓慢变化的漂移电压都将降落在耦合电容之上，而不会传递到下一级电路进一步放大。但是，在直接耦合放大电路中，由于前后级直接相连，前一级的漂移电压会和有用信号一起被送到下一级，而且逐级放大，以至于有时在输出端很难区分什么是有用信号、什么是漂移电压、放大电路能不能正常工作。采用高质量的稳压电源和使用经过老化实验的元件就可以大大减小由此而产生的漂移。所以由温度变化所引起的半导体器件参数的变化是产生零点漂移现象的主要原因。因此，也称零点漂移为温度漂移，简称温漂。

（四）气体检测设备及相关技术

目前，市面上用于报警器的气体检测设备种类繁多，在选择气体检测设备时应根据被检测目标、使用场合、使用方式、功能需求等进行合适的选择。

根据被检测气体的性质，有可燃性气体检测仪、有毒气体检测仪、挥发性有机气体检测仪、常见气体检测仪、特殊气体检测仪等。

按使用场所分类，有常规型和防爆型。防爆型满足特殊场所有检测的需求，但价格略贵。

按功能分类，有单一检测仪和多功能检测仪，满足不同检测气体数量的需求。

按使用方式分类，有便携式（手持式）和固定式（安装式、壁挂式）：便携式满足现场操作人员的作业前安全检测气体的仪器，通常跟使用场景有关。而固定式主要实现长时间不间断检测，从而保障场所的安全，不需要现场人员控制，且能智能化联动。

按采样方式分类，有扩散式和泵吸式：扩散式气体检测仪使用率非常普遍，价格也相对比较低从几百元到几千元不等。而泵吸式气体检测仪价格比较高，通常是几千块以上，主要满足特殊场所的特殊需求。

按检测原理分类，可燃性气体检测多采用催化燃烧型、半导体型、热导型和红外线吸收型传感器；有毒气体检测多采用电化学型、半导体型传感器；PID 传感器常用于 VOC 气体检测。

根据使用目的不同，将石油天然气行业中常用的几类气体检测设备分为个人防护报警器、在线气体监测设备和便携式气体巡检设备。

1. 个人防护报警器(图 4-16)

个人防护报警器一般用来个人随身佩戴或携带，用来探测和监测人员工作环境中的易燃和有毒气体，当探测到危险超标时进行报警提示。个人防护报警器小巧轻便，多采用灵敏度高的传感器，可以对一种或多种气体进行检测。

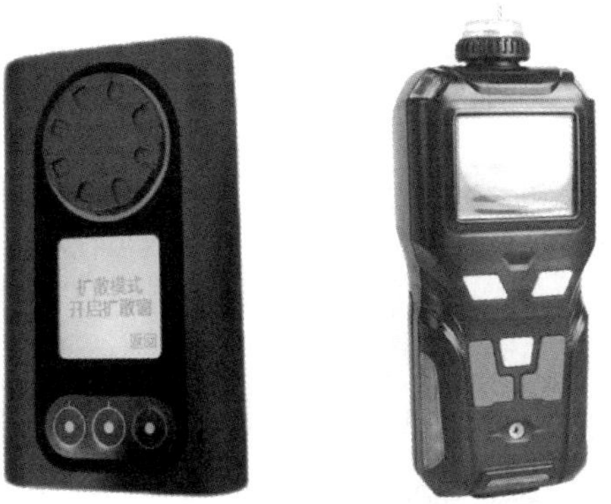

图 4-16　个人防护报警器

2. 在线气体监测设备(图 4-17)

在线气体监测设备多固定安装在场所空间，主要是对该空间区域内空气中的易燃和有毒气体浓度的监测，当检测到危险时会向报警控制器和控制平台发送报警信息。该类设备多为单一传感器对单一气体进行检测报警。

图 4-17　在线气体监测设备

3. 便携式气体巡检设备(图 4-18)

便携式气体巡检设备是用于日常巡检、特殊检测或应急检查等检测有毒有害可燃便携式检测仪，按被检测对象可分为单一气体检测或复合气体检测。石油行业常用的复合检测仪可以同时检测显示一氧化碳、氧气、硫化氢、可燃气体等多种气体。便携式气体巡检设备可提供实时数据，并可通过联网方式将数据发送至系统平台。便携式气体巡检设备一般还具有跌倒报警和立即报警等功能。

图 4-18　便携式气体巡检设备

三、气体检测主要设备和技术服务商

1. 华瑞科力恒

美国华瑞集团(RAE Systems)成立于 1991 年，总部位于美国加州硅谷中心，是世界公认的光离子化传感器(PID)技术领导者，也是气体检测产品、无线传感网络、放射性检测产品与呼吸防护产品制造商。2013 年华瑞加入霍尼韦尔(Honeywell)，隶属于霍尼韦尔生命安全事业部。

华瑞科力恒(北京)科技有限公司是美国华瑞集团在中国组建的全资子公司，负责美国华瑞在大中华区(包括港澳台)的产品推广、销售和技术服务，其产品和服务应用在工业安全、应急救援、反恐防化、环境保护及职业健康等众多领域。

2. 德尔格

德国德尔格成立于 1889 年，总部在吕贝克，其产品和的服务集中在医疗和安全技术领域，而气体检测产品主要应用在工业、采矿和应急等。

3. 梅思安

梅思安(MSA)公司成立于 1914 年，总部位于美国宾夕法尼亚州的匹兹堡市，是行业内个人防护装备及火气监测仪表的最大制造商，其产品线覆盖个人防护设备以及监测仪表设备，其产品被广泛应用于石油、化工、天然气、消防救援、冶金、电力、核电、建筑、矿业、塑料工业、造船、造纸、制药、危险品处理、国土安全，市政建设、一般工业应用等行业与环境中。

4. 华泰诺安

华泰诺安(HTNOVA)成立于2012年，是一家集研发、生产与销售于一体的我国高新技术企业。公司以传感器研发为核心，生产和经营专用检测设备，是国内气体检测设备和技术供应商，其高灵敏光离子化传感器性能指标达到国际领先水平，并且实现完全自主化，打破国外对该项技术的垄断。

5. 纳华

纳华环境科技有限公司(Nanova Environmental)创立于美国密苏里州，主要提供环境领域技术和产品。

6. 深圳市逸云天

深圳市逸云天电子有限公司成立于2006年初，是集设计、研发、生产、销售于一体的国家高新技术企业，可提供有毒有害、易燃易爆气体检测报警仪、气体分析仪、气体在线监测预处理系统、TVOC在线监测系统、差分紫外光谱气体分析仪、激光气体分析仪、环保安监气体监测云平台等产品。

四、气体检测技术研究的最新进展

在气体检测技术领域，目前除了探索和研究新的传感器技术外，目前研究较多的是引入新技术、新手段以及多项技术的联用。

(一) 传感器技术研究进展

1. 火焰离子化传感器(Flame Ionization Detectors，FID)

火焰离子化传感器其工作原理是检测氢火焰中有机化合物燃烧过程中形成的离子，这些离子的产生与样品气流中有机物质的浓度成正比。

FID的缺点之一在于使用明火，在发生熄火的情况下可能难以重启。同时，技术人员必须随身携带瓶装氢气，增加使用危险度。FID也可能很重(有些重达12磅)，巡检时，即使是放在背包里，也会给操作员带来压力和疲劳。

火焰离子化传感器(FID)目前主要应用于气相色谱类仪器。

2. 光离子化传感器(Photo-Ionization Detectors，PID)

光离子化传感器使用紫外线(UV)范围内的高能光子将分子分解为带正电的离子。当化合物进入检测器时，它们会受到高能紫外光子的轰击，并在吸收紫外光时被电离，导致电子弹出并形成带正电的离子。离子产生的电流便是检测器的信号输出。目标气体组分的浓度越大，产生的离子越多、电流越大。电流被放大并显示在电流表或数字浓度显示器上。PID 可以检测多种气体，通常用于检测挥发性有机化合物(VOC)。PID 的优势是快速响应，但需要经常清洁维护。此外，紫外线灯会因为耗损需要更换。

因此，最新的 PID 检测器在向高灵敏度、低检出限、宽量程、微型化和低成本方向发展。

3. 可调谐二极管激光吸收光谱(Tunable Diode Laser Absorption Spectroscopy，TDLAS)

可调谐二极管激光吸收光谱技术利用红外激光吸收光谱对气体的高选择性，将设备准确聚焦在样品中的甲烷成分，避免受到其他碳氢化合物和 VOC 的干扰而影响甲烷读数。在潜在爆炸性环境中进行采样分析，TDLAS 无须明火，无须外置气瓶，激光技术也消除了熄火的风险，是一种更安全、更有效的监测方式。

目前，该技术多用于园区监测和泄漏监测。

4. 质谱

质谱是一种测量离子荷质比(电荷-质量比)的分析方法，可用来分析同位素成分、有机物构造及元素成分等。质谱法在一次分析中可提供丰富的结构信息，将分离技术与质谱法相结合是分离科学方法中的一项突破性进展。气体质谱仪，多用于生产研究之中来监测气体和进行过程分析。气体质谱仪应用的领域十分广泛：如真空科学工业中加速器、高真空、超高真空系统和器件中的气体分析，航天航空工业中燃料箱、发动机、密封舱安全检漏、多种气体分析；电子工业中真空镀膜、微波管、彩色显像管等生产中的气体分析，环境监测中车载(船载)质谱监测、土壤、水质、空气质量分析以及表面科学分析、痕量气体分析、催化反应监测、石油化工、冶金、热重仪器的气体分析等多个方面。

5. 傅氏转换红外线光谱分析仪(Fourier Transform Infrared Spectroscopy)

FTIR 是利用红外线光谱经傅里叶变换进而分析气体浓度的光谱分析仪器。FTIR 是一种用来获得固体、液体或气体的拉曼散射的红外光光谱技术。FTIR 用于检测气体时，本身具有分辨力高、扫描时间快、辐射通量大的特点。目前，更多的研究集中在新算法的开发上。

（二）应用技术研究进展

1. LiDAR 技术

LiDAR 气体检测技术是一种基于量子技术的新型 LiDAR(激光成像、检测和测距)相机，可以看到并准确量化各类气体排放。该气体成像仪使客户能够监测、检测并准确定位和量化气体排放源，以便快速修复。在石油和天然气行业，可实现甲烷的监测，该技术卫星、飞机和无人机安装的传感器的投资，以及内部开发的其他传感器。QLM 的差异化 LiDAR 技术补充了这些移动监测器的缺陷，在需要连续监测的地方提供准确和敏感的测量，该技术的与众不同之处在于，它能够检测到微小的排放，准确量化排放率，通过准确定位排放源提供可操作的信息，并适合各种规模的上游、中游和下游设施。

2. 手持气相色谱

气相色谱在实验室或监测气体方面具有检测精度高、光谱等优势，但是其设备小型化方面一直存在困难，无法应用到巡检使用。通过不断的努力，在仪器集成、小型化等方面取得进展，目前，多家公司推出了便携式的气相色谱仪产品。

3. 联用技术

联用技术也是目前研究较多的一个方向，也取得一定的进展，包括气质联用（气相色谱-质谱）、成像技术与谱图技术等。

五、气体检测技术当前存在的问题

1. 设备成本高

国内对气体检测设备的需求量巨大，但是设备成本偏高，造成其使用不够普及。因此，如何降低传感器、设备等核心产品的成本是目前需要解决的问题之一。

2. 国产核心技术少

由于发展水平、重视程度等原因，气体检测的核心技术大多被国外企业垄断，近些年国内企业和科研院所也取得了一些技术上的突破，但是仍然大大落后。大力发展技术和应用，提高国产技术和设备水平也是目前该行业内问题之一。未来，在国家战略推动下，国产气体检测技术和仪器将在包括石油石化行业在内的多个领域得到广泛的应用和长足的进步。

3. 应用技术方案少

由于应用方面的原因，针对石化行业的应用方案，尤其是一些专用化定制方案偏少。未来，需要不断深入地研究，开发出更多更高效的专业化方案，推动气体检测技术的发展。

六、未来发展趋势

（一）传感器发展方向

近年来，由于在工业生产、家庭安全、环境监测和医疗等领域对气体传感器的精度、性能、稳定性方面的要求越来越高。因此对气体传感器的研究和开发也越来越重要。

随着先进科学技术的应用，气体传感器发展的趋势是微型化、智能化和多功能化。深入研究和掌握有机、无机、生物和各种材料的特性及相互作用，理解各类气体传感器的工作原理和作用机理，正确选择各类传感器的敏感材料，灵活运用微机械加工技术、敏感薄膜形成技术、微电子技术、光纤技术等，使传感器性能最优化是气体传感器的发展方向。

1. 新气敏材料与制作工艺的研究开发

对气体传感器材料的研究表明，金属氧化物半导体材料 ZnO、SnO_2、Fe_2O_3 等已趋于成熟，特别是在 CH_4、C_2H_5OH、CO 等气体检测方面。现在这方面的工作主要有两个方向：一是利用化学修饰改性方法，对现有气体敏感膜材料进行掺杂、改性和表面修饰等处理，并对成膜工艺进行改进和优化，提高气体传感器的稳定性和选择性；二是研制开发新的气体敏感膜材料，如复合型和混合型半导体气敏材料、高分子气敏材料，使得这些新材料对不同气体具有高灵敏度、高选择性、高稳定性。由于有机高分子敏感材料具有材料丰富、成本低、制膜工艺简单、易于与其他技术兼容、在常温下工作等优点，已成为研究的热点。

2. 新型气体传感器的研制

沿用传统的作用原理和某些新效应，优先使用晶体材料（硅、石英、陶瓷等）。采用先进的加工技术和微结构设计，研制新型传感器及传感器系统，如光波导气体传感器、高分子声表面波和石英谐振式气体传感器的开发与使用。微生物气体传感器和仿生气体传感器的研究。随着新材料、新工艺和新技术的应用，气体传感器的性能更趋完善，使传感器的小型化、微型化和多功能化具有长期稳定性好、使用方便、价格低廉等优点。

3. 气体传感器智能化

随着人们生活水平的不断提高和对环保的日益重视，人们对各种有毒、有害气体的探测，对大气污染、工业废气的监测以及对食品和居住环境质量的检测都对气体传感器提出了更高的要求。纳米、薄膜技术等新材料研制技术的成功应用为气体传感器集成化和智能化提供了很好的前提条件。气体传感器将在充分利用微机械与微电子技术、计算机技术、信号处理技术、传感技术、故障诊断技术、智能技术等多学科综合技术的基础上得到发展。研制能够同时监测多种气体的全自动数字式的智能气体传感器将是该领域的重要研究方向。

（二）应用技术发展方向

随着技术的进步与发展，尤其是信息技术和电子技术的日新月异，未来气体检测技术及其应用也向以下几个方向发展。

1. 集成化

在实际应用中，单一的传感器技术往往无法满足现场的实际需求，所以未来越来越多的多技术、多传感器集成组成阵列化的探测器和检测监测设备会大有市场。集成化设计不仅能增加监测效率，还能大大节约人力和物力成本。

2. 便捷化

未来气体检测技术的应用，对报警的即时性、仪器和系统的操作简单、维护简单会提出越来越高的要求。大数据、云计算、云边结合等技术的引入会大大缩短系统的响应时间，嵌入式应用系统会提高系统的便捷性。

3. 系统化

系统化将多种传感器和设备、报警设备、消防救援设备及信息系统整合，将在线设备和离线设备结合，还可以施行网格化布置，实现监测无死角，提高管理效率，增加应急救援的成功率。

4. 智能化

人工智能在越来越多行业的成功应用也将推动其在气体检测领域的应用进展，结合大数据、云边结合、深度学习等技术，将来的气体检测系统的智能化水平会大大提升，系统会实现智能分析、风险评估、预警、报警等高级功能。

5. 专用化

随着社会分工的越来越细以及各行业专业化程度的提高，气体检测行业对定制化产品将会产生更多的需求和更高的要求，今后会出现针对行业的定制化方案，甚至专门针对某个特殊工业流程的专用方案。

第五章　石油石化行业巡检机器人

七腾机器人有限公司

一、石油石化行业巡检机器人发展现状

（一）国家政策大力扶持，奠定行业健康基础

我国政府高度重视特种机器人技术研究与开发，近年来国家相关部门不断加大对机器人产业的扶持力度。《国家中长期科学和技术发展规划纲要（2006—2020年）》明确将智能服务机器人技术作为重要发展方向之一，要求以服务机器人和危险作业机器人应用需求为重点，研究设计方法、制造工艺、智能控制和应用系统集成等共性基础技术；《机器人产业发展规划（2016—2020年）》中指出针对智能制造和工业转型升级对工业机器人的需求和智慧生活、现代服务和特殊作业对服务机器人的需求，重点突破制约我国机器人发展的共性关键技术；《促进新一代人工智能产业发展三年行动计划（2018—2020年）》指出要推动巡检、导览等公共服务机器人以及消防救援机器人等的创新应用。在国家政策对机器人产业发展的大力助推下，各省区市结合当地优势产业，也纷纷发布对机器人产业的扶持和引导政策，各种产业政策的出台，为特种机器人的细分种类之一的智能巡检机器人健康发展提供坚实的基础保障。

（二）创新技术深度融合，助推行业高速发展

伴随传感器技术、智能控制技术以及人工智能技术等学科知识和技术的积累和应用，新一代信息技术、生物技术、新能源、新材料等与机器人技术深度融合，机器人产业迎来升级换代、跨越发展的窗口期。通过持续创新、深化应用，我国机器人产业呈现良好发展势头。

与此同时，科学技术的进步带来相关产品市场价格不断降低，使应用巡检机器人的企业各种成本不断下降，更进一步加快了产品的市场普及率，以及巡检机器人升级换代节奏。受益于不断延伸和扩展的新技术应用，巡检机器人行业将长期处于高速发展阶段，科技进步将促进巡检机器人的应用进一步深化。

(三) 需求潜力持续释放，市场规模加速扩张

巡检机器人产业借助科技创新为提升全社会本质安全水平提供了良好契机，具有巨大的社会效益和经济效益。随着我国对安全的重视程度不断加深，抓住社会安全迈向智能化发展的机遇，机器人在安全领域迎来广阔应用前景，特别在石油、化工、天然气、电力等高危行业所处的应急安全领域，对机器人需求巨大。数据显示，2022 年市场规模将达 174 亿美元，特种机器人需求量将达 32442 台。

在广阔的市场需求带动下，未来市场增速将高于全球水平，预计国内机器人赛道的火热将会持续。见图 4-19。

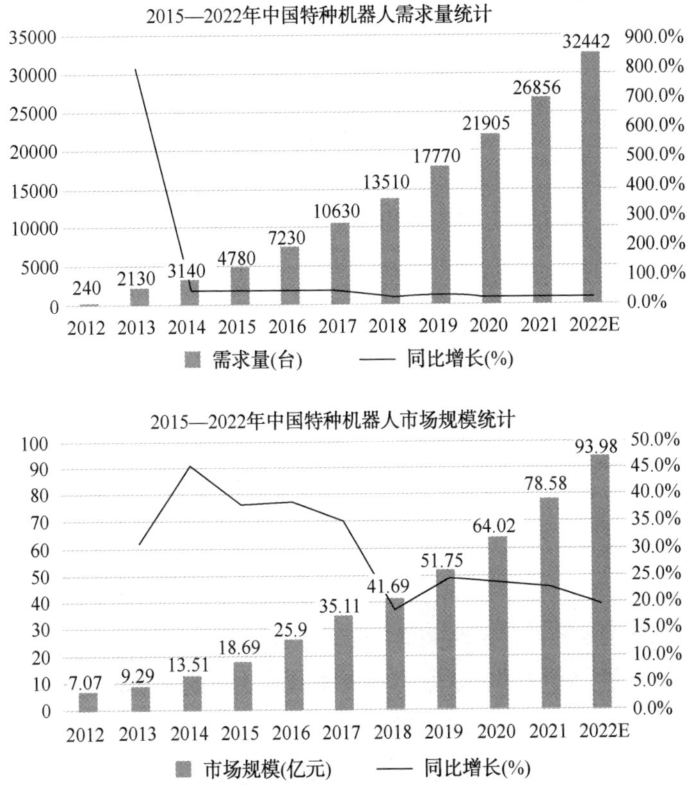

图 4-19　2015—2022 年中国特种机器人相关数据

资料来源：《中国机器人产业发展报告(2022 年)》

(四) 石油化工行业投资高速增长，进一步带动巡检需求

石油化工行业具有周期性特点，随着 2013—2017 年漫长的产能消化期的结

束，自 2018 年下半年行业进入新一轮的扩张期。2019 年上半年石油化工行业投资完成额累计同比增长 9.3%，年增速 4.2%。

2020 年受疫情冲击，石油化工行业投资放缓，随后在疫情新增需求及海外生产受限的情况下，石油化工产品价格景气反弹带动行业投资迅速回暖。进入 2021 年，“双碳”政策下，石油化工行业部分差异化产能扩张速度加快，带来差异化的扩张周期，石油化工行业投资完成额累计同比增长 15.7%。相关数据见图 4-20。

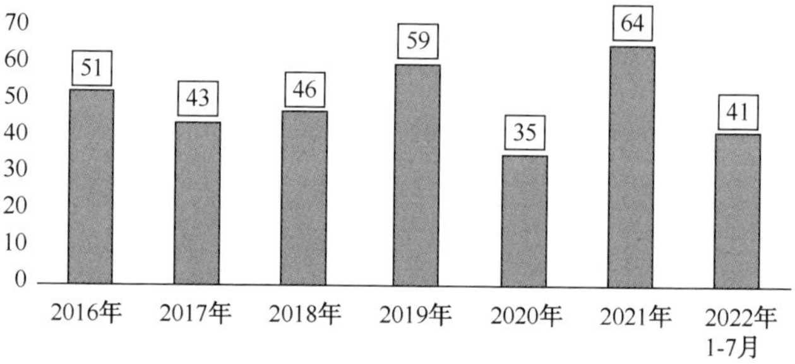

(a)2016—2022年7月我国化工行业投融资情况

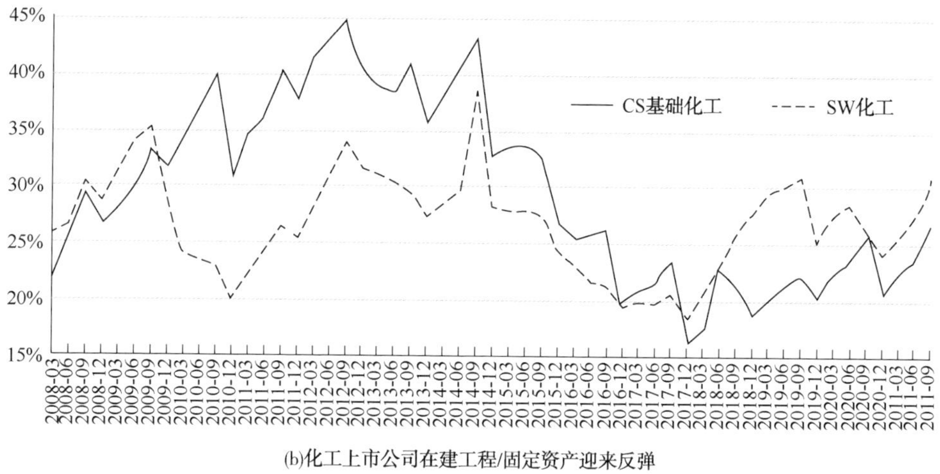

(b)化工上市公司在建工程/固定资产迎来反弹

图 4-20 化工行业资产情况

资料来源：《2022 中国智能巡检机器人行业发展研究白皮书》、观研报告网

石油化工行业固定资产投资的高速增长势必带动相关巡检需求的增加，智能巡检机器人的出现，可从根本上减少石油化工领域运维人员巡检强度及人员配置，提高作业效率，增强石化生产网络的运行稳定性，是石油化工领域巡检发展

的必由之路。因此，随着石油化工领域投资的高速增长，石油化工领域的智能巡检机器人需求也将迎来新一轮爆发期。

（五）无人化巡检成为未来发展重点

《“工业互联网+危化安全生产”智能巡检系统建设应用指南(试行)》中表明，应提升应用要求，在综合评估风险可控的情况下鼓励企业采用 AI 音视频分析系统、轮式机器人、轨道式机器人、无人机等无人化巡检方式，提升巡检作业的效率，降低人员暴露危险。

二、石油石化巡检机器人主要技术服务商情况

我国巡检机器人厂商发展迅速，根据 e-works 不完全统计，目前国产智能巡检机器人厂商已达到 155 家。部分服务商情况见表 4-3。

表 4-3 巡检机器人主要技术服务商

厂商名称	成立时间/年	厂商情况
七腾机器人	2010	是一家集特种机器人设计、研发、生产、销售、服务于一体的高新技术企业，产品广泛运用于石油、化工、消防、电气等行业，为全球 40 多个国家及地区的客户提供产品服务和定制解决方案。产品：防爆化工轮式巡检机器人
中信重工	1991	中信重工开诚智能研制了“特种机器人、煤矿智能装备”两大产业的 130 余款产品，使用场景主要在应急救援、智能矿山、石油化工等领域。产品：防爆轮式巡检机器人
杭州申昊	2002	产品主要应用于电力电网、轨道交通、油气化工等行业，解决客户的难点与痛点，为客户无人或少人值守和智能化管理提供有效的检测、监测手段，产品：防爆轮式巡检机器人
西安安森	2007	安森智能以“聚焦油气领域，提供智慧大脑”为经营战略，是一家为油气田提供智能化产品、服务和解决方案的国内头部企业。产品：防爆巡检机器人
浙江国自	2011	智能机器人企业，业务覆盖电网、发电、石油石化、轨道交通、综合管廊、工程机械、食品饮料、建材化工、先进制造、数据机房、公共空间等。产品：防爆轮式巡检机器人
南京天创	2011	是一家集巡检机器人和光伏清扫机器人设计研发、生产制造、整体解决方案、产品销售于一体的企业，已成功服务于电力、油气、矿山、港口、冶金等多个行业。产品：防爆轮式机器人
山东沐点	2018	专注于工业级智能巡检机器人业务领域，适用于电厂、油气田、变电站、数据中心机房、产业园区等场景的智能化巡检，产品：防爆机器人

续表

厂商名称	成立时间/年	厂商情况
浙江科聪	2015	国内领先的机器人智能产品和应用整体解决方案提供商。应用于仓储、物流、能源、化工、安防、清洁、工程车辆、农业等领域。产品：防爆巡检机器人
北京眸视	2017	面向工业领域的智能机器人核心算法研究及整机集成的高科技公司。服务于燃气、石油、化工、电力等行业，产品：防爆轮式巡检机器人
上海东古	2015	为应急消防、能源交通和石油化工等行业提供本地化服务。产品覆盖消防灭火机器人、智能巡检机器人、危险源检测机器人及其他特种机器人系统。产品：防爆履带式巡检机器人

新兴的国产智能巡检机器人厂商不断涌现。自 2015 年以来，累计新增注册成立的国产巡检机器人厂商数量达到 71 家，占比达 45.8%。这表明，随着传统人工巡检走向机器人巡检成为重要趋势，越来越多的企业加入智能巡检机器人赛道，竞逐智能巡检机器人市场。

从区域分布来看，以七腾机器人为代表的 155 家国产智能巡检机器人厂商分布于 21 个省（自治区、直辖市），且主要集中于京津冀、粤港澳大湾区和长三角地区。其中，北京、广东、江苏、浙江和上海是分布最为集中的省市，这些区域不仅科技创新能力强，而且机器人产业都较为发达，产业链配套也更为成熟。

三、石油石化巡检机器人技术现状

当前石油石化巡检机器人技术发展过程中，伴随传感器技术、智能控制技术以及人工智能技术等学科知识和技术的积累和应用，智能巡检机器人与各种新技术的结合愈加紧密，其功能与应用场景也愈加丰富。但国内各大技术服务商对石油石化巡检机器人技术类型基本趋同，仅在实际应用上根据不同需求存在细微差异。

硬件方面，各大技术服务商在材质、功能实现、机械结构等方面差异性不大，基于侧重点不同的因素，巡检机器人在安全巡检、侦测等功能呈现上存在一定差异，但基础核心功能相对一致。

软件方面，各大技术服务商在智能导航、智能运动、智能感知等维度上差异性不大，基于巡检功能实现的算法内容基本一致，但基于实际案例应用和客户需求，各大服务商在算法种类、数量、应用效率上存在一定差距。

当前石油石化企业对巡检机器人的需求难以趋同，不同地区企业涉及难点痛点问题仍存在较大差异性。巡检机器人涉及的技术性依赖于石油石化企业的个性化需求，而有效解决各类需求问题成为技术服务商的核心技术差异点。

由于当前巡检机器人技术服务商业务涉及行业较多且分散，生产机器人种类单一且技术能力、服务资源投入受限，造成技术实力分化明显。

四、亟待突破的问题与挑战

（一）巡检机器人存在的“能力限制”

巡检机器人存在的初衷在于替代人工作，但事实上目前的巡检机器人从技术上无法完全实现替代。

目前巡检机器人更多的是一种工具或是辅助手段，能够代替工作人员更加快捷便利地实现记录和预警，而在之后的跟进和优化环节，依旧需要工作人员进行。同时，虽然巡检机器人的综合素质较高，能够覆盖较为广泛的巡检工作并确保一定的工作精度和准度，但是相较于一些专精人员来说，巡检机器人并不能做到与之齐平。比如，在一些复杂表计或者复杂角度环境进行数据读取时，巡检机器人无法保证完全的精准，而一些专精人员能够依靠自身经验和实际判断来获得准确数据。

（二）巡检机器人存在的“环境限制”

国内石油石化企业分布广泛，不同环境下对巡检机器人的硬件有不同的需求，目前没有通用的巡检机器人能够完成所有环境下的适配工作。

目前巡检机器人基于作业空间、作业环境和作业内容等要素，分为轮式、挂轨、履带式、双云台、机械臂等多类产品，诸如在大雪极寒环境下，轮式机器人便无法适应，需要运用履带式机器人，而针对一些企业的特殊需求，在算法和功能上还需要进行定制，如雨雪沙尘天气的图像修正、潮湿环境下的腐蚀识别等。

五、技术研究和应用的最新进展

（一）“四足化”发展

“四足化”是当下巡检机器人重要发展趋势，诸如云深处科技、普渡科技等公司均在研究推进四足巡检机器人，七腾机器人在“四足化”的研究之上还为其增加了防爆属性，力求四足巡检机器人能够在石油石化行业得到更加广泛深入的应用。

相比于轮式或履带式机器人，四足机器人具备更加卓越的优势和运动性能，能够实现更大范围、更高效率的巡检、侦察、检测、切割、救援等功能作业。

（二）多形态联合巡检

多形态巡检机器人联合巡检也是巡检机器人应用的发展趋势。不同形态的巡检机器人能够满足不同环境应用的需求，轮式巡检机器人满足全天候环境下化工厂、储罐区等室内外场景的巡检；挂轨机器人满足高空区域、复杂轨道等场景下进行巡检；防爆双目云台满足巡检机器人在狭窄空间、复杂环境场景下进行巡检以及固定监控场景。

（三）一体化管控系统

七腾机器人研发防爆石化智能巡检机器人管控平台，整合传统单一的巡检机器人作业模式，组成了一套多形态机器人一体化智能联合巡检管控系统，多形态机器人设备皆可接入管控平台实现远程集控管理，全面适应石油、化工等行业各类巡检应用场景，最大限度保障巡检场景的运行安全。

（四）实时巡检

目前巡检机器人普遍采用定点巡检的巡检方式，机器人按照规划的巡检路线进行巡检作业，而在规划点位之间，机器人并不会进行巡检，只负责移动。七腾机器人对其进行优化，研发实时巡检的巡检方式。巡检机器人行走的过程中，会一直进行视频拍摄采集数据，后台会从拍摄的视频流中抽取图片，再与数据库进行对比，从而显示在实时巡检路线上是否存在异常情况。

六、巡检机器人未来发展趋势

（一）机器人巡检高度智能化

从人工智能、AI 等技术的发展趋势来看，“高度智能化”是巡检机器人的发展趋势。通俗来讲，巡检机器人在未来不仅能够帮助石油石化行业从事一些体力劳动，还可以具备独立思考与独立分析的能力。

巡检机器人将与环境传感器、被测对象、其他智能设备和系统深度融合，在完成巡检安全数据关联分析外，还能够协同完成特定任务等功能，同时巡检机器人将拥有更加深度的学习能力，可以将日常工作中的石油石化行业各种数据进行收集，然后采用云计算分析出各种数据的详细内容，最后对这些数据进行改进，最大限度地提高石油石化行业的生产能力，实现高度智能化，以真正实现“机器人替人”。

除此之外，目前石油石化行业中应用的巡检机器人在人机交互能力上还存在着很大的不足，因此在今后的人工智能技术的发展应用中，石油石化行业的工作人员完全可以实现与机器之间的“沟通”。

（二）行业安全巡检体系化

随着巡检机器人具备不同的功能甚至形态以适应不同的场景及不同需求，多形态巡检机器人协同作业，共同构建安全巡检体系成为未来发展的必然趋势。

以防爆化工轮式巡检机器人为核心，覆盖巡检区域铺装路面；以防爆化工挂轨巡检机器人为辅助，覆盖巡检高空区域；以防爆化工四足巡检机器人为协同，覆盖巡检区域非铺装路面及复杂崎岖地形。同时，电力轮式巡检机器人、电力挂轨巡检机器人及防爆消防灭火侦察机器人也将成为行业安全巡检体系的补充，延伸到厂区配电站、变电室等电力覆盖场所进行巡检作业，同时为可能的安全事故发生提供及时高效的救援保障。

（三）行业大数据平台化

随着物联网、云计算、大数据的发展，各行各业都在积极谋取与信息技术相结合，借助信息技术推动产业升级。伴随机器人技术及算法的不断突破，产品逐渐趋于成熟，依托巡检机器人构建石油石化行业大数据平台的趋势开始凸显。

巡检机器人作为行业大数据采集的主要来源，平台通过巡检机器人将实时采集到的环境信息、天气信息、时间信息、设备运营状态等数据进行分析、处理，不仅能更好满足用户的业务需求，解决石油石化行业数据冗杂、信息孤岛等问题，同时能为石油石化行业提供数据支持，协助技术人员、研究人员等提升科技创新能力，为促进石油石化行业安全生产，技术升级改造提供依据，实现行业全方位向数字化、智能化转型升级。

第六章　石油石化行业无人机

北京大工科技有限公司

无人驾驶飞机简称“无人机”，英文缩写为“UAV”，是利用无线电遥控设备和自备的程序控制装置操纵的不载人飞机，或者由车载计算机完全地或间歇地自主地操作。

与有人驾驶飞机相比，无人机往往更适合那些太“愚钝、肮脏或危险”的任务。无人机按应用领域，可分为军用与民用。军用方面，无人机分为侦察机和靶机。民用方面，无人机+行业应用，是无人机真正的刚需；在航拍、农业、植保、微型自拍、快递运输、灾难救援、观察野生动物、监控传染病、测绘、新闻报道、电力巡检、救灾、影视拍摄、制造浪漫等领域的应用，大大地拓展了无人机本身的用途，发达国家也在积极扩展行业应用与发展无人机技术。

一、无人机类型与主要技术服务商

（一）固定翼无人机产品及技术指标

固定翼无人机代表机型及技术服务商情况如下：

1. 大白无人机

北京大白科技公司成立于 2014 年，前身为大白之家工作室，成立于 1995 年，是国内首家采用固定翼飞机进行航拍摄影的公司，大白科技在近 20 年的发展中创立了约占市场份额 70%的“大白”品牌固定翼无人机。大白Ⅱ型无人机采用流线型机体设计，机身采用模块化设计，配备燃油发动机，续航时间可达 4~6h，最大升限 6000m。一般采用滑跑或弹射方式起飞，采用滑跑、装网、开伞等形式降落。该机型飞行速度快，工作时间长，一般用于大范围测绘、勘察、巡检、监控等。大白Ⅱ型无人机的照片和参数见图 4-21 和表 4-4。

2. 韦加电动固定翼无人机

北京韦加智能科技股份有限公司十余年专注空中平台通信系统的研发，致力于智能无人系统的应用。翔宇系列无人机为韦加公司设计的电动固定翼无人机产品，翔宇无人机为上单翼 V 尾布局，使用双发电动引擎，有效载荷大、续航时间长，可弹射起飞，开伞降落。作为一款电动无人机，多项技术参数领先国内同类产品。

图 4-21　大白Ⅱ型无人机

表 4-4　大白Ⅱ型无人机参数

项　目	参　数	项　目	参　数
机长×翼展	2.2m×2.6m	续航时间	4~6h
最大升限	6000m	最大有效载荷	5kg
最大航程	400km	起飞速度	60km/h
平飞速度	80~120km/h	抗风能力	5 级
巡航速度	90km/h	起降方式	弹射/滑降、伞降

该款飞机可根据用户需要，目前采用弹射起飞，滑跑降落，开伞降落等多种起降方式。采用弹射起飞，开伞降落，几乎对起降场地没有要求。韦加电动固定翼无人机照片和参数见图 4-22 和表 4-5。

图 4-22　韦加电动固定翼无人机

表 4-5　韦加电动固定翼无人机参数

项　目	参　数	项　目	参　数
机长×翼展	2. 2m×3. 3m	续航时间	2h
最大升限	6200m	最大有效载荷	5kg
最大航程	180km	起飞速度	60km/h
平飞速度	80～120km/h	抗风能力	5 级
巡航速度	90km/h	起降方式	弹射/滑降、伞降

（二）多旋翼无人机产品及技术指标

多旋翼无人机的代表机型及技术服务商情况如下：

1. 大疆创新无人机

大疆面向石油与天然气行业推出经纬 M30 系列无人机产品，其照片和参数见图 4-23 和表 4-6。

图 4-23　经纬 M30 无人机

表 4-6　经纬 M30 无人机参数

项　目	参　数
尺寸（展开，不包含桨叶）	470mm×585mm×215mm（L×W×H）
尺寸（折叠）	365mm×215mm×195mm（L×W×H）
对角线电机轴距	668mm
质量（含两块电池）	（3770±10）g
最大起飞质量	3998g
工作频率	2. 4000～2. 4835GHz；5. 725～5. 850GHz

续表

项　目	参　数
发射功率(EIRP)	2.4GHz：<33dBm(FCC)；<20dBm(CE/SRRC/MIC) 5.8GHz：<33dBm(FCC/SRRC)；<14dBm(CE)
悬停精度(无风或微风环境)	垂直： ±0.1m(视觉定位正常工作时)； ±0.5m(GPS 正常工作时)； ±0.1m(RTK 定位正常工作时)； 水平： ±0.3m(视觉定位正常工作时)； ±1.5m(GPS 正常工作时)； ±0.1m(RTK 定位正常工作时)
RTK 位置精度(在 RTK FIX 时)	1cm+1ppm(水平) 1.5cm+1ppm(垂直)
最大旋转角速度	俯仰轴：150°/s，航向轴：100°/s
最大俯仰角度	35°(N 挡且前视视觉系统启用：25°)
最大上升/下降速度	6m/s，5m/s
最大倾斜下降速度	7m/s
最大水平飞行速度	23m/s
最大飞行海拔高度	5000m(1671 桨叶) 7000m(1676 高原桨叶)
最大可承受风速	15m/s(七级风)
起飞降落阶段最大可承受风速	12m/s
最大悬停时间	36min
最大飞行时间	41min
电机型号	3511
螺旋桨型号	1671；1676(高原桨-选配)
IP 防护等级	IP55
GNSS	GPS+Galileo+BeiDou+GLONASS(仅在 RTK 模块开启时支持 GLONASS)
工作温度	-20~50℃

2. 科比特航空无人机

科比特航空面向石化行业的主要代表产品为入云龙 M6，其产品照片和参数见图 4-24 和表 4-7。

图 4-24　入云龙 M6 无人机

表 4-7　入云龙 M6 无人机参数

项　目	参　数
尺寸(展开，不包含桨叶)	470mm×585mm×215mm(L×W×H)
尺寸(折叠)	365mm×215mm×195mm(L×W×H)
对角线电机轴距	1550mm
空机重量(不含电池)	6800g
最大起飞质量	23kg
最大载荷质量	12kg
巡航速度	10m/s
最大飞行速度	15m/s
电池容量	22000mA·h×12S LiHV；30000mA·h×12S 18650；22000mA·h×12S2P LiHV
空载最大航时	81min
搭载设备最大航程	20km
遥测最大控制半径	10km
最大海拔升限	4000m
悬停精度	垂直±1m；水平±1.5m
最大抗风能力	6 级
工作环境温度	-20~60℃
防水等级	IP54

（三）混合翼无人机产品及技术指标

混合翼无人机代表机型及技术服务商情况如下：

1. 福昆航空混合翼无人机

E6 无人机是一款由中山福昆航空科技有限公司自主研发的电动垂直起降无人飞行器。E6 自推出以来，其飞行稳定性及安全性已得到市场认可，并已广泛应用于边防、应急和公安等领域。E6 无人机照片和具体参数见图 4-25 和表 4-8。

图 4-25　E6 无人机

表 4-8　E6 无人机参数

项　　目	参　　数
翼展	3.8m
长度	2.3m
实用起飞力量	36kg
最大载荷能力	10kg(海平面)
续航时间/航程 (无风，海拔 300m，载荷整流好)	>4.5h(1kg 载荷和电池配置二)/>380km >1.5h(10kg 载荷和电池配置一)/>150km
装箱尺寸	2m×0.6m×0.6m
经济巡航速度	75~94km/h
最大巡航速度	>140km/h
实用垂直起飞海拔	5000m
实际升限	>7000m
数据链范围	30km、50km、100km(可选配)
抗风能力	起降 7 级，巡航 10 级
作业展开/收起时间	<2min，两人操作
起降定位精度	0.5m
防雨能力	小雨
工作环境温度	-20~55℃
电池配置一	高倍率锂电池，两组(巡航和垂起共用)
电池配置二	高倍率锂电池，三组(巡航和垂起共用)

2. 深圳飞马无人机

V500是由飞马机器人自主研发的一款轻量化、高精度、长航时纯电动垂直起降固定翼无人机系统。具备高效率数据获取、免像控成图、灵活便携等特点。整机起飞重量仅7.2kg，续航时间达180min，机身平台采用模块化快拆与折叠设计，有效减少组装步骤，提高作业效率。照片和参数见图4-26和表4-9。

图4-26　V500无人机

表4-9　V500无人机参数

项　目	参　数	项　目	参　数
飞机主材质	凯夫拉+PMI	巡航速度	17m/s
展开尺寸	2296mm×1280mm×257mm	起飞高度	0~5000m(海拔高度)
起飞重量	6.8kg	遥测距离	25km
动力方式	电动	起降方式	垂直起降

3. 成都纵横无人机

成都纵横推出的无人机系统大多采用垂直起降方式进行收放机体，机体采用模块化设计，拆卸方便，操作简单。

成都纵横的首推无人机CW-15(图4-27)，该机型续航时间长达50min，有效载荷3kg，起飞高度4500m，实际升限6500m，巡航速度可以达到61km/h。详见表4-10。

CW-15可以携带多种有效载荷。因此，它可以应用于测绘、监控、公共安全、石油和天然气管道检查等领域。

图 4-27　CW-15 无人机

表 4-10　CW-15 无人机参数

项　目	参　数	项　目	参　数
机身尺寸	2×3.5m	巡航速度	61km/h
动力系统	电动	抗风能力	6 级
最大载荷	3kg	实际升限	6500m
续航时间	150min	起降模式	垂直起降

(四) 系留多旋翼无人机产品及技术指标

系留多旋翼无人机代表机型及技术服务商情况如下：

1. 大工多旋翼系留无人机

大工科技的 DG-M20 产品广泛应用于应急通信、消防、侦察等方面，该产品的照片和参数见图 4-28 和表 4-11。

图 4-28　DG-M20 系留无人机

表 4-11　DG-M20 系留无人机参数

项　目	参　数	项　目	参　数
机型	可折叠六旋翼	额定飞行高度	200m
轴距	1580mm	抗风能力	6 级
起飞重量	35kg	系留悬停高度	5~200m
最大升降速度	上升 4m/s；下降 3m/s	工作温度	-25~55℃
额定净载荷重量	15kg		

2. 卓翼多旋翼系留无人机

北京卓翼智能的 TS-A8 无人机应用于应急通信、消防、侦察等领域，其产品照片和参数见图 4-29 和表 4-12。

图 4-29　TS-A8 无人机

表 4-12　TS-A8 无人机参数

项　目	参　数	项　目	参　数
机型	四轴八旋翼	最大飞行高度	200m
系统供电	220V/380V	抗风能力	6 级
最大升降速度	上升 4m/s；下降 3m/s	系留悬停高度	5~200m
额定净载荷重量	15kg	工作温度	-40~55℃

二、石油化工行业无人机关键技术及发展

未来无人机除了向更高、更快、更远、更机动、更高效的方向发展之外，还会向更智能的方向发展，未来无人机智能化发展主要有以下关键技术：无人机视

觉技术；定点悬停技术；跟踪拍摄技术；自动避障技术等。

（一）热成像技术

热成像技术是指利用红外探测器和光学成像物镜接受被测目标的红外辐射能量分布图形反映到红外探测器的光敏元件上，从而获得红外热像图，这种热像图与物体表面的热分布场相对应。通俗地讲，红外热像仪就是将物体发出的不可见红外能量转变为可见的热像图。热像图上面的不同颜色代表被测物体的不同温度。见图 4-30、图 4-31。

图 4-30　存储罐热成像巡查

图 4-31　管道热成像巡查

（二）无人机视觉技术

视觉技术与无人机的融合最早是为了能够在空中拍摄，勘察地质，对地形等进行绘制等，目前无人机与视觉技术融合也使得无人机可以自主加油，自主着陆等，对应着可以实现无人机自动化飞行系统，石油产区或石油管线的巡检工作也可以无人值守，完全自动化。目前无人机领域主流的机器视觉硬件技术有：双目机器视觉、红外激光视觉、超声波辅助探测等方式。具体如下：

1. 双目机器视觉

双目机器视觉基于三角定位原理，与人眼对三维世界的还原原理类似，通过比较两个同向摄像头拍摄的画面中同一物体的视角差来确定距离，从而从二维图像中还原出三维世界的立体模型。见图 4-32。

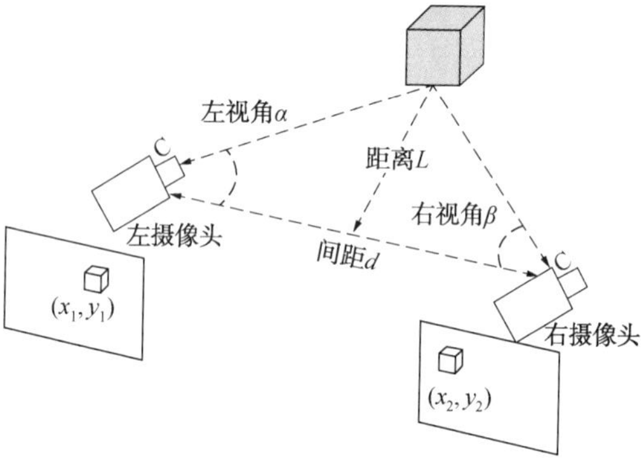

图 4-32　双目机器视觉原理

双目机器视觉仅需两个摄像头，但对计算能力的要求较高。

双目机器视觉的门槛不在于根据视角信息 α、β 和间距 d 解算距离 L，而在于让计算机能够在画面中将物体从背景中“提取”出来。目前高通支持双目机器视觉的无人机参考设计使用旗舰芯片 Snapdragon 801/820，可见其对计算能力的要求之高。

2. 红外激光视觉

为了规避计算机视觉中识别物体的大量计算以及提高精度，以 Intel 为代表的一批厂商使用了红外激光视觉技术，如 Intel RealSense 机器视觉模组。其基本原理见图 4-33，其测距原理与双目视觉类似，但识别对象从物体替换成了打在物体表面的红外激光点。这样就从根本上消除了物体识别的计算需求。

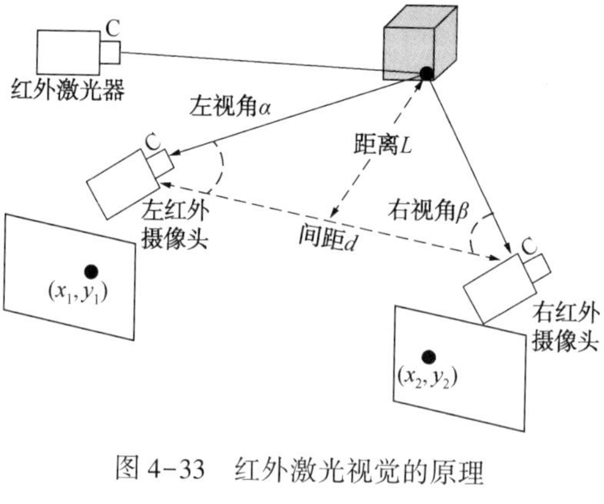

图 4-33　红外激光视觉的原理

红外激光视觉的必要代价是将两个摄像头替换为红外摄像头，并增加一个红外激光扫描器的硬件成本以及功耗。其中红外激光扫描器由一个红外激光发射器和 MEMS 扫描反射镜组成，整体增加的硬件成本较高。

除了对计算量要求小以外，红外激光机器视觉还具有两大优点：相比双目，其应用时间与范围更广，可在暗夜和照明条件不好的室内使用；相比双目，其有着更高的测距精度，能够精确还原物体的三维数据。

3. 超声波探测

超声波探测是一种较为成熟的技术，已广泛使用在军/民用多种应用场合之中。超声波的优势在于能够有效识别玻璃，电线等双目视觉/红外激光视觉无法准备测距的物体。缺点在于精度较差，只能用于探测障碍是否存在，无法提取精确空间信息用作路径规划。

（三）定点悬停技术

石油化工行业使用的多旋翼无人机具备定点悬停的能力，无人机悬停后，可以操控无人机挂载的光电吊舱等设备进行查看和拍照等，为了让载荷设备发挥更大的作用，就需要无人机具备在空中某个位置长时间稳定悬停的能力，目前无人机悬停定位技术所采用的技术手段主要有三种：GPS/IMU 组合定位、超声波辅助定高、基于图像的光流定位技术。

1. GPS/IMU 定位技术

GPS/IMU 定位的原理是较为传统和成熟的定位方法。

GPS 可以测得无人机当前的水平位置和高度，飞控系统根据无人机位置和高度相对于悬停点的偏差对无人机进行补偿控制从而实现定点悬停。

然而，GPS 信号更新较慢，而且 GPS 信号容易受到干扰，影响实际控制效果。因此工程实践中引入了飞行器的 IMU 信息与 GPS 信号进行滤波，得到更为精确和更新率更高的位置、高度信息，这种模式还可以保证在 GPS 失常时，仅依靠 IMU 提供应急位置高度信息，但是因为仅利用 IMU 信息进行位置高度解算时，解算结果容易发散，因此这种方法仅适合在空旷的户外进行悬停控制，而并不适宜在室内或有信号遮蔽的环境下使用。

2. 超声波辅助定高技术

超声波测距传感器是一种较为成熟的测距传感器，能够根据超声波发出与返回的时间差，测得超声波传感器前的障碍物的距离，当无人机布置有下视超声波传感器时，可测得较为精确的距地面距离，从而辅助实现定高控制，但是超声波辅助定高对于水平位置的漂移控制起不到作用。其原理见图 4-34。

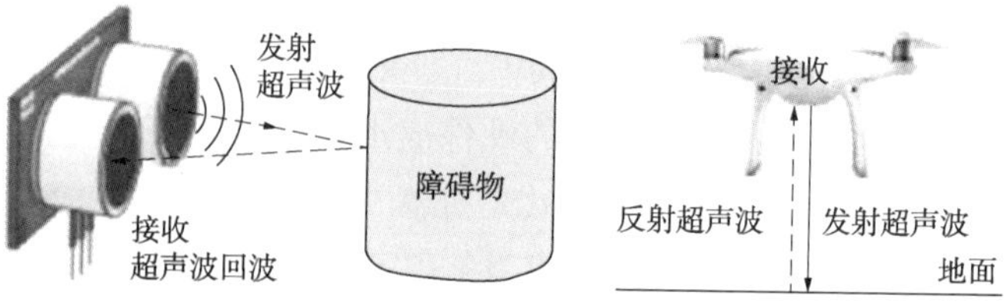

图 4-34　超声波测距原理

3. 光流定位

光流定位是采用图像传感器对传感器所捕捉的图像画面进行分析，间接解算得到自身位置、运动信息的一种技术。

随着图像处理算法的演进和图像处理硬件平台的发展，使得这种算法的精度和实时性得到保证，从而在无人机系统上得到应用。

光流定位是利用图像序列中像素在时间域上的变化以及相邻帧之间的相关性来找到上一帧跟当前帧之间存在的对应关系，从而计算出相邻帧之间物体的运动信息的一种方法。一般而言，光流是由于场景中前景目标本身的移动、相机的运动，或者两者的共同运动所产生的。

在无人机应用中，无人机机身加装对地的光流摄像头，根据所观测到的地面图像来进行定位的，其原理可通过图 4-35 进行理解：无人机在相对地面移动时，其对地观测镜头所拍摄到的画面会相对向反方向"移动"，根据无人机距离地面

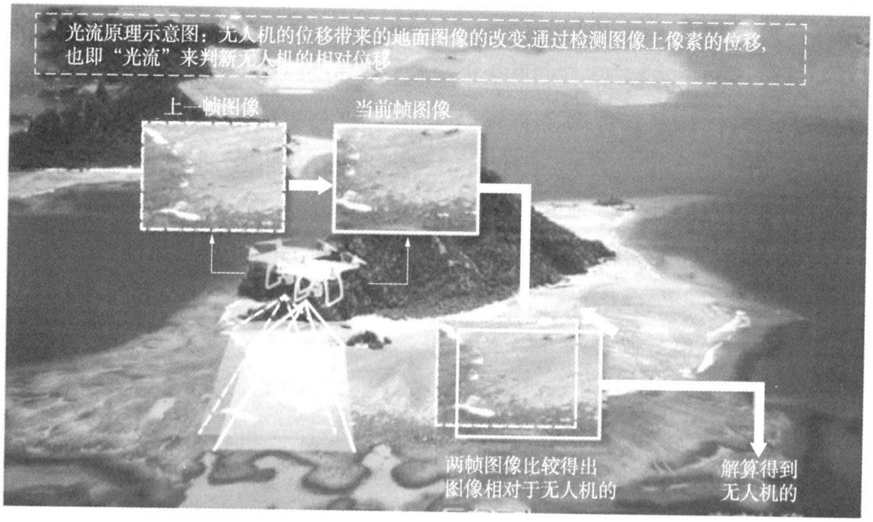

图 4-35　光流定位原理

的高度(这也是光流传感器都与对地超声波传感器成对出现的原因)以及对地观测图像中像素移动的量，即可推算出无人机相对地面移动的距离。

当无人机采用光流定位技术实现自身位置确定后，即可采用通用的控制算法实现水平面和高度上的定位。目前所采用的光流技术，基本上可以实现室内环境的稳定悬停，但是随着时间的累积，仍然会有十几厘米到几十厘米范围的漂移。不过，这种低频率、小幅度的位置改变对于航拍来说，是可以接受的。

(四) 自动避障技术

无人机的飞行安全一直是关系到无人机大规模商业应用的核心问题，如何感知到障碍物、并且自主地规避障碍物是无人机飞行安全领域最前沿的研究课题。随着无人机的自主飞行、航线飞行的大规模商业应用，尤其石油化工行业自动化巡检的需求，使得无人机自主对产区和石油管道巡检过程中对自主避障的功能要求变得更加迫切。

目前无人机主要采用四种不同的避障技术：超声波测距的避障、双目视觉避障、基于激光雷达的避障技术、Realsense 单目+结构光探测避障。

1. 超声波测距避障

这种技术类似于传统的倒车雷达系统，根据超声波探测，获知障碍物距离信息，然后采用相应策略避开障碍物，其特点是探测距离近，探测范围小，但是方法非常成熟，实现容易。

2. 双目视觉避障

这种技术是基于双目视觉的图像景深重构方法，对视场内的景物进行景深重构，通过景深信息来判断视场内的障碍物情况，探测范围更广、距离更远，相应安全性更高，但是技术难度大，而且会受到光照强弱变化的影响。大疆精灵、零度的避障系统见图 4-36。

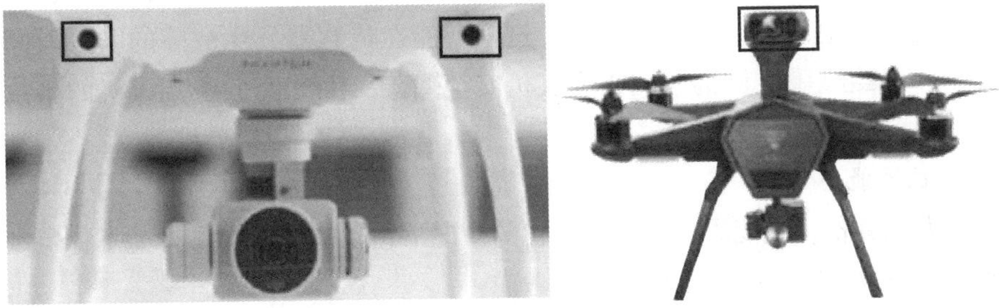

图 4-36　大疆精灵和零度的避障系统

3. 基于激光雷达的避障技术

这种技术依靠的是无人汽车上应用较多的激光雷达技术对无人机周边的环境进行扫描，并进行地图建模。

4. Realsense 单目+结构光探测避障

RealSense 是 Intel 公司早先发布的视觉感知系统。它采用了“主动立体成像原理”，模仿了人眼的“视差原理”，通过打出一束红外光，以左红外传感器和右红外传感器追踪这束光的位置，然后用三角定位原理来计算出 3D 图像中的“深度”信息。通过配有深度传感器和全 1080p 彩色镜头，能够精确识别手势动作、面部特征、前景和背景，进而让设备理解人的动作和情感。据 Intel 方面对外透露的数据，Realsense 的有效测距可达 10m。

（五）飞行姿态的稳定性技术

石油化工行业在发生事故后，要求多旋翼系留无人机挂载通信基站和光电吊舱长时间悬停工作在空中，对无人机飞行姿态的稳定性要求很高，在系统的整体设计中，飞行姿态的稳定性设计是一项关键技术，其设计和实施方式主要围绕以下几个方面展开：

1. 定位导航模块

主要用于无人机自动飞行时的定位和定向功能，当定位导航模块出现异常时，无人机会失去位置和方向，最直接的问题就是导致无法自动悬停和自动返航；气压计主要用于测算无人机的飞行高度，当气压计出现故障时，高度计算会变得不可靠，导致无人机出现掉高的现象；IMU 主要用于测算飞机的角度和速度，当 IMU 出现故障时，将会导致飞机姿态失控，严重时会导致坠机。为了提高无人机飞行控制系统的可靠性，对这些关键的传感器部件增加热备份显得尤为重要，当定位导航模块、气压计或 IMU 的工作状态出现问题时，系统会自动切换到热备份的传感器进行工作，同时飞行控制系统会通知任务控制系统，任务控制系统会在地面站给出故障提示，这样就能在传感器发生故障的第一时间通知飞手，留给飞手足够的时间将无人机安全降落，大大降低了无人机的事故发生率。

2. 抗风能力

无人机具备抗风能力，在风力干扰的情况下，也能够保持飞行姿态稳定。无人机的抗风设计主要从以下两个方面考虑：

① 减小空中设备的迎风面积。通过减小中心盘的高度，减小无人机相对于侧风的迎风面积，从而在同等气流干扰的条件下提升抗风性能。

② 增加动力余量。将无人机机型设计为六旋翼结构，保证系统存在执行机构冗余和动力冗余，大量的动力余量可以抵御强风的干扰。

（六）电磁兼容性技术

石油化工行业无人机挂载载荷多种多样，有光电吊舱，有基站设备，也有气体检测设备等，为了使各种挂载电子设备都能正常工作，需要对无人机按电磁指标要求进行 EMC 设计，从而使得无人机与载荷之间不会互相干扰。具体设计方案如下：

1. 无人机总体电磁兼容设计

（1）屏蔽设计

① 机身外壳使用铝合金及碳纤维等导电材料，使之具有良好的电磁屏蔽性，同时，在外壳连接处做导电氧化并采用 U 形槽与导电橡胶圈，兼顾防水性的同时增强壳体屏蔽连续性。

② 减少裸露线缆外置，穿越屏蔽体的线缆等效于天线，其发射强度随线缆长度及电流增大，尽可能使用射频接头或航插搭配屏蔽线缆，以减少外露线缆泄漏能量。

③ 使用同轴线缆减少系留线缆对外辐射。

（2）滤波设计

① 机载电源 PCB 输入输出增加滤波电路，减少系统由电源引出的传导辐射。

② 载荷供电模块增加滤波电路，减少对载荷的传导干扰。

2. 控制系统电磁兼容设计

（1）控制系统

控制系统主要由飞行控制器模块组成。采用以下方法改善飞行控制器 EMI 及 EMS 性能。

① 外壳屏蔽。壳体由金属加工而成，对外接口使用矩形航插，有效滤除外界干扰。

② 层数布置。元件面下层，即第二层设为地平面，提供器件屏蔽层以及为顶层布线提供参考平面，所有信号尽可能与地平面相邻，主电源与对应地相邻。

③ 模块划分及布局：

a. 数字电路、模拟电路、时钟及电源进行区域分割；

b. 数模转换电路置于数字、模拟电路区域的交界处；

c. 电源部分安装在单板电源入口处，并利用过孔带或分割线将电源部分和其他部分隔离；

d. 时钟线布于内板，并使之走线距离变短、原理板边；

e. 电源滤波靠近电源输入输出，防止能量耦合；

f. 去耦电容靠近 IC 电源管脚；

g. 对外接口磁珠等靠近接插件。

（2）通信链路系统

系统通信链路为 840M 数传电台。采用以下方法改善射频单元电磁兼容特性：

① 选用射频专用板材改善电磁兼容性能；

② 在同一屏蔽腔内保持输入输出距离；

③ 感性器件垂直布置，防止互感；

④ 对模块进行局部屏蔽；

⑤ 电源滤波靠近电源输入输出，防止能量耦合；

⑥ 去耦电容靠近 IC 电源管脚。

3. GPS 导航系统电磁兼容设计

导航系统通过以下途径增强模块 EMS 性能。

① 信号使用同轴屏蔽线传输；

② 使用非导磁支架；

③ 使用铝合金作为支架装置，减少骚扰耦合途径。

（七）系留线缆技术

在石油化工行业出现事故后，系留无人机挂载自组网基站可实现灾区应急通信覆盖，系留无人机挂载应急通信设备和光电吊舱在空中长时间悬停工作，这时就需要使用一根系留线缆实时地给无人机供电，并利用系留线缆中的光纤在无人机载荷和地面之间实现实时网络传输。

通常系留线缆使用铜合金作为导电体，内置单模多芯光纤抗微弯耐高温，具有电导率高、抗拉强度大、单位重量轻、散热能力好、传输带宽大的特点，适当的柔软度和良好的弯曲性能，保证了无人机起飞状态下线缆在空中的动态指标，以及起飞降落过程中线缆多次收放的可靠性。

针对 200m 系留无人机的线缆的截面积为 $2mm^2$，导体为铜材质，最大可允许通过电流为 20A。设计和选择要考虑系留线缆的满载流量能完全满足无人机的运行功率要求。

（1）线缆结构

系留线缆采用单模光纤、导体同轴一体化设计，使用高强度复合材料包覆，结构见图 4-37。

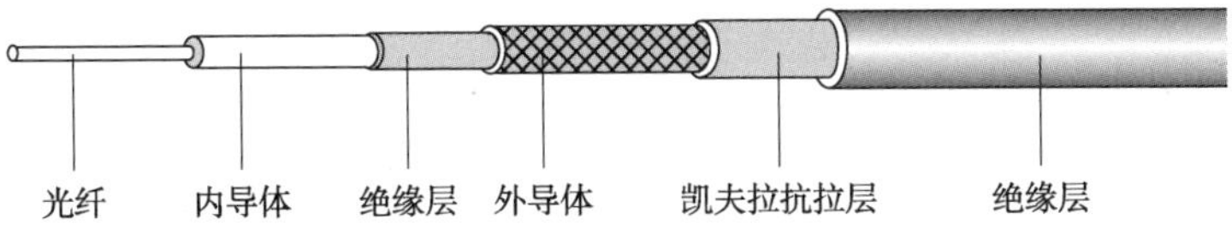

图 4-37　系留线缆结构

(2) 连接器(图 4-38)

系留线缆上部(A)与无人机平台连接，下部(B)与自动收放线装置连接。

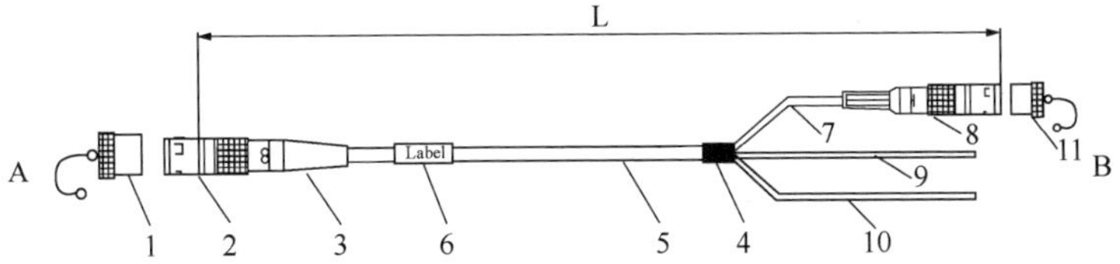

图 4-38　系留线缆连接器

1—防尘帽；2—天空端插头；3—护套；4—分线套管；5—系留线缆；6—标签；7—单模光纤；8—地面端光纤插头；9，10—导线；11—防尘帽

系留线缆上部连接器采用快速插接光电一体式航空插头，保证部署的快速完成。上部和下部连接器全部为防水设计，使得系统在恶劣天气下也可以正常运行。

(3) 技术指标(表 4-13)

表 4-13　技术指标

序号	项　　目		指　　标	说　　明
1	长度		312m	含连接器
2	线缆直径		约 5mm	
3	线缆质量		4kg/100m	不含连接器
4	抗拉力		≥400N	
5	完全放出或收起次数		>800 次	
6	耐压		3. 0kV/min	
7	光纤动态弯曲半径		10×OD	
8	连接器	插拔次数	>5000 次	
9		抗振动性能	10~2000Hz，15g	
10		抗冲击性能	100g，6ms	
11		防护等级(插合时)	IP66	

（八）光电吊舱技术

光电吊舱就像无人机眼睛一样，不但能看，而且还能算，火场巡检，产区巡检，事故现场侦察等都离不开无人机上的光电吊舱实时传回来的图像和视频。

光电吊舱也称为陀螺稳定光电系统，航空用光电吊舱是航空器在空中完成对目标的探测和跟踪任务时配备的硬件系统，通常由一个机载稳定平台和一些搭载在该平台上的探测设备组成，根据其承载的探测设备不同进行分类，例如：高清可见光相机、红外热像仪、激光测距机、光电跟踪器等，整个系统一般可在昼夜获取稳定的图像信息，实现目标测距、目标追踪等功能，是光电侦察告警技术的重要组成部分，也是无人系统侦察的核心装备。

1. 视轴稳定技术

由于光电吊舱是搭载于运动载体上，载体的滚动、振动等都会影响各种光电传感器视轴的抖动，造成图像模糊，定位不准的现象，这是不允许的。所以，光电吊舱的最基本、最关键技术就是视轴稳定技术。

2. 多传感器机械耦合和数据融合技术

开始，光电吊舱内装单个传感器，后来发展为多个传感器，如短焦彩色 CCD 摄像机、长焦黑白(或彩色)CCD 摄像机、激光测距机、短/中/K 波红外热像仪、目标指示器等。根据需要它们可以两个或两个以上进行组合。这就要求各传感器的光轴要互相平行，平行度要求视稳定度指标而定；同时各传感器探测到的数据和图像要经过编码、融合、压缩、处理后传输给情报分析处理部门。

3. 自动辅助目标识别技术

这是一种从图像场景中提取有用信息的像增强新技术，简称 ATR 技术。无人机，能探测到目标，并用 ATR 算法识别这些目标，探测概率高，能实现识别坦克大小的战术目标，探测距离可达 7km。

4. 多光谱、超光谱摄像技术

多光谱摄像技术是指从可见光到红外波段有几十个频带，空间分辨力从几厘米到几米不等。超光谱摄像机是对目标反射的光线响应，而不是对目标发射的辐射响应，它是以大型焦平面阵列为基础的。

5. 毫米波被动辐射探测技术

以某些频率工作的毫米波被动辐射探测仪，可在低能见度条件下，提供隐蔽目标的图像，可探测温差典型值为 1K。

（九）MESH 自组网技术

MESH 自组网络是一种无线局域网类型，也就是网状结构网络，也称为“多跳(mulTI-hop)”网络。在 MESH 网络中，所有的节点都互相连接，每个节点拥有多条连接通道，所有的节点之间形成一个整体的网络，动态地创建新链接和其他节点相连的一项技术，它具有组网简单、方便和可拓展等优点，大幅降低用户对网络部署的成本和复杂程度。

在 MESH 无线自组网网络中，每个节点都不是传统的无线中继器。每个节点都有多个连接通道。当某条线路被阻塞或无响应时，无线网状网络可以根据情况选择其他线路进行数据传输。任何节点故障都不会影响网络访问，可靠性非常高；当网络出现故障时，网络可以自动修复，保证了传输的高速、流畅。

1. MESH 自组网介绍及其采用的主要技术

MESH 自组网是一种与传统无线网络完全不同的新型无线网络。它是一种动态地建立新的链接和其他节点相连的一项技术，它具有自组网、自修复、多跳级联、节点自我管理等优点，可以大幅降低网络部署的成本和复杂程度。

目前，业内 MESH 自组网主要采用如下技术：

① 按照组网频段，MESH 分为多频多信道组网和单频组网。单频组网收发采用单一频率，带宽容量减少一半。多频多信道组网下，设备使用多个正交频率，分别用于不同的链路，可增加系统吞吐量。

② 在无线射频技术方面，为了提高传输速率和性能，近年来已经广泛使用 OFDM、MIMO、智能天线等技术。

③ 在资源调度方面，通常分为 CSMA/CA 模式和 TDMA 模式。CSMA/CA 采用资源竞争模式，但节点和跳数多、网络负载高时，资源有效利用率低。TDMA 模式是一种基于时间分配的调度机制，在网络负载较重的情况下，效率较高。

④ 在网络路由算法方面，不同于固定路由采用的 RIP、OSPF 路由协议，常见的 Mesh 无线路由算法包括 DSDV、DSR、AODV 等。

2. 基于 MESH 自组网的无线产品

早期，宽带 MESH 产品广泛采用基于 CSMA/CA 的 Wi-Fi MESH 技术。通过多频模块化设计，可以在 ISM 频段上提供高容量、低成本的无线接入方案。Wi-Fi MESH 产品在欧美国家“无线宽带城市”建设中得到广泛使用，国内运营商、学校、企业、工厂等也有大量使用。该时期出现了诸如 SkyPilot、Azalea 等大量的 Wi-Fi MESH 厂家。但是，在 3G/4G 商用后，无线宽带接入市场急剧萎缩，很多厂家相继倒闭。Wi-Fi MESH 由于频段、带宽、稳定性等问题，不太适合于应急通信等行业领域，采用同频 TDMA 方式的 MESH 产品成为行业热点。这类产品一般采用 FPGA+ADC 芯片架构，可以根据应用场景的信道特征灵活设计底层无线通信协议，广泛使用OFDM、MIMO等技术。使用这种方案的产品成本较高、功耗较大、开发稳定工作的产品周期较长。目前市面上采用此方案的公司比较多。此外还有采用LTE相关技术的MESH方案，其充分融合了LTE物理层技术，对其帧结构进行特殊设计，可以应用不同的调制编码方式适应不同的信道变化，获得最大的传输效率。LTE是一种非常完善、成熟的技术，可靠性、稳定性可以得到保证，但是这种方案开发门槛高、投入较大，能够做底层研发的公司较少。目前，中国信科集团旗下的辰芯科技有限公司在其SDR芯片CX1860上开发了一套基于LTE协议的MESH方案，采用私有无线通信协议安全可靠性高，支持QoS机制保证无线传输业务质量，无线算法充分考虑了多径信道环境，进行了优化设计，在采用全向天线情况下也能实现远距离高性能传输，最远传输150km；该方案除了具备FPGA方案的灵活性外，在集成度、功耗方面也更有优势，便于开发小型化的终端产品，相关厂商可以在此方案基础上快速开发自己的MESH产品。

三、无人机当前技术存在的问题

尽管当今无人机技术的发展突飞猛进，但其发展依然存在电池续航瓶颈、通信系统、定位导航、耐高温等问题。

1. 电池续航瓶颈

市面上的无人机主要采用锂聚合物电池作为主要动力，无人机需要尽可能减轻起飞重量，所以无法携带较重的大容量电池，就必须更换电池或者插上充电线。这是无人机一个致命的短板，大大限制了行业的快速良性发展，解决无人机电池续航能力迫在眉睫。

2. 通信系统

无人机通信系统，目前主要使用840MHz、1.4GHz、2.4GHz无线电频段，其中840MHz主要作为控制频段，1.4GHz主要作为图像传输频段，2.4GHz主要作为补充通信频段。工信部已经制定无线电相关使用准则，规范无人机行业的无线电频段使用。公共无线电通信链路，抗干扰能力弱，尤其是同频干扰无法避免。随着无人机的数量指数级增长，无人机通信系统干扰的问题，将日渐突出。

3. 定位导航

无人机系统的定位导航，受地形、天气等客观条件影响，导航卫星信号易干扰，精度稳定性不足的问题有待解决。

4. 耐高温

目前的无人机受限于材料和电路工作温度要求，耐受温度最高50℃，而很多紧急救援的环境温度都要远超这个温度，例如火灾现场，人无法进入，无人机也无法深入探查，所以针对于消防领域，耐高温的无人机，可以发挥更大的作用，但这需要在材料和设计上的创新，还要考虑成本，有待未来解决。

5. 无人机监管

无人机行业监管不足的问题依旧存在。行业在标准体系、适航管理规定、无人机飞行空域管理等方面仍存在监管空白。以无人机标准体系为例，健全、完善的标准体系是企业标准化生产的必备条件，而目前中国无人机行业由于应用领域广泛、无人机体积、重量和规格等差异较大，管理法规缺失，标准体系尚未建立，致使无人机产品质量缺乏保证，技术要求难以统一，制约了行业的发展。虽然国家标准委、科技部、工信部、中国民航局等八部门出台了《无人驾驶航空器系统标准体系建设指南(2017—2018 年版)》，确立了标准体系建设发展思路，但行业标准体系尚需完善，基础标准、管理标准、技术标准等空白尚待补全。

四、无人机未来的发展趋势

综合无人机的特点以及油气行业现状，发现未来主要有以下几项发展趋势：

1. 利用无人机进行全自动化管道巡检

未来无人机的视觉技术和自动避障技术更加完善，配合无人机自动机库就可建立自动飞行系统，全自动地进行石化管道巡检工作，可大幅度提升巡检作业效率，实现长输管道巡检，无人机自动充换电，稳定持续作业，全方位监控，高空视野，三维立体监控，及时发现异常情况，自动识别管道泄漏区域，监测偷盗油等违法行为，以及温度异常区域识别报警，巡检结束，自动出具本次巡检结果等。

2. 利用无人机进行远程监控

无人机未来用于石油化工和天然气行业，可对基础设施、设备、油罐车和卡车进行远程监控。无人机可以提供 360°视角来监视现场操作和观察在建设施的进展。还可以检查无人驾驶的生产平台。

3. 利用无人机对产区进行检查和预测维护

未来通过对无人机的定制，增加超声波传感器和视觉检查技术，加装摄像机和热成像仪，然后可通过对油气资产进行近距离无损检查，从而发现缺陷。将无人机数据与先进的数据分析相结合，可以让公司预测设备的健康状况，并预测潜在的故障。

4. 利用无人机进行甲烷管理

近几年油气公司致力于减少运营过程中的甲烷排放，以支持全球应对气候变化和全球变暖的行动。各公司正在投资于多种传感技术，这些技术可以永久安装在目标资产上，也可以安装在无人机上获取实时数据。

5. 应急通信和应急巡查

在发生工业事故或自然灾害时，通过无人机可以鸟瞰事态发展。实时无人机图像和视频分析可以帮助绘制石油泄漏或火灾事故地图。它可以使公司协调应急响应并将资源引导到正确的地方，同时确保人员安全。同时，给现场指挥人员和参与抢险人员提供及时的通信保障。

6. 大载重无人机需求逐渐提升

大载重无人机是指载荷重量在几百千克以上的无人机，可用于高原物资运输，交通，物流，山林灭火等场景，在石油化工行业，大载重无人机可以应用于爆炸火灾事故后消防灭火，让大载重无人机替我们完成急活、累活、危险活，可以极大地提高工作效率，降低人员的安全隐患。

随着无人机在石油行业的逐步深度应用及无人机技术的整体提高，无人机将在石油化工领域发挥其特有的作用。

第七章　消防技术与装备

甘子琼

（应急管理部四川消防研究所）

石油化工行业作为易发生危化品火灾、爆炸爆燃的高危险行业，是消防安全事故“重灾区”，其因危险性高、危害性大、影响力强而引起了社会的广泛关注。据统计，从2017年至2020年上半年全国发生的石化行业事故超过600起，造成数百人员伤亡，直接经济损失高达上百亿元。目前，在消防产业链中，我国消防技术主要集中在消防产品和消防工程环节，其中消防产品占比为50%~60%，基本实现国产化。为突破国外消防技术壁垒，近年来，我国围绕人工智能、大数据应用、特种消防车辆等方面，加速消防核心产品的国产化、智慧化进程。智慧消防在石油化工行业的应用，也将朝着纵深的方向发展。

一、石油化工企业火灾危险性及救援难点

近年来，随着石油化工企业持续进步与发展，企业的生产规模以及经营范围不断扩大。石油化工企业在实际的生产工作过程中，所使用到的物质都或多或少地带有危险性质，其中包含很多容易燃烧以及爆炸的有害物质，如果产生火灾事故，将会造成较大的危险性，不仅会导致火灾迅速蔓延，并且发生大面积爆炸的概率较高，火灾带来的潜在危险较多。石油化工企业火灾具有火势覆盖范围广、蔓延快、火灾爆炸相互交织、火灾潜在危害多等特点。石油化工企业不单单火灾危险性显著，其救灾灭火工作也困难多多，主要体现在石油化工产品灭火要求特殊、燃烧爆炸具有持续性、救援场地环境复杂等方面。因此，石油化工企业如果发生火灾事故，救援人员应该采取有指向性的灭火救灾措施，设计有指向性的灭火措施、加强火灾现场救援、推动多个部门协调配合、冷却防爆、关阀断料、堵截蔓延，控制堵截火情。

二、石油行业消防主战装备

石油化工行业属于较为特殊的行业领域，绝大多数石油化工企业都属于易燃

易爆化学危险品场所，一旦发生火灾事故或者爆炸事故，极易引起重大人员伤亡事故，严重时造成巨额经济损失以及危害自然生态环境。无论是消防救援队伍，还是化工企业专职消防队，都应配备适用于石油化工行业火灾事故、爆炸事故的消防装备。从整体上来看，当前石油化工行业主要的消防装备仍然以消防车为主，根据石油化工行业的特殊性，结合易燃易爆化学危险品的物理和化学特点，用于石油化工行业消防主战装备主要包括消防车、泡沫灭火系统、自动化消防装备及其他消防装备等，下面进行简单介绍。

1. 消防车

随着科学技术的发展进步，消防救援装备已向高效能、大功率、多系列及多品种的方向发展。消防车是消防救援的主要装备，见图 4-39。

图 4-39　消防车

消防车一般依据其底盘承载能力、上装结构型式、功能用途和水泵安装位置进行分类：依据底盘承载能力可分为轻型消防车、中型消防车、重型消防车；依据上装结构型式可分为厢式消防车、罐式消防车、起重举升消防车；依据功能用途可分为灭火消防车、专勤消防车、举高消防车、后援消防车；依据水泵安装位置可分为前置泵式消防车、中置泵式消防车、后置泵式消防车。

目前用于石油化工行业典型消防车辆（图 4-40）主要有大跨度举高喷射消防车、双排驾驶室消防车、轻型大通量水雾消防车、多功能高层消防车等，能够比较好地应对化工行业灭火救援行动需求。其中大跨度举高喷射消防车可以进行登高灭火和救援，由于该消防车辆具有折叠臂结构，因此可以实现任意调节每节臂架姿态，从而应对各种复杂条件下的化工企业灭火救援处置需求，真正做到了“指哪打哪”，弥补了传统消防车辆喷射高度不足、角度不足的缺陷，而且还提高了石油化工行业的火灾处置效率。双排驾驶室消防车也是比较重要的消防车辆，这对消防队员之间的有效沟通有着重要作用，单程输送更多的消防救援力量，能够显著提高石油化工行业灭火救援质量和效率。

(a)大跨度举高喷射消防车图

(b)双排驾驶室消防车

(c)轻型大通量水雾消防车

(d)多功能高层消防车

图 4-40　典型消防车

2. 泡沫灭火系统

泡沫灭火系统是用泡沫液作为灭火剂的一种灭火方式。主要由泡沫比例混合装置、泡沫产生装置、喷枪、泡沫喷头、水带、消防泡沫开关等重要组建构成，见图 4-41。

图 4-41　泡沫灭火系统

其工作原理是：泡沫混合液经过喷嘴时形成扩散的雾化射流，自其周围产生负压，吸入大量空气形成空气泡沫，覆盖在燃烧的液面上，利用泡沫的冷却和窒息作用达到灭火目的。泡沫液体相对于水的灭火性能优势特点主要体现在泡沫能在燃烧物表面形成泡沫覆盖层使燃烧物的表面与空气隔绝，泡沫受热蒸发产生的水蒸气降低氧浓度，起到窒息灭火作用；泡沫析出的水对燃烧物表面进行冷却。

泡沫剂有化学泡沫灭火剂和空气泡沫灭火剂两大类。化学泡沫灭火剂主要是充装于 100L 以下的小型灭火器内，扑救小型初期火灾；大型的泡沫灭火系统以采用空气泡沫灭火剂为主。空气泡沫灭火是泡沫液与水通过特制的比例混合器混合而成泡沫混合液，经泡沫产生器与空气混合产生泡沫，使泡沫覆盖在燃烧物质的表面或者充满发生火灾的整个空间，最后使火熄灭。

泡沫灭火系统按照发泡性能的不同分为低倍数(发泡倍数在20倍以下)、中倍数(发泡倍数在20~200倍)和高倍数(发泡倍数在200倍以上)灭火系统。这三类系统又根据喷射方式不同分为液上和液下喷射；按设备和管的安装方式不同分为固定式、半固定式、移动式；按灭火范围不同分为全淹没式和局部应用式。其具体分类见图4-42。

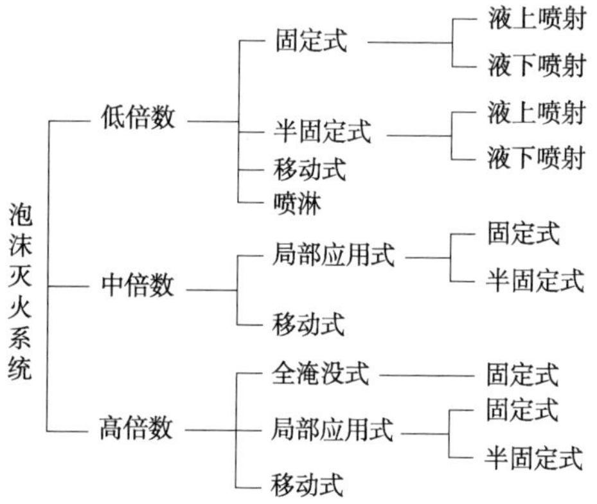

图4-42　泡沫灭火系统分类

3. 自动化消防装备

(1) 消防机器人

消防机器人(图4-43)作为一种特殊的装备，具备爬坡、登梯及障碍物跨越，耐温和抗热辐射，防雨淋、防爆、防腐蚀、防干扰，遥控行走和自卫等功能，能够代替消防员进入有毒、浓烟、高温、缺氧等高危险性现场完成侦察检验、排烟降温、搜索救人、灭火控制等任务，协助消防人员完成事故现场的数据采集、处理和反馈，在灭火和抢险救援中发挥着举足轻重的作用。

当前石油化工行业消防机器人主要有火场侦察机器人(主要应用于石化、燃气等爆炸的侦察)、消防灭火侦察机器人(可用于大面积燃气和烟雾事故、危险火灾目标的侦察、攻击和掩护人们难以接近的消防区域等)、消防泡沫灭火侦察机器人(主要由机器人主体、泡沫炮及遥控终端组成，特别适用于石化、燃气等爆炸性环境)、救人机器人(主要由机器人本体和遥控终端组成，可用于石化油库和炼油厂火灾、大规模气体和烟雾事故、人们难以接近的消防和其他领域均可使用，如果危险的化学事故造成严重的环境污染，则可用于清洗工作)、智能多

图 4-43　消防机器人

功能消防机器人(具有烟雾排放、灭火、冷却、除尘、清障、环境检测、图像采集、无线信息传输等功能，可以代替消防人员处理各种危险场景侦察任务性环境)、水下机器人(主要用于能源产业、海洋作业、海底石油管道和水下目标搜索等)。

(2) 消防无人机

与常规消防装备相比，消防无人机(图 4-44)是一种可以实现空中作业的产品，能够代替人深入现场，可有效节省人力，同时降低人员伤亡率。利用精准、直观、全面的火场分析数据制定的整体解决方案，可以更高效、精准、顺畅地进行现场救援部署工作。

图 4-44　消防无人机

消防无人机的类型与火灾应用场景有关系，大致可以分为三种情况：

总队级配备标准：适合配备燃油无人机，该类无人机以侦察、监控、辅助救援为主，巡航距离长。

大（中）队级配备标准：主要配备单兵背负式无人机，主要以侦察和短距离巡航为主，应急响应时随头车抢险车编队第一出动。

支队级配备标准：适合配备电动飞机平台。

4. 其他消防装备

根据石油行业火灾特点，用于石油行业消防的其他装备主要有：

（1）防护类装备

主要包括头部防护装备、躯干防护装备、脚部防护装备、手部防护装备、呼吸防护装备等，典型防护类装备如图 4-45 所示。

图 4-45　防护类装备

（2）侦检类装备

主要包括气体侦检、生命探测和环境侦检三大类，典型侦检类装备如图 4-46 所示。

（3）破拆类装备

主要包括手动、电动、机动、气动、水力驱动 5 类，典型破拆类装备如图 4-47 所示。

（4）堵漏类装备

国内消防救援队伍配备的堵漏类装备主要包括气动式、磁压式、注入式、粘贴式、机械式等，典型堵漏类装备如图 4-48 所示。

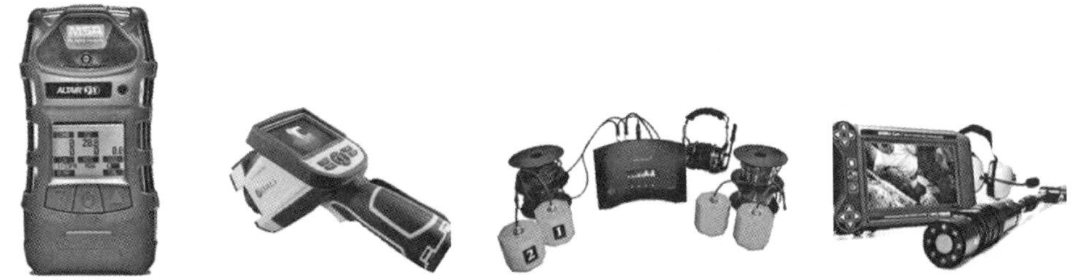

(a)复合气体探测仪　(b)手持式红外热像仪　(c)音频生命探测仪　(d)视频生命探测仪

图 4-46　侦检类装备

(a)手动破拆装备　(b)电动破拆装备　(c)机动破拆装备　(d)气动破拆装备　(e)水力驱动破拆装备

图 4-47　破拆类装备

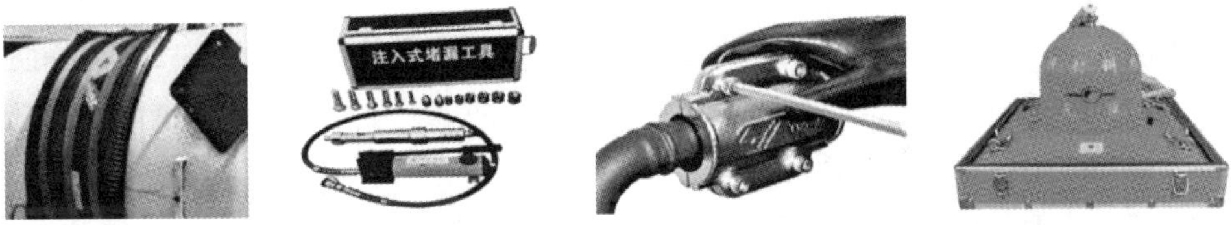

(a)外封式堵漏装备　(b)注入式堵漏装备　(c)套管式堵漏装备　(d)帽式强磁堵漏装备

图 4-48　堵漏类装备

（5）火灾自动报警系统

该系统是目前化工行业应用比较广泛的消防装备，具备对化工行业火灾自动报警以及报警自检等功能，例如火焰探测器、高温浓烟探测器、吸气式感烟火灾探测器、防爆探测器等。

三、消防技术主要服务商

1. 消防车

截至 2022 年，国内共有 42 家消防车生产企业，其中知名度较高、规模较大的消防车生产厂家主要有：

（1）北京中卓时代消防装备科技有限公司：其主营车型有水罐消防车、泡沫消防车、通信指挥消防车、举高喷射消防车、供液消防车、压缩空气泡沫消防车、云梯消防车等。

（2）上海格拉曼国际消防装备有限公司：其主营车型有水罐消防车、泡沫消防车、器材消防车、登高平台消防车、压缩空气泡沫消防车、抢险救援消防车、举高喷射消防车等。

（3）沈阳捷通消防车有限公司：其主营车型有水罐消防车、泡沫消防车、举高喷射消防车、登高平台消防车、压缩空气泡沫消防车、云梯消防车、抢险救援消防车。

（4）陕西银河消防科技装备股份有限公司：其主营车型有水罐消防车、泡沫消防车、抢险救援消防车、水雾消防车、洗消消防车、供液消防车、压缩空气泡沫消防车、干粉消防车、供气消防车、机场消防车、化学救援消防车、干粉泡沫联用消防车等。

（5）捷达消防科技（苏州）股份有限公司：其主营车型有水罐消防车、泡沫消防车、泵浦消防车、抢险救援消防车、器材消防车、举高喷射消防车、压缩空气泡沫消防车、供气消防车、自装卸式消防车、通信指挥消防车、供液消防车、干粉消防车等。

（6）湖南中联重科应急装备有限公司：其主营车型有水罐消防车、泡沫消防车、抢险救援消防车、举高喷射消防车、云梯消防车、压缩空气泡沫消防车、登高平台消防车、化学救援消防车等。

（7）徐工工程机械集团有限公司：其主营车型有水罐消防车、泡沫消防车、器材消防车、举高喷射消防车、登高平台消防车、云梯消防车、压缩空气泡沫消防车、抢险救援消防车。

（8）湖北新东日专用汽车有限公司：其主营车型有水罐消防车、泡沫消防车、抢险救援消防车、干粉消防车、干粉泡沫联用消防车、干粉水联用消防车、压缩空气泡沫消防车等。

（9）四川川消消防车辆制造有限公司：其主营车型有水罐消防车、泡沫消防车、抢险救援消防车、举高喷射消防车、压缩空气泡沫消防车、干粉水联用消防车、干粉泡沫联用消防车、供液消防车、洗消消防车、排烟消防车、云梯消防车等。

（10）上海金盾特种车辆装备有限公司：其主营车型有水罐消防车、泡沫消防车、器材消防车、举高喷射消防车、供液消防车、抢险救援消防车、干粉消防车、水雾消防车、洗消消防车、供气消防车等。

2. 泡沫灭火系统

泡沫灭火系统主要技术服务商及品牌有：

（1）泰科 Tyco：创于 1960 年美国，主推手动式消防设备/灭火系统/阀门/管道产品和配件，专业提供消防灭火解决方案和辅助的楼宇构建解决方案，江森自控(中国)投资有限公司。

（2）金枪鱼：江苏省名牌产品，公共安全设备及器材制造商，拥有先进的研发设计能力，国内消防行业投资规模较大的现代化一流专业消防企业，南京消防器材股份有限公司。

（3）桂安：始于 1994 年，集应急灯具、灭火器等消防设备设计、生产、销售于一体的现代化企业，广东平安消防实业有限公司。

（4）川消：始于 1963 年，中国消防企业集团有限公司旗下，拥有完善的现代化管理体系/技术开发体系/营销服务体系，国内综合实力强大的现代化消防企业，中国消防企业集团有限公司。

（5）天广：始创于 1986 年，其消防灭火系列器材以高品质享誉业界，集消防产品与工程、园林绿化与生态修复、食用菌于一体发展的集团公司，天广中茂股份有限公司。

（6）国安达：国内交通运输、电力电网行业自动灭火系统的主要供应商，掌握以超细干粉、混合气体、水基型灭火剂、压缩空气泡沫等多项核心灭火技术，国安达股份有限公司。

（7）国泰：成立于 1998 年，南京国泰消防集团旗下，集防火/灭火/报警监控于一体，专业从事建筑消防工程/装备和设计/安装/调试/开通/维修配套技术服务的企业。

（8）新纪元：国内较大的消防设备生产企业，提供气体灭火系统、泡沫灭火系统两大类产品，广泛运用于钢铁冶金、抽水蓄能电站、轨道交通等众多领域，杭州新纪元消防科技有限公司。

（9）威特龙：消防设备研发制造的技术企业，拥有咨询评估/技术研发/生产销售/工程设计/工程施工/维护保养/运营服务/技术培训等全产业链一体化运营能力，威特龙消防安全集团股份公司。

（10）MInimax：创建于 1902 年德国，全球知名消防设备生产企业，主要产品包括火灾探测报警控制系统、各类灭火系统等消防设备，北京美力马消防设备有限公司。

3. 自动化消防装备

(1) 消防机器人

近几年来，生产特种机器人的企业数量迅速增加，如中信重工、国兴智能、大华股份、力升高科、亿嘉和、视野机器人、约翰迪、格拉曼、安奇正、金智达、凌天智能等。

中信重工开诚智能装备有限公司：是国内能够规模化生产特种机器人的企业之一。消防机器人系列产品已全面列装江苏、广东、重庆、浙江、湖南、江西、河南、河北、四川、山东、新疆等地公安消防系统及石油石化企业。

山东国兴智能科技股份有限公司：是中国较早研制特种机器人的厂家，消防机器人具备在危险爆炸性环境全天候执行消防侦察工作的能力。

浙江大华股份有限公司：基于视频业务，延展了机器视觉、专业无人机、智慧消防、RFID 及机器人等新兴视频物联业务。实战智能 2.0 消防灭火机器人具备无缝对接指挥平台、热成像传输、高压水炮全自动定幅喷射灭火、全地形履带式底盘智能避障等特点，搭载的环境探测传感器，可实时侦测现场有毒、可燃气体，消除消防安全隐患。

北京力升高科有限公司：科技业务涉及智能机器人相关的机械、电子、热能、通信、人工智能等领域。耐高温消防机器人系列，实现耐 1000℃高温，适用于油气田、炼油厂、输油/输气管道、化工厂区等各种潜在危险爆炸场景。

视野机器人有限公司：该公司防火监控机器人系统先后在广州、济南、长春等 10 个城市投入使用。该防火监控机器人系统可同时适用于深山及城市，由于人口和设施密集，大城市对于火情精准定位的需求更高，可随时监测并传报火情。

亿嘉和科技股份有限公司：致力于智能机器人的研发、制造和推广应用，其消防灭火机器人可实现多种喷射方式，喷水、泡沫自由切换，机器人搭载的摄像头能近距离观测，并进行实时数据传输，配备的侦察功能模块，能为后台指挥系统提供及时、可靠的火场信息。

临沂约翰迪智能科技有限公司：2019 年初正式进军智能科技领域。同年上半年对消防、船舶、工业、排爆、电力、巡检、水下等多领域的机器人及其智能工程机械等产品进行了开发立项，在 6 月底推出首台消防机器人产品。

上海格拉曼国际消防装备有限公司：是我国消防车、消防器材和核生化压制、洗消及抢险救援行业的骨干企业。产品包含兼具灭火与排烟功能的“大红牛”、射程超百米的“大黄蜂”和“小黄蜂”、具有灭火排烟和抢险救援的多功能

“急先锋”、具有高机动性和通过性的快速灭火能力的“利剑 1 号”和“利剑 2 号”、具有强大排烟和暴雪功能的“飓风”等十余种，可满足绝大多数火灾现场的需要。

江苏安奇正特种车辆装备有限公司：生产消防车辆，消防无人机，消防机器人，侦察机器人等。旗下产品包含举升式消防排烟灭火机器人、自吸水消防灭火机器人、电动灭火机器人、消防侦察机器人等 7 种，可适用于石化油库与炼制厂火灾、大面积毒气泄漏事故、危险火灾目标的侦察及数据采集等场景。

金智达机器人科技有限责任公司：主要提供履带式、轮式机器人底盘、电池动力系统产品及整体解决方案。旗下消防机器人主要以履带式消防灭火机器人为主，产品应用范围涵盖军工、市政、消防、电力、物流等各种行业。

凌天智能装备集团股份有限公司：产品包括无人机、机器人、无人船、特种装备、应急救援装备、执法装备、煤矿安全装备等高端装备。目前拥有灭火排烟侦察机器人、爬楼消防灭火机器人、消防运输助攻机器人、排爆机器人、消防侦察机器人、全向移动侦察机器人等 11 种。

(2) 消防无人机

消防无人机主要技术服务商有以下几家：

大疆 DJI：在无人机、手持影像、机器人教育及更多前沿创新领域不断革新技术产品与解决方案。

亿航 EHANG：亿航智能是一家领先的智能自动驾驶飞行器科技企业，能为多个行业领域客户提供各种自动驾驶飞行器产品和解决方案，是较早拥有体感操控功能的企业。

JOUAV：始创于 2010 年，工业级垂直起降固定翼无人机系统产品和行业整体解决方案知名供应商，专注于为客户提供智能化、标准化、工具化的工业无人机系统的高科技企业。

极 KXAG：极飞科技自遥感无人机、智慧系统等智慧产品线。

飞马机器人 FEIMAROBOTICS：国内知名无人机品牌，立足国内航测遥感无人机领域，集产品研发、生产和销售于一体的科技型企业，致力于提供无人机软硬件一体化解决方案和一站式空间数据系统服务。

傲势 AOSSCI：国内无人系统技术自主创新的引领者，致力于向国内外国土测绘、公共安全、电力巡线、资源勘探及环境保护等各个行业提供完整无忧的无人机系统解决方案，包括 X 系列、H 系列无人机系统、地面站、飞控系统等关键子系统及无人机协同设计与仿真工具链等。

易瓦特 Ewatt：全球领先的民用无人机系统制造商，打造民用无人机产业集群生态链，主要从事工业级无人机的设计、研发、生产、销售与服务等。

臻迪 PowerVision：以人工智能技术为核心，跨界空中、水面和水下的机器人公司，主要从事工业级无人机、消费级无人机、水面及水下机器人的研发、制造、销售和售后服务。

道通智能：2015 年推出第一代无人机产品 X-STAR，其 EVOll 系列折叠式无人机在消费级无人机市场具有一定影响力，致力于为全球用户提供品质卓越、操作简单、性价比高的创新型无人机产品。

普宙 GDU：普宙科技研发、生产和销售智能化重载、长航时无人直升机、工业级多旋翼无人机，并提供专业无人机行业应用系统解决方案的高科技企业。

四、消防技术装备最新进展

根据石油化工行业的特殊性，结合易燃易爆化学危险品的物理和化学特点，目前石油化工行业消防车辆主要有大跨度举高喷射消防车、双排驾驶室消防车、轻型大通量水雾消防车、多功能高层消防车等都是比较重要的消防车辆，能够比较好地应对石油化工行业灭火救援行动需求。

大跨度举高喷射消防车可以进行登高灭火和救援，由于该消防车辆具有折叠臂结构，因此可以实现任意调节每节臂架姿态，从而应对各种复杂条件下的化工企业灭火救援处置需求，真正做到了“指哪打哪”，弥补了传统消防车辆喷射高度不足、角度不足的缺陷，而且还提高了石油化工行业的火灾处置效率。

双排驾驶室消防车也是比较重要的消防车辆，这对消防队员之间的有效沟通有着重要作用，单程输送更多的消防救援力量，能够显著提高石油化工行业灭火救援质量和效率。当前石油化工行业消防车辆的信息化水平正在不断提高，很多消防车辆都装配了电子定位导航装置，这样便可以与指挥中心保持更加高效的沟通状态，及时将消防车辆行驶位置、行驶速度、车辆状态、车载人员等关键信息回传给指挥中心，还可以第一时间接收到指挥中心下达的灭火救援行动指令，进而提高石油化工行业灭火救援安全性和有效性。

在当前石油化工行业灭火系统中，超大流量压缩空气泡沫系统、远程供水消防车组等都是比较重要的新型消防装备。超大流量压缩空气泡沫系统能够应对石油化工行业复杂条件下的灭火救援需求，适合石油化工行业的消防装备配备要求。在该系统中，实现了水、泡沫和空气的混合，再通过高压消防炮喷射，可以将混合物高速、大流量喷射到起火中心区域。超大流量压缩空气泡沫系统具有抗复燃效果强、灭火范围大、泡沫析液时间长、泡沫稳定性高等突出优势，尤其对化工企业中的储罐火灾、原料及废料大空间仓库火灾有着极高的应用效果。

消防机器人也是目前石油化工行业灭火系统应用非常广泛的现代化装备。由于石油化工行业的火灾事故和爆炸事故危险性极高，救援现场随时有可能出现二次爆炸、二次坍塌、复燃等突发危险情况，会给消防队员带来巨大人身安全威胁，这就需要消防机器人积极参与到石油化工行业灭火救援行动中。随着5G、人工智能与城市建设的深度融合，智慧消防的建设也在不断发展。作为智慧消防中的重要一员——消防机器人在近几年因国内外重特大消防安全事故的频繁出现，消防部队和国家各级消防部门已越来越重视消防机器人的应用。

五、消防技术当前存在的问题及未来发展趋势

（一）存在的主要问题

（1）自动化消防装备有待进一步发展。

在如今的火灾救援中，依然是以消防员为主、消防机器人为辅的救援模式。但是随着消防机器人的制造技术不断发展，将对消防救援行业带来颠覆性的改革，之前消防员的冲锋陷阵模式将被消防机器人所取代，未来智能化、自主化将是重要发展方向。从全球来看，消防机器人已经逐渐进入更新换代的发展加速期，正迈向第三代高端智能机器人产品。相较于国外，我国消防机器人起步较晚，研发、生产落后于日美，大部分消防机器人仍处于智能化发展的初级阶段，在耐高温以及防水、防爆方面还需要进一步研究。

（2）依赖国外进口，国产化水平较低。

防护类装备主要存在问题有：高端纤维材料还主要依赖进口、舒适性还有待提高、质量参差不齐；标准更新不及时。侦检类器材主要存在问题有：高端侦检器材主要依赖进口，价格昂贵，耗材补充困难，维护保养渠道不畅。破拆类装备主要存在问题有：国产破拆类装备在可靠性和先进性方面还亟待提高、标准不完善，特别是急需制定电动破拆装备标准；进口破拆装备对我国消防员来说普遍过于笨重；针对特种救援环境的专业性破拆装备仍缺乏。堵漏类装备主要存在以下不足：堵漏装备不能满足大尺寸高压泄漏口的堵漏需求，且注入式堵漏装备所使用的堵漏胶棒有效期较短，金属堵漏套管等堵漏装备只能处置单一类型的泄漏口，使用局限性较大；国内缺乏石化火灾训练装备，消防员鲜有按照实际尺寸开展带压应急堵漏训练的机会，对各种堵漏类装备的性能不熟悉，导致其在实战中难以发挥出高效能。

（二）未来发展趋势分析

石油化工企业的火灾事故和爆炸事故的灭火救援处置难度极高，对消防装备种类、数量以及性能等方面的依赖性较高，尤其需要尽快配备种类更全、数量更多、性能更强、能效更高的消防装备，从而提高石油化工行业有效预防和控制火灾事故、爆炸事故的整体能力。随着科技信息的发展，智慧消防进程的推进，石油化工行业消防装备未来发展趋势主要体现在：

（1）消防车信息化水平进一步提高。

石油化工行业消防车辆的信息化水平正在不断提高，消防车辆都装配电子定位导航装置，可以与指挥中心保持更加高效的沟通状态，及时将消防车辆行驶位置、行驶速度、车辆状态、车载人员等关键信息回传给指挥中心，还可以第一时间接收到指挥中心下达的灭火救援行动指令，进而提高石油化工行业灭火救援安全性和有效性。

（2）灭火系统装备优化配备。

石油化工行业还需要做好固定消防设施、移动消防设施相关装备的配备，确保能够应对更为复杂条件下的灭火救援行动需求，进一步增强对石油化工行业火灾事故的科学处置能力。

（3）消防救援装备自动化、智能化进一步发展。

随着自动化消防装备陆续运用到石油化工行业，比如：消防机器人、空中无人机、自动喷淋装置、消防车和单兵电子定位导航系统、电路信号控制 PLC 系统等。这表明了石油化工行业消防装备未来发展趋势，仍然会以数字化、智慧化、信息化发展为主，更让石油化工行业消防装备的实用性、先进性以及智慧化水平变得更高。

石油化工行业的消防机器人要想获得大规模的应用，首先得从技术上攻克难关：一方面要掌握机器人本身的核心技术和关键部件，另一方面也急需在传感、识别、自动导航规划、机器视觉等辅助技术上获得突破。

（4）消防装备集成化和多功能化。

石油化工行业正处于高速发展阶段，为了能够最大限度保障石油化工行业生产经营安全，提高火灾事故、爆炸事故救援处置能力，必须要全面提高消防装备配备的科学性与合理性，促进消防装备的现代化、可持续发展。石油化工行业应继续加强对新型消防装备设备的创新性研究，设计制造出更符合石油化工行业实际需求的消防装备设备，为石油化工行业消防装备带来更新颖、更强劲的装备设备，引领我国的消防装备走向世界领域。

数据统计篇

第一章　事故事件统计

一、2017—2021 年事故态势分析

（1）全国化工事故统计分析（图 5-1、图 5-2）

2017—2021 年，化工和危险化学品事故共发生 825 起，造成 1019 人死亡，事故数量总体呈下降趋势，死亡人数出现波动，总体形势较为平稳。与 2017 年相比，2021 年化工和危险化学品事故数量下降 44.6%，死亡人数下降 50.7%，事故数量年均下降 11.2%，死亡人数年均下降 12.7%。

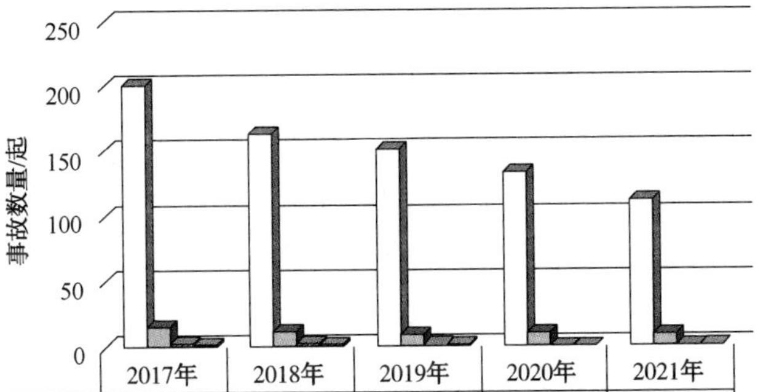

	2017年	2018年	2019年	2020年	2021年
□ 一般事故	202	163	152	134	112
▨ 较大事故	15	11	9	10	9
■ 重大事故	2	2	2	0	1
▱ 特别重大事故	0	0	1	0	0

图 5-1　2017—2021 年化工和危险化学品事故统计

（2）中国石油事故统计分析（图 5-3）

2017 年以来，中国石油共发生生产安全事故 58 起，造成死亡人数 71 人。2022 年同比 2017 年，事故起数降低 78%，死亡人数降低 84%；同比 2021 年，事故起数降低 33%，死亡人数降低 33%。

（3）中国石化事故统计分析（图 5-4）

2017—2021 年，中国石化共发生生产安全事故 12 起，造成死亡人数 12 人。

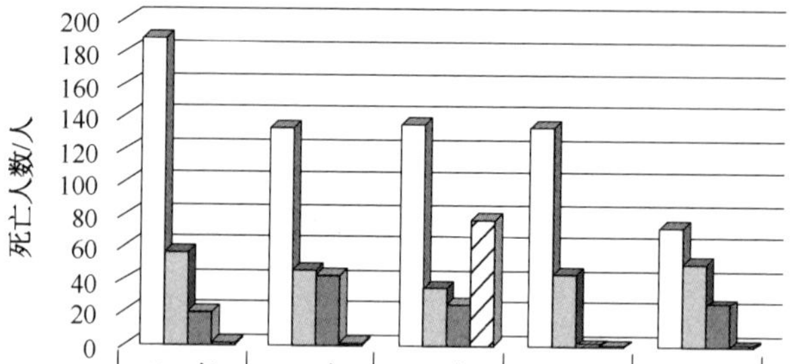

	2017年	2018年	2019年	2020年	2021年
□ 一般事故	189	134	136	134	73
■ 较大事故	57	46	35	44	51
■ 重大事故	20	43	25	0	26
☐ 特别重大事故	0	0	78	0	0

图 5-2　2017—2021 年化工和危险化学品事故死亡人数统计

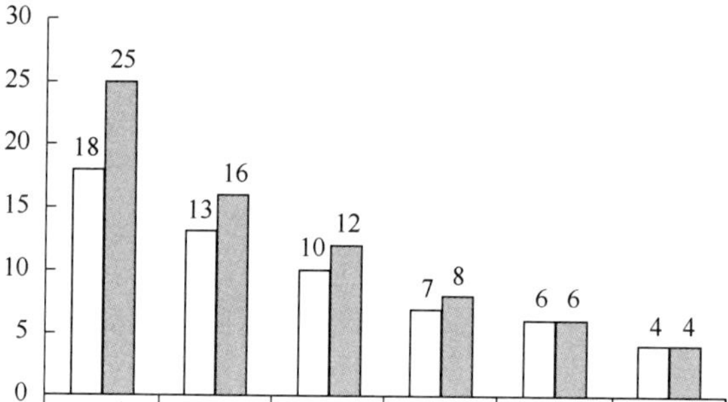

	2017年	2018年	2019年	2020年	2021年	2022年
□ 事故起数	18	13	10	7	6	4
■ 死亡人数	25	16	12	8	6	4

图 5-3　中国石油事故统计(截至 2022 年 11 月 30 日)

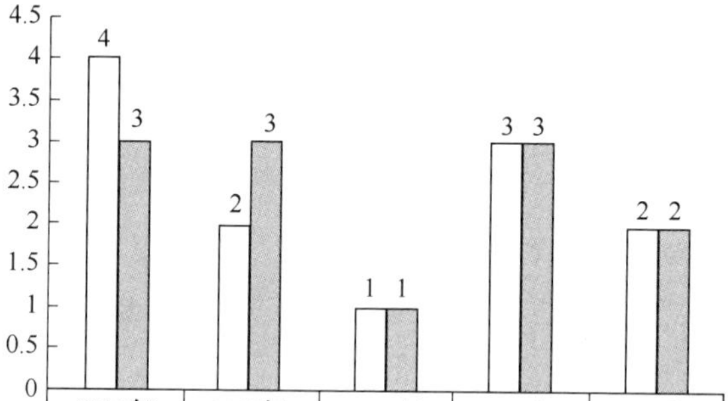

	2017年	2018年	2019年	2020年	2021年
□ 事故起数	4	2	1	3	2
■ 死亡人数	3	3	1	3	2

图 5-4　中国石化事故统计(截至 2021 年 12 月 30 日)

二、年度典型石油石化生产安全事故统计(表 5-1)

表 5-1　2022 年国内典型石油石化生产安全事故

(截至 2022 年 11 月底，不完全统计)

序号	事故名称	事故概况
1	河南宇天化工有限公司“1·5”较大火灾事故	2022 年 1 月 5 日，河南宇天化工有限公司因油罐出口管线有漏点，施工人员擅自动火焊接发生火灾事故，造成 3 人死亡
2	江西佰利达制药有限公司“3·11”爆炸事故	2022 年 3 月 11 日，江西省宜春市铜鼓县江西佰利达制药有限公司发生一起爆炸事故，造成 1 人死亡、2 人受伤
3	安徽昊源化工集团有限公司“5·11”较大中毒和窒息事故	2022 年 5 月 11 日 9 时 45 分许，安徽昊源化工集团有限公司气化车间渣锁斗 B 检修作业中发生一起中毒和窒息事故，造成 3 人死亡，直接经济损失 560.32 万元
4	齐鲁石化“5·18”中毒事故	2022 年 5 月 18 日 7 时左右，淄博市临淄区齐鲁石化供排水厂发生一起中毒事故，造成 2 人死亡，直接经济损失 393.95 万元
5	泉港区福建联合石油化工有限公司“5·21”中毒事故	2022 年 5 月 21 日 2 时 4 分许，惠州天鑫石化工程有限公司 2 名员工在福建联合石油化工有限公司公用工程业务团队制氢/汽电联产装置酸性气体脱除单元甲醇-水塔打开人孔作业过程中发生硫化氢中毒事故，造成 1 人死亡、1 人受伤
6	甘肃兰州新区滨农科技有限公司“6·16”较大爆炸事故	2022 年 6 月 16 日 18 时 58 分，甘肃省兰州新区甘肃滨农科技有限公司固废处理车间发生较大爆炸事故，造成 6 人死亡、8 人受伤
7	茂名石化“6·8”泄漏起火事故	2022 年 6 月 8 日 12 时 41 分，茂名石化化工分部乙烯中间罐区乙烯和丙烯球罐之间的泵区发生泄漏起火事故，造成 2 人死亡、1 人受伤
8	上海石化“6·18”爆燃事故	2022 年 6 月 18 日 4 时 24 分，上海石化化工部 1 号乙二醇装置发生环氧乙烷泄漏并发生爆炸，爆炸飞溅碎片导致周边管廊损坏，并导致管线内物料起火燃烧，造成 1 人死亡、1 人受伤
9	中国石油石油化工研究院“7·21”催化剂泄漏燃烧事故	2022 年 7 月 21 日 10 时 20 分许，中国石油石油化工研究院 F 座 302 实验室，发生一起茂金属催化剂泄漏燃烧事故，造成 1 人死亡，1 人受伤
10	安徽金禾实业股份有限公司“11·3”爆燃事故	2022 年 11 月 3 日 22 时 27 分许，位于滁州市来安县的安徽金禾实业股份有限公司溶剂回收车间发生一起爆燃事故，造成 1 人死亡
11	山东洪达化工有限公司“11·13”中毒事故	2022 年 11 月 13 日，位于菏泽市郓城县化工产业园的山东洪达化工有限公司发生一起中毒事故，造成 2 人死亡

第二章　国家研究课题统计

一、国家重点研发计划“公共安全风险防控与应急技术装备”

国家重点专项课题面向公共安全保障的国家重大战略需求，重点围绕公共安全共性基础科学问题、国家公共安全综合保障、社会安全监测预警与控制、生产安全保障与重大事故防控、国家重大基础设施安全保障、城镇公共安全风险防控与治理、综合应急技术装备等重点方向不同重点任务的关键科技瓶颈问题，开展基础理论研究、技术攻关、装备研制和应用示范，旨在大力提升我国公共安全预防准备、监测预警、态势研判、救援处置、综合保障等关键技术水平，为健全我国公共安全体系、全面提升我国公共安全保障能力提供有力的科技支撑。

其中，围绕石油石化行业安全与应急开展的项目涉及41项，项目经费共计128317万元。见表5-2。

表5-2　2016—2020年项目(石油石化安全与应急方向，不完全统计)

年度	项目方向	项目名称	承担单位	项目经费/万元
2016	1. 共性基础科学问题	1.1　重大事故灾难次生衍生与多灾种耦合致灾机理与规律	中国科学技术大学	2900
		1.2　承载载体灾变机理、风险评估与监测预警原理与方法	浙江工业大学	3200
	2. 社会安全监测预警与控制	2.2　重要场所安全保卫关键技术研究	北京航空航天大学	4000
		2.4　城市重特大火灾防控与治理关键技术研究	公安部上海消防研究所	4000
	3. 生产安全保障与重大事故防控	3.1　典型危险化学品储存设施安全预警与防护一体化关键技术研究与应用示范	中国石油集团 安全环保技术研究院	2600
		3.2　易燃易爆危险化学品灾害事故应急处置技术装备研发应用示范	中国石油化工 股份有限公司 青岛安全工程研究院	2600

续表

年度	项目方向	项目名称	承担单位	项目经费/万元
2016	3. 生产安全保障与重大事故防控	3.4 化工园区耦合事故区域防控技术研究与应用示范	中国安全生产科学研究院	4300
		3.8 高参数承压特种设备风险防控与治理关键技术研究	中国特种设备检测研究院	4000
	4. 国家重大基础设施安全保障	4.1 油气长输管道及储运设施检验评价与安全保障技术	中国石油天然气股份有限公司管道分公司	2000
		4.3 临海油气管道和陆上终端设施检验评价与安全保障技术	中石化胜利石油工程有限公司	1700
	6. 综合应急技术装备	6.3 灾害环境下人体损伤机理研究与救援防护技术装备研发及应用示范	清华大学	5800
		6.4 高机动多功能应急救援车辆关键技术研究与应用示范	徐州工程机械集团有限公司	3900
		6.5 灾害现场信息获取技术研究与应用示范	灾害现场信息空地一体化获取技术研究与集成应用示范	3000
		6.6 一体化综合减灾智能服务研究及应用示范	中国测绘科学研究院	3800
		6.7 应急物流关键技术研究及应用示范	普天物流技术有限公司	4700
2017	1. 国家公共安全综合保障	1.1 重大综合灾害耦合实验和模拟技术与装备	清华大学	5000
	3. 生产安全保障与重大事故防控	3.6 海洋石油天然气开采事故防控技术研究及工程示范	中海石油(中国)有限公司	3390
		3.8 典型危险化学品爆炸机理及事故防控关键技术研究及示范	北京理工大学	4330
		3.9 危险品运输过程安全保障技术研究及示范	交通运输部公路科学研究院	2683
		3.10 典型重大生产安全事故人员安全保护技术与装备研发	中国安全生产科学研究院	3100
		3.11 城市地下综合管廊安全防控技术研究及示范	中国市政工程华北设计研究总院有限公司	2987

续表

年度	项目方向	项目名称	承担单位	项目经费/万元
2017	3. 生产安全保障与重大事故防控	3.12 高温熔融金属作业事故预防与控制技术研究	中国安全生产科学研究院	5171
		3.17 移动式承压类特种设备风险防控与治理关键技术研究	中特种设备检测研究院	1692
	4. 国家重大基础设施安全保障	4.1 国家石油及天然气储备库安全保障技术与装备研发	中国石油大学(北京)	1419
	6. 综合应急技术装备	6.1 融合应急通信关键技术研究与应用示范	青岛海尔多媒体有限公司	3091
		6.2 高原高寒地区灾害现场安置装备关键技术与装备研究与应用示范	中国人民解放军后勤工程学院	3800
		6.4 主动防控型警用机器人关键技术研究与应用示范	公安部第一研究所	3097
		6.5 特种消防产品关键技术研究及应用示范	公安部上海消防研究所	4250
		6.6 无人应急救援装备关键技术研究与应用示范	沈阳新松机器人自动化股份有限公司	3500
2018	1. 国家公共安全综合保障	1.1 国家安全风险管理关键技术研究与应用	清华大学	2707
		1.2 国家公共安全应急平台	清华大学	2715
	2. 社会安全监测预警与控制	2.6 特殊结构建筑防火灭火关键技术装备研发与应用示范	公安部天津消防研究所	2950
	3. 生产安全保障与重大事故防控	3.9 典型石化过程安全保障关键技术及装备研发	天津大学	2474
		3.11 严苛环境下典型承压类特种设备结构安全性评价及失效预防技术	华东理工大学	1945
		3.12 特种设备安全防护系统功能安全保障关键技术研究	中国特种设备检测研究院	1576
		3.13 基于大数据的特种设备事故预测预防技术研究	中国特种设备检测研究院	1906
		3.16 国家危险化学品风险预警与信息共享服务关键技术研究与示范	国家安全生产监督管理总局化学品登记中心	2861

续表

年度	项目方向	项目名称	承担单位	项目经费/万元
2018	5. 城镇公共安全风险防控与治理	5.2 安全韧性城市构建与防灾技术研究与示范	清华大学	1868
	6. 综合应急技术装备	6.4 应急救援特种防护材料关键技术研究与应用示范	际华集团股份有限公司	2461
		6.5 水上应急救援关键技术研究及应用示范	烟台打捞局	2464
		6.6 复杂环境工程抢险关键技术研究及应用示范	新兴重工集团有限公司	2380
2019—2022	无相关课题立项。			
合计经费：128317				

二、国家重点研发计划“重大自然灾害防控与公共安全”

2021—2022 年项目见表 5-3。

表 5-3　2021—2022 年项目(石油石化安全与应急方向，不完全统计)

年度	项目方向	项目名称	承担单位
2021	7. 危险化学品和化工园区安全关键技术与装备	7.1 精细化工危险化学品生产安全关键流程再造技术及示范	北京化工大学
		7.2 化工园区重大风险智能感知与预警技术及示范	中国安全生产科学研究院
	12. 危险化学品和化工园区安全关键技术与装备	12.1 超设计使用年限服役承压设备安全智能预警关键技术及示范	中国特种设备检测研究院
	13. 现场保障技术与装备	13.1 救援现场次生灾害检测预警关键装备	中国安全生产科学研究院
2022	1. 特大洪涝干旱灾害精准监测与风险防范技术与装备	1.1 流域性大洪水场景推演与智能指挥决策技术	—
		1.3 山洪灾害信号早期识别与准确预警技术装备	—

续表

年度	项目方向	项目名称	承担单位
2022	7. 危险化学品和化工园区安全技术与装备	7.1　氯碱化工生产装备损伤检测与安全风险防控关键技术及示范应用	—
		7.2　典型危险化学品燃爆抑制与泄放技术及装备	—
	8. 矿山安全风险智能监测预警和防控技术与装备	8.3　陆上超深油气井井喷防控关键技术装备及示范应用	—
	9. 城市建设与运行安全风险监测和防控技术	9.1　城市燃气设施泄漏事故防控关键技术及装备	—
	10. 火灾高效预防与扑救关键技术	10.1　高稳定性环保泡沫灭火剂研发与示范应用	—
	11. 特种设备安全风险监测预警与事故防控技术	11.1　高温承压类特种设备损伤精准检测技术装备研发及示范应用	—
		11.2　高风险工业管道损伤智能检测技术装备研发及示范应用	—
	14. 抢险救援技术与装备	14.3　环境友好型高效洗消材料	—
	15. 救援人员安全防护技术与装备	15.1　高集成救援人员个体防护装备	—
		15.2　抗冲击抢险救援防护服	—
	17. 综合支撑装备与应急服务技术	17.1　适用于低温低压环境的监测技术装备及示范应用	—
		17.2　火灾爆炸事故精准溯源技术及装备	—

第三章　科技成果奖励

为掌握近年来石油石化安全与应急方向重点科学技术成果研发情况，对2017—2022年国家、中国石油和化学工业联合会、中国职业健康协会以及中国安全生产协会科学技术奖励情况进行统计。

一、国家科学技术奖励(2021年度还未公布)

2017—2021年，共有7项与石油石化安全应急相关的项目获得国家科学技术奖励，其中国家技术发明奖2项，国家科技进步奖5项；一等奖1项，二等奖6项，如表5-4所示。

表5-4　2017—2021国家科学技术奖励情况

序号	奖励类别	年份	获奖项目名称	获奖单位	获奖等级
1	国家技术发明奖	2018	油气管道系统完整性关键技术与工业化应用	中国石油大学(北京)、中油管道检测技术有限责任公司等	二等奖
2		2020	海洋深水钻探井控关键技术与装备	中国石油大学(华东)、中海油研究总院有限责任公司等	二等奖
3	国家科技进步奖	2018	水中典型污染物健康风险识别关键技术及应用	华中科技大学、中国疾病预防控制中心环境与健康相关产品安全所等	二等奖
4		2019	工业园区有毒有害气体光学监测技术及应用	中科院合肥物质科学研究院、中国科学技术大学等	二等奖
5		2019	炼化含硫废气超低硫排放及资源化利用成套技术开发与应用	中国石油化工股份有限公司齐鲁分公司、中原油田普光分公司等	二等奖
6		2019	易燃易爆危险物质爆炸防控关键技术与装备	北京理工大学、中煤科工集团重庆研究院有限公司等	二等奖
7		2020	工业烟气多污染物协同深度治理技术及应用	清华大学、中冶长天国际工程有限责任公司等	一等奖

二、中国石油和化学工业联合会科学技术奖励

2017—2021 年，共有 19 项与石油石化安全应急相关的项目获得中国石油和化学工业联合会科学技术奖励，其中国家技术发明奖 2 项，国家科技进步奖 17 项；一等奖 6 项，二等奖 12 项，三等奖 1 项，如表 5-5 所示。

表 5-5　2017—2021 年中国石油和化学工业联合会科学技术奖励情况

序号	奖励类别	年份	获奖项目名称	获奖单位	获奖等级
1	科技进步奖	2017	涉硫石化装置运行风险评估与预警技术及其应用	南京工业大学、中国特种设备检测研究院等	一等奖
2		2017	石油化工行业安全施工风险管控技术及应用	中国石化青岛安工院、中国科学院软件研究所等	二等奖
3		2018	化工安全技术与工程及其在绿色制造中的应用	沈阳化工研究院有限公司、沈阳科创化学品有限公司等	一等奖
4		2018	石化企业安全水平量化评估和风险动态智能管控技术	中国石化青岛安工院	二等奖
5		2018	典型石化过程工艺异常诊断及安全优化运行关键技术	中国石化青岛安工院、华东理工大学等	二等奖
6		2018	高含硫气田净化装置腐蚀与监测关键技术研究与应用	中国石化中原油田普光分公司、甘肃蓝科石化高新装备股份有限公司等	二等奖
7		2019	危险化学品泄漏源定位技术与系统	清华大学、北京化工大学等	一等奖
8		2019	深水钻井隔水管系统安全高效作业关键技术及其工业化应用	中国石油大学(华东)、中海油深海开发有限公司	一等奖
9		2019	危险化学品输送管道健康诊断及事故预警关键技术研究及应用	常州大学、南京工业大学等	二等奖
10		2019	进口原油质量与安全关键技术研究及标准体系的建立	农博出入境检验检疫局检验检疫技术中心等	二等奖
11		2019	海上油田安全高效井筒故障处理关键技术研究与应用	中国石油大学(北京)、中海油田服务股份有限公司	二等奖
12		2020	典型危险化工过程本质安全关键技术体系创建及应用	南京工业大学，中国石化青岛安工院等	一等奖

续表

序号	奖励类别	年份	获奖项目名称	获奖单位	获奖等级
13	科技进步奖	2020	炼油装置腐蚀预测与监测控制一体化技术及应用	西安交通大学、中国石油兰州石油化工有限公司研究院等	一等奖
14		2020	油气开采业危险废物分类豁免与污染防治技术研究及应用	中国石油安全环保院、中石油勘探与生产分公司等	二等奖
15		2020	石油钻机安全评价体系建立及关键技术研究	中国石油川庆钻探工程有限公司安全环保质量监督检测研究院、西南石油大学等	二等奖
16		2021	深海油气输送管道长效防腐保温复合涂层关键技术及应用	南京大学、南通大学等	二等奖
17		2021	复杂服役环境天然气管道安全运维关键技术及工业化应用	中国石油天然气股份有限公司、西南油气田分公司输气管理处等	二等奖
19	技术发明奖	2020	海上钻井井筒压力精细控制关键技术与装备	中国石油集团工程技术研究院有限公司、中国石油大学(华东)	二等奖
20		2021	河流溢油应急处置技术研究及集成应用	中国石油集团安全环保技术研究院有限公司等	三等奖

三、中国职业健康协会科学技术奖励

2017—2021 年，共有 41 项与石油石化安全应急相关的项目获得中国职业健康协会科学技术奖励一等奖和二等奖，其中一等奖 19 项，二等奖 22 项，如表 5-6 所示。

表 5-6　2017—2021 年中国职业健康协会科学技术奖励情况

序号	年份	获奖项目名称	获奖单位	获奖等级
1	2017	石化工程建设及大检修施工风险管控关键技术	中国石化青岛安工院、青岛诺诚化学品安全科技有限公司	一等奖
2	2017	危险化学品安全管理量化评估系统开发及应用	中国化学品安全协会	二等奖
3	2017	复杂油气井压井与井控风险评估技术研究	中国石油集团安全环保技术研究院	二等奖
4	2017	基于重大突发事件情景构建的应急准备能力研究	中国安全生产科学研究院、广州地铁集团有限公司等	二等奖

续表

序号	年份	获奖项目名称	获奖单位	获奖等级
5	2017	石化企业重大事故情景构建及应急辅助决策技术研究与应用	中国石化青岛安工院	二等奖
6	2018	城市燃气管网及其相邻空间燃爆风险监测预警技术研究与应用	清华大学合肥公共安全研究院、北京理工大学等	一等奖
7	2018	受限空间危化品泄漏负压处置技术装备	中国石化青岛安工院、国家安全生产监督管理总局化学登记中心等	一等奖
8	2018	石化企业安全水平定量诊断和风险动态预警与管控技术	中国石化青岛安工院、国家安全生产监督管理总局化学登记中心等	一等奖
9	2018	基于VR技术的安全生产典型场景隐患排查实训系统研发及应用	北京市安全生产科学技术研究院、中华安邦(北京)安全生产技术研究院股份有限公司	二等奖
10	2018	炼化企业粉尘作业岗位职业病危害风险控制研究	中国石化青岛安工院	二等奖
11	2018	用于应急救援的钢结构安全防护技术	四川川交路桥有限责任公司	二等奖
12	2019	管道腐蚀阵列超声导波无损检测关键技术及仪器研发	中国特种设备检测研究院、中北大学等	一等奖
13	2019	河流溢油应急处置技术及应用	中国石油安全环保技术研究院、中国石油管道分公司等	一等奖
14	2019	高风险油气管道安全保障磁测关键技术与装备	中国特种设备检测研究院、合肥中大科技有限公司等	一等奖
15	2019	输油管道环境敏感区风险评估关键技术及应用	中国石油安全环保技术研究院、中国石油管道有限责任公司西部分公司等	二等奖
16	2019	压力管道风险识别与评价关键技术研究	中国特种设备检测研究院、江苏省特种设备安全监督检验研究院等	二等奖
17	2020	职业健康风险评估理论与方法研究及应用	中国矿业大学(北京)、清华大学等	一等奖
18	2020	外浮顶储罐密封圈主动安全防护技术及应用	威特龙消防安全集团股份有限公司、中国石油安全环保技术研究院	一等奖
19	2020	基于城镇脆弱性的油气管道风险评估技术研究及应用	中国安全生产科学研究院、东北大学等	二等奖

续表

序号	年份	获奖项目名称	获奖单位	获奖等级
20	2020	城市地下燃气管网泄漏事故风险防控技术研究与应用	重庆科技学院、中国人民解放军陆军勤务学院等	二等奖
21	2020	化工园区大型油气火灾灭火技术及装备研发	中国石化青岛安工院、新兴重工湖北三六意义机械有限公司等	二等奖
22	2021	城镇燃气管道完整性管理关键技术及应用	中国石油大学(北京)、深圳市燃气集团股份有限公司等	一等奖
23	2021	城市燃气作业场所风险监控技术研究及应用	北京市科学技术研究院城市安全与环境科学研究所等	一等奖
24	2021	炼化企业 HSE 管理咨询研究与应用	中国石油集团安全环保技术研究院有限公司、中国石油天然气集团有限公司等	一等奖
25	2021	长庆油田数字化安全技术体系及若干智能技术	中国石油天然气股份有限公司长庆油田分公司	一等奖
26	2021	危险品道路运输事故演化过程与风险防控技术及应用	南京工业大学、中国安全生产科学研究院等	一等奖
27	2021	高钢级大口径管道服役安全关键技术及规模应用	中国石油天然气股份有限公司管道分公司、中国石油天然气集团公司管材研究所等	一等奖
28	2021	井喷失控全过程带火抢险救援关键技术与装备	中国石油集团川庆钻探工程有限公司、中国石油集团油田技术服务有限公司	一等奖
29	2021	炼化装置关键承压设备损伤量化分级与选材优化及应用	中国特种设备检测研究院、北京航空航天大学	一等奖
30	2021	低温绝热气瓶设计与安全性能试验关键技术研究及应用	中国特种设备检测研究院、大连理工大学等	一等奖
31	2021	承压设备基于大数据的宏观安全风险防控和应急技术	中国特种设备检测研究院、中国矿业大学(北京)等	一等奖
32	2021	城镇燃气管网安全风险控制与应急技术	昆仑能源有限公司、中国石油昆仑燃气有限公司燃气技术研究院	二等奖
33	2021	中国石油生产安全风险分级防控机制建设研究与实践	中国石油集团安全环保技术研究院有限公司、中国石油集团质量健康安全环保部等	二等奖
34	2021	化工行业既有建筑物抗爆能力提升技术研发与应用	中国石化安全工程研究院有限公司	二等奖

续表

序号	年份	获奖项目名称	获奖单位	获奖等级
35	2021	石油化工关键装置腐蚀检测及防护技术研究与应用	中国石油集团安全环保技术研究院有限公司	二等奖
36	2021	基于人工智能的危险化学品多维数据融合和监测预警技术研究及应用	应急管理部通信信息中心等	二等奖
37	2021	大庆油田生产安全风险一体化动态管控研究	大庆油田质量安全环保监督评价中心、大庆油田信息技术公司	二等奖
38	2021	石化装置典型动设备在役质量完整性评价技术研究	中国特种设备检测研究院、浙江大学等	二等奖
39	2021	工艺安全管理在塔里木油田的探索与实践	中国石油天然气股份有限公司塔里木油田分公司	二等奖
40	2021	企业安全生产主体责任落实及评估研究及应用	北京市顺义区应急管理局、北京市应急管理局等	二等奖
41	2021	大型装备微小故障诊断关键技术及应用	广东石油化工学院、杭州电子科技大学等	二等奖

四、中国安全生产协会科学技术奖励

2020—2022年(2020年首次组织评奖)，共有42项与石油石化安全应急相关的项目获得中国安全生产协会科技进步奖一等奖和二等奖，其中一等奖12项，二等奖30项，如表5-7所示。

表5-7 2020—2022年中国安全生产协会科学技术奖励(科技进步奖)情况

序号	年份	获奖项目名称	获奖单位	获奖等级
1	2020	油品静电在线监测与智能消除技术及装备	中国石油化工股份有限公司青岛安全工程研究院、中国石化销售有限公司山东石油分公司等	一等奖
2	2020	深海钻井井喷重大安全事故预防技术研究及应用	中海油研究总院有限责任公司、中海石油(中国)有限公司等	二等奖
3	2020	在役油气管道及压力容器监(检)测评估关键技术应用研究	中国石油化工股份有限公司胜利油田分公司、清华大学等	二等奖
4	2020	LNG低温储罐制造、检验、风险评估及LNG储罐站应急处置关键技术	上海市安装工程集团有限公司、上海市特种设备监督检验技术研究院等	二等奖

续表

序号	年份	获奖项目名称	获奖单位	获奖等级
5	2020	石油化工装置建筑物抗爆设计研究	中国石化工程建设有限公司、中国石油化工股份有限公司北京燕山分公司等	二等奖
6	2020	危化品重大事故演化过程动态研判及辅助决策关键技术	中国石油化工股份有限公司青岛安全、工程研究院应急管理部化学品登记中心	二等奖
7	2020	基于物联网的重大危险源智能风险感知与监测预警技术研究及应用	成都鼎安华智慧物联网股份有限公司	二等奖
8	2020	智慧化工园区安全风险防控及应急辅助决策关键技术研究及应用	江苏海内软件科技有限公司、南京邮电大学等	二等奖
9	2020	发电企业典型安全事故情景构建与应急能力建设关键技术研究及应用	中国华能集团有限公司、华能长春热电厂	二等奖
10	2021	新型阻燃剂研制及其阻燃电缆安全评测技术	中国安全生产科学研究院、中国地质大学(武汉)等	一等奖
11	2021	典型有毒气体泄漏处置关键技术与装备研发	北京邮电大学、北京市劳动保护科学研究院等	一等奖
12	2021	基于机器视觉与大数据分析的安全生产风险管控关键技术研究及应用	国家电网有限公司、南瑞集团有限公司等	一等奖
13	2021	危险化学品生产、储存装置外部安全防护距离确定方法制定及应用研究	中国安全生产科学研究院	一等奖
14	2021	国家危险化学品安全生产风险监测预警体系构建与关键技术	中国石化青岛安工院、应急管理部化学品登记中心	一等奖
15	2021	油气输送管道泄漏综合监测及定位系统研发及应用	中国安全生产科学研究院、中国石油大学(北京)	二等奖
16	2021	基于风险管理的隐患排查治理研究与应用	北京华科合创科技发展有限公司、中国石油辽河油田油气集输公司	二等奖
17	2021	危险化学品道路运输动态风险评估预警技术与安全防护装备研究与应用	中安广源检测评价技术服务股份有限公司、南京工业大学等	二等奖
18	2021	安全生产预警系统开发与应用	中国化学品安全协会	二等奖
19	2021	复杂因素下埋地油气管道腐蚀致因、致灾评估与防控关键技术	中国石油大学(北京)、国家管网集团西南管道有限责任公司	二等奖
20	2021	城镇油气管道泄漏风险防控一体化技术	中国安全生产科学研究院、中国石化大连石油化工研究院	二等奖

续表

序号	年份	获奖项目名称	获奖单位	获奖等级
21	2021	石化企业重特大安全生产事故应急处置辅助决策系统关键技术及装备	中国矿业大学、北京凌天智能装备集团股份有限公司等	二等奖
22	2021	安全生产风险监测预警关键技术研究与示范应用	江苏省安全生产科学研究院	二等奖
23	2021	海上应急救援装备体系研究	中国船舶重工集团公司第七一四研究所	二等奖
24	2021	原油储罐腐蚀技术评估技术研究与应用	中国石油集团安全环保技术研究院	二等奖
25	2021	化工装置泄漏次生衍生重大火灾爆炸事故链风险防控关键技术及应用	南京工业大学、常州大学	二等奖
26	2022	爆炸性危险化学品分级关键技术与应用	南京理工大学、上海化工研究院、南京工业大学、西安近代化学研究所、中北大学、江苏省安全生产科学研究院	一等奖
27	2022	城市管网安全监测预警关键技术与装备	北京无线电计量测试研究所、北京市燃气集团有限责任公司	一等奖
28	2022	典型灾害事故环境下个体防护原理与系列化救援防护装备研发	清华大学、清华大学合肥公共安全研究院等	一等奖
29	2022	海底管道检测与定位装置研制	中石化胜利石油工程有限公司	一等奖
30	2022	加氢站、油气氢合建站安全防控研究与工程应用示范	中国石化工程建设有限公司、中国石油化工集团有限公司等	一等奖
31	2022	危化品重大生产安全风险感知通信预警关键技术及应用	北京邮电大学、中兴通信股份有限公司等	一等奖
32	2022	CO_2 驱安全注气与油井防腐技术研究	中国石油化工股份有限公司胜利油田分公司	二等奖
33	2022	安全生产风险预控体系研究	中国安全生产科学研究院等	二等奖
34	2022	安全生产领域大数据应用关键技术研究	中国安全生产科学研究院、中国劳动关系学院等	二等奖
35	2022	高含硫气田生产运行安全控制关键技术	中国石油化工股份有限公司中原油田分公司	二等奖
36	2022	海上高含酸性油气藏安全高效钻井关键技术研究及应用	中海油研究总院有限责任公司等	二等奖

续表

序号	年份	获奖项目名称	获奖单位	获奖等级
37	2022	海上固定平台模块钻机自动化和安全技术创新及应用	中海油研究总院有限责任公司、中海油能源发展装备技术有限公司	二等奖
38	2022	基于系统危害因素辨识的 LNG 接收站风险管控培训与考试系统	国家管网大连液化天然气有限公司、北京华科合创科技发展有限公司	二等奖
39	2022	企业安全管理体系重构理论研究、模型设计与实例验证	中国安全生产科学研究院、北京科技大学等	二等奖
40	2022	危险化学品事故风险监测预警与应急救援关键技术及应用示范	中山大学、广东石油化工学院等	二等奖
41	2022	危险化学气体泄漏红外成像遥测系统研究与应用	北京环境特性研究	二等奖
42	2022	应急管理规划体系设计与能力现代化建设策略研究	清华大学、中国安全生产科学研究院等	二等奖

第四章　重要会议交流

据不完全统计，2020—2022 年期间，各有关单位机构组织应急重要会议交流 12 次，如表 5-8 所示。

表 5-8　重要应急会议交流

序号	年份	会议名称	组织单位	简　介
1	2020	第十五届国际应急管理论坛	中国优选法统筹法与经济数学研究会应急管理专业委员会；中国科学院大学等	作为国内应急管理领域举办最早、时间最长、影响力最大的国际会议，本论坛已经成功举办了十四届；会议面向应急管理领域的重大需求，关注应急管理领域前沿科学问题，聚集应急管理领域专家、领导与青年学者，致力于应急管理理论、方法与技术创新，为政府、企事业单位科学应对突发性事件提供决策依据，进而促进国家应急管理与公共治理水平提升、促进社会应急能力建设。本届会议旨在探讨新型冠状病毒发生后应急管理领域出现的问题及建议，进而促进国家公共卫生突发事件应急管理与公共治理水平提升、促进社会应急能力建设
2	2020	中国安全应急产业发展大会	公共安全科学技术学会、中国消防协会等	本届大会以“促安全应急产业发展，筑人民美好和谐生活”为主题，重点围绕优化应急产业链、整合及协调产业资源、提升产业技术创新能力、加速科技成果发展和商业化运用等方面，共同探讨数字智能技术引领转型升级和应急救援装备信息化、智能化、网络化等课题，深入探索安全应急产业健康有序发展新路径
3	2020	国际安全和应急博览会	北京朗泰华科技发展中心	举办安全应急博览会，旨在充分发挥企业、行业组织、科研机构，社会媒体等各方的重要作用，积极推动安全和应急产业高质量发展，为相关管理部门做好生产安全和公共安全风险防范工作提供科技装备和经验理念等方面的支撑。举办安全应急博览会，聚焦先进适用装备、关键技术、管理理念、专业服务四大领域，充分发挥会议、展览、培训等活动的平台效应和宣传推广作用，优化整合各类科技资源，促进安全和应急技术装备研发和应用，依靠科技推进安全和应急的科学化、专业化、智能化、精细化水平；分享交流世界各国有效的安全管理理念、经验，推动企业提高安全生产、应急救援水平，做好安全咨询、培训工作，创新媒体应用，普及安全知识，培育安全文化

续表

序号	年份	会议名称	组织单位	简　　介
4	2020	应急管理创新国际论坛	中共中央党校（国家行政学院）、中共中央对外联络部等	此次论坛，旨在深入贯彻落实党的十九届五中全会精神，统筹发展和安全，推动新时代应急管理体系和能力建设，促进应急管理领域的国际交流合作。此次论坛分设防范化解重大风险、健全完善应急管理体系、提升应急处突能力、突发公共卫生事件应急管理、应急管理科技装备与应急产业发展、“一带一路”安全发展与应急管理等六个主题模块
5	2020	公共安全与应急管理信息化研讨会	中国信息协会	会议以新型基础设施建设为契机，提升公共安全与应急管理科学化、专业化、智能化、精细化水平的思考；在数字中国引领下，建设智慧城市、平安城市，为保障城市安全有序运行、提升社会治理能力提供保障；互联网+政务、政务大数据支撑新冠疫情防控经验，后疫情时代公共安全、应急管理体系建设的机遇与调整；云计算、大数据、物联网、人工智能、卫星互联网、地理信息、5G 等在防灾减灾、应急救援方面的案例
6	2020	全国石油石化安全与应急技术交流大会	中国应急管理学会石油石化安全与应急工作委员会	大会以“创新安全与应急技术，推动行业高质量发展”为主题，聚焦石油石化安全与应急管理基础理论、创新技术、产业规划、发展趋势等，进行广泛研讨和交流互鉴。通过主题探讨、展示推广、交流推介、企业对接，架设石油石化企业合作对接的高效通道，促进新技术、新产业、新业态的有机融合，搭建产业最新动态发布、行业前沿技术展示、总结推广良好实践、结交高端客户和人脉资源的精准合作平台，推动企业交流共享，实现合作共赢
7	2021	中国国际应急救灾装备技术展览会	山西省应急管理厅、中国北方工业有限公司	本展会紧密围绕国家“大应急、大安全”的应急工作思路，聚拢应急全行业资源为政府、行业组织及应急产业从业者提供国家级应急产业对接交流平台。以“新时代共享新契机新平台展现新应急”的理念，加快推进应急管理体系和能力现代化建设，提升应急技术创新发展，促进应急行业产学转化
8	2021	中国国际应急与消防安全博览会	北京朗泰华科技发展中心、中国机械国际合作股份有限公司等	博览会将以“整合国际科技资源，服务中国安全（应急）产业创新应用”为主题，围绕安全生产、防灾减灾救灾、应急救援三大板块，聚焦适用装备、关键技术、管理理念、专业服务四大领域，搭建应急管理科技装备和专业服务的交流和推广应用平台。博览会特设智慧应急、个体防护、工业防爆科技装备、安全生产及生产事故应急装备、安全智慧城市、消防装备、防灾减灾救灾装备、应急物资储备、公共卫生防疫及医疗救援等九大展区，十余场专业会议及七场同期活动

续表

序号	年份	会议名称	组织单位	简　介
9	2021	中国国际应急管理展览会	应急管理部国际交流合作中心	应急展主要展示智慧应急、防灾减灾救灾、安全生产、消防安全、城市安全、应急医学救援等6个方面的技术装备
10	2021	中国安全应急产业大会	工业和信息化部、应急管理部等	大会展示了自然灾害应急救援、事故灾难预防与保障、公共卫生事件预防和应急、城市公共安全四个板块最前沿的产品和最先进的技术
11	2022	中国安全及应急技术装备博览会	徐州市人民政府、江苏省工业和信息化厅、江苏省应急管理厅	本届安博会以“融创产业科技、智汇安全应急”为主题，包含“一展一会六论坛”和多场培训演练与供需对接活动。“一展一会”，即展览和开幕式暨全体大会；“六论坛”包括城市公共安全与生命线安全科技论坛、化工安全科技论坛、5G时代智能矿山科技论坛、“一带一路”与“走出去”企业安全发展论坛、地下轨道交通安全科技论坛、安全应急产业投融资高峰论坛
12	2022	中国石油石化安全与应急管理科技信息峰会	中国石油和石化工程研究会等	会议重点围绕云计算、大数据、物联网、人工智能、移动互联、IPv6、虚拟现实（VR）、增强现实（AR）等新一代信息技术与安全应急管理业务深度融合的发展需求，聚焦石油石化企业安全与应急救援技术及关键装备数字化、轻型化、信息化、智能化、模块化等科学问题

第五章　实验平台建设

一、国家重点实验室(表5-9)

表5-9　石油石化领域国家重点实验室简介

序号	名　　称	简　　介
1	化学品安全控制国家重点实验室	实验室是在整合中国石化青岛安全工程研究院化学品安全领域优势资源的基础上建立起来的，于2007年7月开始筹建，于2011年1月18日通过了国家科技部组织的专家验收，是第一批通过验收的18家企业国家重点实验室之一。实验室重点从以下三个方向开展工作：(1)化学品危险特性与致灾机理研究：围绕化学品特征危害性质，研究化学品事故的机理、临界条件、关键影响因素、危害后果等；(2)化学事故与模拟技术研究：对化学事故进行统计分析，归纳事故规律和发展态势，选取关键问题进行模拟研究和专题研究；(3)化工过程安全与预防控制技术研究：重点开展风险评估技术和风险控制技术研究，形成成套的事故防控技术方案。上述方向互相关联、互为因果、相互促动，共同集成了"危险化学品安全与事故防控"这一总研究方向
2	环境模拟与污染控制国家重点实验室	环境模拟与污染控制国家重点实验室依托清华大学、中国科学院生态环境研究中心、北京大学、北京师范大学4个单位共同建设，是中国环境科学与工程领域规模最大的国家重点联合实验室，于1989年筹建，于1995年10月正式通过验收。联合实验室的主要研究方向如下：(1)污染物在环境中的迁移转化规律、行为效应及生态与健康影响；(2)环境生态系统的模拟及污染控制的新理论新技术；(3)大气污染物的变化传输规律及全球性区域性大气环境问题的控制对策；(4)可持续发展与解决重大环境问题的策略

续表

序号	名　　称	简　　介
3	石油石化污染物控制与处理国家重点实验室	实验室由国家科技部于 2015 年 9 月 30 日批准建设，依托单位为中国石油集团安全环保技术研究院有限公司，主管部门为国务院国有资产监督管理委员会。实验室共建单位有中国石油天然气股份有限公司石油化工研究院、中国石油大学(北京)、中国石油大学(华东)、西安石油大学。实验室的主要任务是面向社会和石油天然气行业未来发展需求，开展石油石化污染控制与处理领域的应用基础研究和竞争前共性技术研究，研究制定国际标准、国家和行业标准，聚集和培养优秀人才，引领和带动行业技术进步。实验室的主要目标是研究制定国际标准、国家和行业标准，成为石油石化行业生产全过程污染防治和废物资源化领域的重要“智库”，建成具有国际一流水平的、开放合作的石油石化污染物控制与处理技术创新与转化基地
4	污染控制与资源化研究国家重点实验室	实验室依托于同济大学、南京大学，1989 年获国家计委批准，1995 年通过国家验收。实验室瞄准国家重大需求和国际发展前沿，围绕《国家中长期科学和技术发展规划纲要(2006—2020 年)》，以我国快速的经济发展和城市化进程中重大共性环境污染问题为导向，坚持以“基础研究与应用结合、污染控制与资源化结合、理工结合”的科学方法为指导，在环境污染过程机制与效应、污染控制与资源化理论与方法上开展跨学科的创新性应用基础研究；在城市污水深度处理、工业废水治理与资源化、生活垃圾处理处置与资源化、环境修复与流域污染控制等工程技术方面，研发出一批具有自主知识产权的污染控制与资源化技术，为我国有效控制日益严重的环境污染和有限资源循环利用提供理论支撑与技术储备
5	海洋污染国家重点实验室	海洋污染国家重点实验室 2009 年年底经国家科学技术部批准建立，由香港城市大学领衔，与香港浸会大学、香港中文大学、香港理工大学、香港科技大学、香港大学及香港教育大学共同组建。实验室将致力于研究创新的化学、生物及工程技术，以求早期侦测、评核、预测及控制影响海洋环境污染。此外，实验室将研究关于有毒化学品污染、水体缺氧、生物毒素、水生病原菌等复杂环境问题，还将致力于污染监察科技研究、海洋生态系统影响研究、风险评估以及污染控制与生物修复。实验室将与厦门大学近海海洋环境科学国家重点实验室保持合作

续表

序号	名　　称	简　　介
6	火灾科学国家重点实验室	火灾科学国家重点实验室依托中国科学技术大学，利用世界银行贷款和国内配套投资兴建的我国火灾科学基础研究领域唯一的国家级研究机构。1989 年通过立项论证，1995 年通过国家验收。研究方向：(1)可燃物热解及着火规律；(2)室内火蔓延规律及突变(轰燃、回燃、滚燃等)形成机理；(3)建筑(如大空间、高层、隧道、地铁等)内的火灾发展及烟气流动规律与控制技术；(4)紧急条件下人员疏散规律；(5)建筑火灾安全评估及性能化设计方法

二、应急管理部重点实验室

为加快推进应急管理科技支撑能力建设，应急管理部批准挂牌组建“煤矿灾害预防与处置”等 9 个重点实验室，其中石油石化领域重点实验室 1 个；首批创建“煤矿智能化与机器人创新应用”等 13 个重点实验室，其中石油石化领域重点实验室 6 个；综合考虑应急管理业务发展需要和科技支撑体系布局需求，对具备较强科研实力但尚未达到创建条件的 9 个重点实验室进行重点培育，其中石油石化领域重点实验室 6 个。详见表 5-10。

表 5-10　石油石化领域应急管理部重点实验室简介

序号	名　　称	依托单位
应急管理部重点实验室挂牌组建名单		
1	危险化学品安全风险预警与智能管控技术	应急管理部化学品登记中心、中国石油化工股份有限公司青岛安全工程研究院、沈阳化工研究院有限公司建设
应急管理部重点实验室首批创建名单		
1	油气生产安全与应急技术	中国石油大学(北京)、应急管理部国家安全科学与工程研究院
2	重大危险源与化工园区系统安全	中国安全生产科学研究院、中国石油大学(华东)
3	工业与公共建筑火灾防控技术	应急管理部天津消防研究所、中国安全生产科学研究院、中国消防救援学院
4	灭火救援技术与装备	应急管理部上海消防研究所、江苏大学
5	应急指挥通信技术应用创新	应急管理部通信信息中心、北京邮电大学、西安电子科技大学

续表

序号	名　称	依托单位
6	工业互联网+危化品安全生产	南京工业大学、中国安全生产科学研究院、中国工业互联网研究院
应急管理部重点实验室重点培育名单		
1	智能装备	浙江大学、新兴际华（杭州）智能装备有限公司、应急管理部国家安全科学与工程研究院
2	大数据与人工智能应用创新	应急管理部通信信息中心、清华大学合肥公共安全研究院、北京百度网讯科技有限公司
3	灾害链监测评估与风险防范	应急管理部国家减灾中心、武汉大学、中国科学院地理科学与资源研究所
4	防火阻燃技术	应急管理部四川消防研究所、四川大学、同济大学
5	工业安全事故分析与监测预警	华北科技学院、中国科学院合肥物质科学研究院
6	无人机应急救援技术	中国消防救援学院、中国科学院工程热物理研究所、深圳市大疆创新科技有限公司

第六章　专业应急队伍建设

安全生产专业应急救援队伍是国家综合性常备应急骨干力量的重要组成部分，全国现有安全生产专业应急救援队伍1193支6.87万余人，其中参与石油石化企业应急救援工作的队伍包括危险化学品应急救援队（560支）和油气管道应急救援队（36支）及其他专业应急救援队。

一、国家危险化学品应急救援队伍（表5-11）

表5-11　国家危险化学品应急救援队伍

序号	队伍名称	队伍简介
1	国家危险化学品应急救援大庆油田队（国家危险化学品应急救援实训演练大庆基地）	队伍位于黑龙江省大庆市让胡路区，1960年伴随大庆油田开发组建，2018年1月被国家安全生产应急救援指挥中心命名为国家危险化学品应急救援大庆油田队（国家危险化学应急救援实训演练大庆基地）。主要担负大庆油田、大庆炼化、东北销售大庆分公司、中油管道大庆输油气分公司等单位消防安全检查、火灾扑救及社会抢险救援任务，以及东北地区重大危险化学品事故救援任务。队伍机关设8个部室，下辖22个基层消防队（24座消防站）、7个大队级后勤辅助单位，员工总数1971人。拥有大跨度举高喷射、三项射流、远程供水等各类消防车辆167台，防护、破拆、救生、堵漏、洗消等各类抢险救援装具器材6600余件（套）
2	国家危险化学品应急救援长庆油田队	队伍队依托中国石油长庆油田公司建设，驻地为陕西省西安市，队伍始建于1970年长庆油田会战时期，2018年1月被国家安全生产应急救援指挥中心命名为国家危险化学品应急救援长庆油田队。队伍下辖8个大队，50个中队，指战员1800余人。配备有2套远程消防供水系统、1套油气井灭火装置、190台主战车辆、26台辅战车辆、1429套（件）抢险救援器材，满足危化品应急救援和油气田灭火救援需求。辖区横跨陕甘宁蒙四省（区），主要承担长庆油田公司及区域内中国石油相关单位火灾扑救、应急救援、戒备监护、消防监督、防火宣传、中国石油第四联防区消防联防等任务，以及重特大地震灾害救援支援任务，参与驻地周边火灾扑救和抢险救灾任务

续表

序号	队伍名称	队伍简介
3	国家危险化学品应急救援新疆油田队	队伍依托中国石油天然气股份有限公司新疆油田分公司建设，驻地位于新疆维吾尔自治区克拉玛依市。队伍始建于1957年9月，2018年1月被国家安全生产应急救援指挥中心命名为国家危险化学品应急救援新疆油田队。主要承担新疆油田公司所属单位的消防监督检查、火灾扑救、油田动火现场监护、油气井压裂现场监护以及井喷、管线泄漏等各类抢险救援任务，以及克拉玛依市周围地区社会抢险救灾任务。队伍现有指战员550人，下辖6个基层大队、9个中队，有13个执勤点，辖区面积13万平方公里。配备有重型泡沫、举高喷射、消防云梯、通信指挥等消防执勤车90余辆，以及各类侦检、破拆、救生等专业救援装备器材1246件(套)
4	国家危险化学品应急救援大庆石化队	队伍依托中国石油大庆石化公司建设，始建于1961年，2018年1月被国家安全生产应急救援指挥中心命名为国家危险化学品应急救援大庆石化队。主要承担大庆石化公司所属厂区、生活区的消防安全监督、现场监护、抢险救援、气防监护、消防宣传等任务，以及东北片区重特大危险化学品事故区域联防救援任务。队伍现有指战员420人，设5个职能科室，下辖4个基层大队、1个消防站，配备了举高喷射消防车、重型泡沫消防车、泡沫水罐车、涡喷消防车、化学洗消车、灭火机器人、移动消防炮、大流量拖车消防炮，以及红外热成像仪、生命探测仪、便携式工业有害气体检测仪等专业救援装备器材
5	国家危险化学品应急救援吉林石化队	队伍依托中国石油吉林石化公司建设，始建于1981年，2018年被国家安全生产应急救援指挥中心命名为国家危险化学品应急救援吉林石化队。主要负责吉林地区危险化学品事故应急救援和吉林石化公司消防管理工作，以及东北地区中国石油所属企业消防区域联防任务。队伍下设5个机关职能科室，下辖5个消防大队、1个特勤大队，现有指战员428人，其中指挥员和专业技术人员71人，战斗员和岗位操作、保障人员357人。配有各类战斗执勤车辆59台，各类应急救援装备3万余件套
6	国家危险化学品应急救援抚顺石化队	队伍依托中国石油抚顺石化公司建设，始建于2002年，2018年1月被国家安全生产应急救援指挥中心命名为国家危险化学品应急救援抚顺石化队。主要负责抚顺石化公司23家直属企业，76套主要生产装置和100余套辅助及配套装置防火监督检查、消防监护、灭火救援等消防保卫任务，以及东北地区重特大危险化学品事故应急救援任务。队伍现有指战员488人，设作战训练部、防火安全部、消防装备部、财务部、人事组织部、党群工作部和综合办公室等7个部室，辖4个大队、2个分队，共计23个中队，分布在抚顺石化公司各主要生产厂区及仓储油库的9个消防站点。配备了水罐、泡沫、干粉、高喷、运兵、供气、宿营、洗消、抢险救援、火场指挥、卫星通信、平台举高等战备值勤车辆55台

续表

序号	队伍名称	队伍简介
7	国家危险化学品应急救援兰州石化队	队伍依托中国石油兰州石化公司建设，始建于 1956 年 3 月，2018 年 1 月被国家安全生产应急救援指挥中心命名为国家危险化学品应急救援兰州石化队。主要承担兰州石化公司、中石油驻兰企业，以及国家管网公司储备库、部分输油管线防火检查、消防灭火、安全监护、事故救援等任务。队伍现有指战员 462 人，设五科一室，下辖 8 个基层大队。配备了重型泡沫车、干粉车、72m 高喷车、56m 高喷车、50m 大跨度高喷车、42m 举高车、32m 高喷车、25m 三向射流车、18m、16m 多功能泡沫车、涡喷车、大型移动充气车、大型抢险车、大型洗消车、应急通信车等消防车辆 57 台以及各类抢险救援装备
8	国家危险化学品应急救援乌鲁木齐石化队	队伍依托中国石油乌鲁木齐石化公司建设，驻地位于新疆维吾尔自治区乌鲁木齐市。队伍始建于 1976 年，2018 年 1 月被国家安全生产应急救援指挥中心命名为国家危险化学品应急救援乌鲁木齐石化队，主要承担新疆地区危险化学品事故灾害应急救援任务。队伍现有 125 人，设机关综合办、战训科、设备材料科，以及 4 个执勤中队。队伍实行准军事化管理，中队轮流 24 小时昼夜值班备勤。配备有高喷消防车、涡喷消防车、重型泡沫消防车、干粉联用车、抢险救援车、洗消车、供气车等消防救援车辆 32 台，装备了无齿锯、液压撑顶器、便携式等离子弧切割机等救援器材和重型防化服、佩戴式防爆照明灯等安全防护装备和应急抢险特种装备器材 505 件，首次出警可一次性携带 42t 泡沫、62t 水、3t 干粉投入灭火救援战斗任务
9	国家危险化学品应急救援大连队	队伍依托大连港集团建设，2013 年 7 月组建完成，2018 年 1 月被国家安全生产应急救援中心命名为国家危险化学品应急救援大连队。主要承担大连大孤山化工园区、能源港区、全市危险化学品企业事故应急救援工作，并承担省、市及中国北方区域危险化学品事故救援工作。队伍现有指战员 54 人，其中指挥人员 3 人，战斗员 47 人，其他保障人员 4 人，大连港应急保障中心负责业务指导。针对大孤山地区危险化学品企业的特殊性、危险性，设立了远程供水系统取水点 3 个，配备了举高喷射消防车、涡喷消防车、移动消防炮车、大流量拖车消防炮，及侦检仪器等专业装备器材
10	国家危险化学品应急救援广西石化队	队伍依托中国石油广西石化公司建设，位于广西壮族自治区钦州市钦州港经济技术开发区，2008 年 6 月建队，2018 年 1 月被国家安全生产应急救援指挥中心命名为国家危险化学品应急救援广西石化队。主要承担广西石化厂区、库区、码头等单位灭火救援、防火检查、安全监护任务，以及周边地区危险化学品事故救援支援任务。队伍现有指战员 108 人，配备举高喷射车、水罐泡沫车、干粉车、干粉泡沫联用车、涡喷车、抢险救援车、通信车、供气车、气防车、危化品救援车、指挥车、运兵车等执勤战备车辆 23 台，以及抢险救援和防护装备器材

续表

序号	队伍名称	队伍简介
11	国家危险化学品应急救援四川石化队	队伍依托中国石油四川石化公司建设，驻地位于四川省成都平原西北方向，彭州市石化基地工业园区，队伍始建于2012年9月，2016年12月，四川省联合四川石化向应急管理部申请建设国家危险化学品应急救援成都基地，次年8月获批。2020年基地重新选址建设，并于当年年底落成，2021年6月投用。主要负责四川石化园区火灾扑救、抢险救援、气体防护、现场监护和消防安全监督等，担负周边地区事故灾害救援支援任务。队伍设置4个科室及3个基层消防大队，人员编制221人。配备了包括举高喷射、重型泡沫、抢险救援及各类辅战车辆48台，灭火、救援、防护、侦检、破拆、照明、输转等器材7大类668件（套）
12	国家危险化学品应急救援燕山石化队	队伍依托中国石化燕山石化公司建设，驻地北京市房山区，成立于1973年8月，2018年1月被国家安全生产应急救援指挥中心命名为国家危险化学品应急救援燕山石化队。主要承担燕山石化公司安全生产及燕山地区消防安全工作，担负火灾预防、火灾扑救、抢险救灾、气体防护、山林防火等任务，履行燕山石化公司气体防护站及山林防火办公室的职责。队伍现有指战员223人，下设战训科、综合（党群）科、防火科、气防科等4个职能科室和5个基层中队。配备同步载有静中通卫星通信及5G通信系统的大型通信指挥车、化学洗消车、供气车、16~72m高喷车、54m登高平台车、涡喷车、大功率消防车、拖车炮、灭火机器人、卢卡斯破拆工具组红外成像仪等先进救援装备
13	国家危险化学品应急救援齐鲁石化队	队伍依托中国石化齐鲁石化公司建设，位于山东省淄博市临淄区辛化路2706号，队伍始建于1966年10月，2018年1月被国家安全生产应急救援指挥中心命名为国家危险化学品应急救援齐鲁石化队。主要承担齐鲁石化公司灭火救援、消防管理、气防管理、管廊巡护、现场监护等抢险救援任务，以及山东省周边危险化学品事故应急救援任务。队伍现有指战员438人，设有3个科室，6个基层队大队。配备了云梯消防车、高喷消防车、奔驰泡沫车、德国曼消防车、优迪狮泡沫车、干粉消防车、多功能抢险救援车、气防车等各类执勤车辆82台，以及专业救援设备器材
14	国家危险化学品应急救援天津石化队	队伍依托中国石化集团天津石化分公司建设，驻地位于天津市滨海新区大港，2018年1月被国家安全生产应急救援指挥中心命名为国家危险化学品应急救援天津石化队，担负天津石化、中沙（天津）石化、天津商储库区等7家重点消防单位消防战备执勤和京津冀地区危险化学品应急抢险救援任务。队伍现有280人，设战训装备科、消防管理科、气防管理科、119应急救援中心、党群工作科（综合科）等5个科室和大港一大队、大港二大队、南港一大队、南港二大队等4个大队。配备有各种消防救援车辆48台和无人机、机器人、远程供水系统、生命探测仪等多种先进智能应急救援装备

续表

序号	队伍名称	队伍简介
15	国家危险化学品应急救援扬子石化队	队伍依托原中国石化扬子石化消防中心组建，驻地位于江苏省南京市，1989年4月组建。2018年1月被国家安全生产应急救援指挥中心命名为国家危险化学品应急救援扬子石化队。主要承担周边半径300公里范围内江苏、安徽两省危险化学品事故灾害应急救援工作。队伍现有280人，设4个机关科室(防火室、战训室、应急管理室、综合室)、1个气体防护站、4个基层大队。配备有泡沫消防车、高喷消防车、三相射流消防车、大流量拖车消防炮、远程供水车组、抢险救援车、化学洗消车、气体防护急救车等消防战斗车辆76台，以及大流量灭火机器人、灭火排烟机器人、灭火侦检机器人、无人机、移动炮、融合指挥通信设施设备等专业救援装备
16	国家危险化学品应急救援镇海炼化队	队伍依托中国石化镇海炼化公司建设，驻地位于浙江省宁波市镇海区蛟川街道炼化路226号，2018年1月被国家安全生产应急救援指挥中心命名为国家危险化学品应急救援镇海炼化队，是中国石化应急区域联防第六片区组长单位。担负镇海炼化和相关企业消气防保障任务，以及周边化工企业事故救援任务，应急救援范围辐射浙沪两地半径400公里。队伍设战训装备室、消气防室、综合管理室3个科室，下辖一中队、二中队、三中队、港储中队等4个中队。编制指战员285人。配备了高喷射、水罐泡沫、气防、指挥、抢险救援、运兵等各专业救援车73台，以及破拆、侦检、排烟、机器人、智能空呼、无人机等各类应急抢险特种装备器材
17	国家危险化学品应急救援广州石化队	队伍依托中国石化广州石化公司建设，始建于1994年6月，2018年1月被国家安全生产应急救援指挥中心命名为国家危险化学品应急救援广州石化队。主要担负广东省及周边地区重特大危险化学品事故应急救援任务。队伍现有指战员231人，设战训室、防火监督室、气防室和3个消防大队，实行准军事化管理，执行24小时战备执勤制度。配备了举高喷射消防车、重型泡沫消防车、泡沫水罐车、涡喷消防车、泡沫补给车、干粉消防车、多功能抢险救援消防车、举高三相射流消防车、化学洗消车等各类消防救援车36台，以及移动消防炮、大流量拖车消防炮、红外气体成像仪、有害气体检测仪等先进救援装备器材，储存水成膜泡沫180余吨、抗溶性泡沫10t、干粉15t

续表

序号	队伍名称	队伍简介
18	国家危险化学品应急救援重庆川维队	队伍依托于中国石化重庆川维化工公司建设，驻地位于重庆市长寿区，始建于1970年，2018年1月被国家安全生产应急救援指挥中心命名为国家危险化学品应急救援重庆川维队。主要担负川维公司安全风险防范、应急救援职责，同时承担周边300公里范围危险化学品事故灾害应急救援任务。队伍现有94人，设有1个大队部、1个战训组、1个后勤组、1个综合管理组、1个气体防护站、3个基层中队，实行准军事化管理，24小时战备执勤。配备有泡沫消防车、高喷消防车、三相射流消防车、抢险救援车、化学洗消车、通信指挥车、排水车、气体防护车等消防战斗车辆30台，履带式消防机器人3个、侦检无人机2架；红外线测温仪、热成像仪、生命探测仪、漏电探测仪、手持式拉曼红外光谱仪、红外成像气体检漏仪；避火服、重型防化服、空呼监控系统；移动式防爆无线遥控消防炮、水力自摆炮；以及应急指挥系统、桌面事故推演和模拟救灾演练系统、数字化应急处置培训系统、多媒体电教设备、基础理论知识和应急抢险技能教学培训系统等
19	国家危险化学品应急救援石家庄炼化队	队伍依托中国石化石家庄炼化公司建设，位于河北省石家庄市循环化工园区，成立于1979年，2018年1月被国家安全生产应急救援指挥中心命名为国家危险化学品应急救援石家庄炼化队。主要担负石家庄炼化公司及京津冀地区危险化学品等生产安全事故应急救援任务。队伍现有指战员166人，设防火、气防、战训、电讯4个专业组，下辖6个中队。配备了移动充气车、多功能抢险车、化学洗消车、大功率泡沫车、72m高喷车、泡沫供给车、卫星通信车、54m举高平台车等执勤车辆26台，以及消防灭火机器人，消防排烟机器人等先进救援装备器材
20	国家危险化学品应急救援武汉石化队	队伍依托中国石化武汉分公司建设，成立于1974年11月，2018年1月被国家安全生产应急救援指挥中心命名为国家危险化学品应急救援武汉石化队。主要担负中国石化武汉分公司生产厂区和周边生活区应急综合救援任务，以及周边300公里范围内危险化学品事故应急救援任务。队伍现有指战员205人，其中管理人员19人，救援队员186人，下辖3个危险化学品应急救援中队。配套建设有应急指挥、移动应急指挥、桌面推演与数字化应急处置培训、数字化应急处置培训、多媒体电教、体能及心理素质培训、消防技战术综合训练平台、管理调度等8大系统，配备了灭火及抢险设备、侦检设备、洗消救护及个体防护设备、通信指挥及应急辅助决策设备、培训设备等五大类救援装备器材，其中各类灭火抢险和综合应急救援车辆57台、水力自摆炮20门、移动式防爆无线遥控消防炮30门、消防机器人9台(含拖车9台)、事故现场侦检设备2套、无人机2套，以及避火服、重型防化服、空呼监控系统等防护器材

续表

序号	队伍名称	队伍简介
21	国家危险化学品应急救援海南炼化队	队伍依托中国石化海南炼化公司建设，驻地位于海南省儋州市洋浦经济开发区，2018 年被国家安全生产应急救援指挥中心命名为国家危险化学品应急救援海南炼化队。主要承担海南岛范围内危险化学品企业重特大事故及相关灾害应急救援任务。队伍现有指战员 100 人，设有作训室、后勤保障室，辖 3 个执勤中队，配备了各类消防车辆 24 台和无人机、机器人、事故侦检设备、移动无线防爆遥控炮、应急指挥系统、应急辅助决策系统等高精尖救援装备，建有培训、训练演练等设施
22	国家危险化学品应急救援青岛炼化队	队伍依托中国石化青岛炼化公司建设，队伍始建于 2007 年 4 月，2018 年 1 月被国家安全生产应急救援指挥中心命名为国家危险化学品应急救援青岛炼化队。主要担负青岛地区危险化学品事故应急救援任务，以及跨区域重特大危险化学品事故应急救援支援任务。队伍现有指战员 73 人，配备了高喷车、重型泡沫车、干粉联用车、泡沫运输车、通信指挥车、运输保障等各类消防救援车辆 19 台，建设了 7 座泡沫站，储存泡沫液 300 多吨
23	国家危险化学品应急救援中原油田队（国家危险化学品应急救援实训演练濮阳基地）	队伍依托中国石化中原油田分公司建设，驻地位于河南省濮阳市，始建于 1978 年 8 月，2018 年 1 月被国家安全生产应急救援指挥中心命名为国家危险化学品应急救援中原油田队（国家危险化学品应急救援实训演练濮阳基地）。主要承担河南濮阳中原油田总部、四川普光气田、内蒙古探区，以及恒逸文莱、上海石化、海南炼化、北海炼化、天津 LNG、青岛 LNG 等 18 个消防技术服务项目的应急救援任务，具备中高级消防指挥员、消防战斗员、防火检查员、企事业单位消防安全管理人员和易燃易爆重点岗位员工专业培训资质。队伍现有 1336 人，设有 7 个职能科室，5 个直属科级单位，12 个应急救援大队，执勤力量分布于全国 12 省（自治区、直辖市）20 余个市（县、区），配备各类抢险救援器材 10 大类 317 种（套）3 万余件、应急救援车辆 175 台
24	国家危险化学品应急救援普光队	队伍驻地位于四川省达州市，依托中国石化中原油田分公司组建，2018 年 1 月，被国家安全生产应急救援指挥中心命名为国家危险化学品应急救援普光队；作为中国石化第十一联防区组长单位，主要承担普光气田以及中国石化集团公司驻西南地区 9 家企业的消防、气防、应急值守、环境监测、泥浆配送、医疗救护、维稳处突等 7 大任务，以及川、渝地区社会救援任务。普光队现有队员 235 名，设置有 5 个职能科室和 7 个基层队站。配备通信指挥、消防坦克、强风等抢险车辆 65 台，救援器材 400 余种 3 万余套件。队伍实行军事化管理、一体化管控

续表

序号	队伍名称	队伍简介
25	国家危险化学品应急救援惠州队	队伍于2014年9月建成并投入使用，2018年1月被国家安全生产应急救援指挥中心命名为国家危险化学品应急救援惠州队。主要担负广东省及周边地区危险化学品事故和自然灾害抢险救援任务，为企业提供预防性检查、应急培训演练、前置备勤和高风险作业监护等服务。惠州队编制39人，设置队长1人、副队长3人、危化救援技术专家5人、战斗员30人。配备了72m举高喷射消防车、56m举高喷射消防车、25m举高喷射三相消防车、大流量泡沫消防车、多功能抢险救援车、涡喷消防车等灭火抢险救援车辆10台，以及灭火机器人、无人机、RDK气体检测系统、红外气体成像仪、有毒有害气体检测仪、易燃易爆气体检测仪、堵漏工具、洗消装备等专业抢险器材，具备堵漏、洗消、灭火、侦检、气体防护等处置能力
26	国家危险化学品应急救援神华鄂尔多斯队	队伍依托中国神华煤制油化工公司鄂尔多斯煤制油分公司建设，驻地位于内蒙古鄂尔多斯市伊金霍洛旗乌兰木伦镇。2007年建队，2018年1月被国家安全生产应急救援指挥中心命名为国家危险化学品应急救援神华鄂尔多斯队。主要承担鄂尔多斯煤制油公司煤直接液化项目消防安保任务，以及周边蒙、陕、晋250公里范围内危险化学品事故和社会消防救援任务。队伍现有指战员56名，设战训、防火2个业务组，2个执勤中队。配备了举高喷射、重型泡沫、干粉等主战消防车辆15台，通信指挥、气防救护车、供液等辅助车辆7台，以及灭火、侦检、破拆、堵漏、抗洪、驱烟、高空救援等7大类400余种应急救援器材，建设了培训、指挥及辅助决策系统平台3套，常年储备抗溶泡沫、水成膜泡沫、干粉、超细干粉、火冰等各类灭火药剂100t以上
27	国家危险化学品应急救援神华宁东队	队伍依托国家能源集团宁夏煤业公司建设，驻地位于宁东煤化工基地。2007年5月建队，2018年1月被国家安全生产应急救援指挥中心命名为国家危险化学品应急救援神华宁东队，与国家矿山应急救援神华宁煤队共同负责宁夏煤业公司各生产矿井及外协矿井、煤制油化工板块各单位的预防性安全检查、事故灾害救援及安全技术工作，承担宁夏回族自治区危险化学品生产、储存、运输等环节事故灾害应急救援任务。危化救援神华宁东队和矿山救援神华宁煤队两支国家专业队同属宁煤应急救援中心管理，宁煤应急救援中心现有指战员400余人，设有7个职能科室、3支矿山救护中队、3支危化救援中队和1支特种装备队，配备有个人防护、侦检、破拆、堵漏、转输、钻孔、洗消、照明排烟、灭火、通信等矿山、危化专业救援装备

续表

序号	队伍名称	队伍简介
28	国家危险化学品应急救援泉州石化队	队伍依托于中化泉州石化有限公司建设，驻地福建省泉州市惠安县东桥镇，成立于2013年4月1日，2018年1月被国家安全生产应急救援指挥中心命名为国家危险化学品应急救援泉州石化队。主要担负中化泉州石化有限公司生产厂区和周边生活区综合救援任务，以及福建省全境和广东、江西、浙江部分区域危险化学品事故应急救援任务。队伍现有指战员160人，下设战训、防检、气防、综合4个职能部门，辖炼油项目2个消防大队、乙烯项目2个消防大队、1个国家危化品应急救援大队。现有各类执勤消防车辆45台，配备了举高喷射消防车、大跨度举高喷射消防车、大流量拖车炮、远程供水系统、化学洗消车、应急供电车、通信指挥车、三相射流举高喷射车、移动供气车，以及生命探测仪、四合一气体检测仪、红外热成像仪等专业救援装备器材
29	国家危险化学品应急救援中化舟山队	队伍依托中化集团舟山仓储基地建设，驻地位于浙江省舟山市，2016年9月原国家安全监管总局批复建设，2018年1月被国家安全生产应急救援指挥中心命名为国家危险化学品应急救援中化舟山队。主要承担大型储罐全液面火灾扑救，以及驻地周边陆地、海上危险化学品事故灾害救援任务。队伍现有专业救援队伍16支、400余人，分布在浙江舟山、温州、镇海，江苏连云港，广东东兴、惠州等地，配备了应急保障船、大流量远程灭火系统、重型消防车、应急指挥系统等先进救援装备，全天候24小时为各石油仓储、炼化、危险化学品道路运输、核电、精细化工等企业保驾护航
30	国家危险化学品应急救援中煤榆林队	队伍依托中煤陕西公司建设，驻地陕西省榆林市，成立于2013年，2018年1月被国家安全生产应急救援指挥中心命名为国家危险化学品应急救援中煤榆林队。主要负责中煤陕西公司消防安全和厂区安防工作，承担陕甘宁蒙晋危险化学品事故和灾害救援支援任务。中煤榆林队编制142人，下设1个119值机室和4个执勤中队，每个中队设3个执勤班组，实行24小时消防气防安防备勤；配置1台通信指挥车、7台高喷车、4台重型泡沫/水联用消防车、2台大型水罐车、1台涡喷车、1台多功能抢险救援车、1台充气车、1台照明车等30台各类应急抢险车辆，以及4台灭火机器人、1台侦检机器人、2架无人机和侦检、逃生、破拆、灭火、堵漏、照明、防毒、排烟、洗消等专业救援装备器材
31	国家危险化学品应急救援青海盐湖队	队伍依托青海盐湖工业股份有限公司建设，2018年1月被国家安全生产应急救援指挥中心命名为国家危险化学品应急救援青海盐湖队。主要承担察尔汗工业园区及周边地区的现场消防管理、防火检查、消防安全培训、应急救援任务，以及青海省重大复杂危险化学品事故应急救援任务，具备危险化学品应急救援人才储备、技术储备、装备储备和救援人员培训与演练训练等功能。队伍现有指战员123人，设综合装备科、战训科、消防检查科，下辖2个大队、1个消防站。配备了72米高喷消防车、重型泡沫消防车、侦检灭火机器人、侦检无人机及大流量拖车炮等先进救援装备。现有执勤战备车辆32台，执勤消防装备器材12类250种7000余件，储存泡沫液55t，干粉灭火剂26t

续表

序号	队伍名称	队伍简介
32	国家危险化学品应急救援云南石化队	队伍依托中国石油云南石化公司建设，驻地位于云南省昆明市安宁市草铺镇石化路1号，成立于2014年7月，2019年4月应急管理部批复建设国家危险化学品应急救援昆明基地。承担中国石油在滇企业及周边区域应急抢险救援、中石油第四联防区9家炼化企业跨地区应急救援和增援任务，负责云南石化公司火灾扑救、抢险救援、消防监督管理、预防性防火检查、动火、有限空间作业、装置开停工等应急救援和安全监护工作。队伍现有指战员100人，设置战训、装备、综合、防火安全等4个专业管理部门，下辖2个执勤队、16个班组，实行准军事化、扁平化管理。配备了泡沫、干粉、水罐、举高喷射、登高平台、通信指挥、抢险救援、气防、人员救护等9类17台消气防救援车，以及泡沫液、干粉、空气呼吸器、水力自摆移动消防炮、无线遥控移动消防炮、水幕发生器、直流喷雾自保水枪、侦检、破拆、个人防护等各类灭火抢险救援器材17大类126个品种3280余件套。国家危险化学品应急救援基地建设项目配备各类消防车辆、装备器材24大类207台/套，拟新增定员68人，增置2个执勤队
33	国家危险化学品应急救援茂名石化队	队伍依托中国石化集团茂名石化公司建设，始建于1958年，2019年4月国家安全生产应急救援指挥中心依托茂名石化队开展了国家危险化学品应急救援茂名石化基地项目建设。茂名石化队主要担负茂名石化及其相关企业消气防保障、驻地周边化工企业事故救援任务，应急救援范围辐射粤桂两地400公里。茂名石化队设防灾减灾室、救援救护室、装备管理室、综合管理(党群)室4个科室，下辖炼油中队、特勤中队、乙烯中队、水东中队、北山岭中队、湛江中队、金塘中队、高端碳消防站等8个中队(站)，分别驻守在广东省茂名、湛江两市4区的炼油化工生产厂区、储运码头、原油罐区及液化气站，现有指战员302人，配备了举高喷射、水罐泡沫、远程供水、三相射流等抢险救援车和指挥车等75辆，以及破拆、侦检、排烟、堵漏、机器人、智能空呼、无人机等各类应急抢险特种装备器材1732件
34	国家危险化学品应急救援安庆石化队	队伍始建于1975年3月，2019年4月国家安全生产应急救援指挥中心依托安庆石化队开展国家危险化学品应急救援安庆石化队建设，2021年12月该项目通过中国石化总部验收。主要担负安庆石化区域内防火、灭火、气体防护以及突发事故抢险救援任务，承担辐射半径400公里范围内的危险化学品应急救援任务。危化救援安庆石化队现有223人，设战备科、防火科、综合管理科和2个大队(4个执勤中队)。配有大功率消防车、举高喷射车、抢险救援车、通信指挥车、运兵车、气防车等各种抢险救援车辆50台，以及破拆、堵漏、侦检器材、消防灭火机器、消防侦检无人机、大流量排设备和各种防护装备等应急救援器材和装备

续表

序号	队伍名称	队伍简介
35	国家危险化学品应急救援七台河队	队伍位于黑龙江省七台河市新兴化工园区七桦路与宝泰隆路交汇处，2021年11月建设项目通过验收。主要负责七台河市各类危险化学品事故灾害处置，为企业提供预防性检查、制定应急救援措施、应急培训、预案演练等服务，承担黑龙江省东部地区危险化学品企业重特大事故应急救援任务。队伍占地面积 $4.4\times10^4m^2$，总建筑面积 $1.6\times10^4m^2$，建有特勤消防站、物资储备库、消防训练塔、综合实训楼、体能训练馆等设施。现有56人，设置综合协调、作战训练、装备管理、宣传培训等内设机构，实行准军事化管理，24小时担负值班备勤任务。配备了56m大跨度举高消防车、多功能重型泡沫消防车、重型泡沫消防车、水干粉联用消防车、抢险运兵车、供气消防车、泡沫原液补给车、重型水罐消防车、重型水罐消防车、抢险救援车、多功能危险化学品监测车、化学洗消车、通信指挥消防车、清障车等20辆(台)应急救援车辆。配套配置了侦检、通信、抢险、堵漏、灭火、洗消及个体防护等国内外先进救援装备，应急储备物资库储备各类应急救援装备及物资5000余件。同时，七台河队积极整合区域内森林防火、防汛抗旱、矿山排水等救援装备，具备重特大危险化学品事故应急处置能力

二、国家油气管道应急救援队伍(表5-12)

表5-12　国家油气管道应急救援队伍

序号	队伍名称	队伍简介
1	国家油气管道应急救援乌鲁木齐队	队伍依托国家管网西部公司建设，2018年11月组织建设，2019年3月成立西部管道公司乌鲁木齐应急抢险中心，与国家油气管道应急救援乌鲁木齐队“一个机构、两块牌子”。主要担负新疆地区长输油气管道应急抢维修任务。管道救援乌鲁木齐队编制106人，现有73人，设综合办公室、计划财务科、设备管理科、质量安全环保科、抢修技术科(抢修技术研究所)5个科室，下辖抢修队、封堵队和维修队。配备各种规格型号电焊机、切管、对口、封堵类夹具、发电机、空压机、风机、移动照明、蒸汽清洗机等抢修设备530台(套)，各类抢险车辆38台，以及大型车辆快速越障桥、边坡合成孔径雷达、无损开挖设备、高压水射流设备、移动制氮设备、事故现场探测机器人等高精尖应急救援装备

续表

序号	队伍名称	队伍简介
2	国家油气管道应急救援昆明队	队伍依托中国石油西南管道公司建设，驻地位于云南省昆明市经开区，是集大型管道抢修、溢油回收、开孔封堵、站场改造、管道改线、动火连头、抢修队伍培训与技术研发为一体的专业救援队伍。2013 年 4 月在昆明筹备组建，2018 年 1 月被国家安全生产应急救援指挥中心正式命名为国家油气管道应急救援昆明队，是西南地区唯一一家专业油气管道应急抢修国家队。2020 年 9 月转隶国家管网集团，依托单位变更为昆明应急救援中心。管道救援昆明队现有指战员 192 人，设 7 个机关科室、4 个基层单位，主要担负陕、甘、宁、滇、黔、桂、川、渝八省市区域内国家管网干线 10000 多公里油气管道应急抢险任务。为适应西南地区山高谷深、地灾频发、河流纵横的特殊环境，配备了 ϕ50～813 开孔封堵、断管焊接、发电照明、溢油回收等抢险救援装备 1400 余台套，以及性能优良装备齐全的抢险工程车和通信、吊装、运输等特种作业车辆 45 辆
3	国家油气管道应急救援廊坊队	队伍依托中国石油管道局工程有限公司建设，驻地位于河北省廊坊市经济技术开发区。队伍始建于 1992 年，是中国最早成立的油气管道维抢修公司。2011 年被中国石油天然气集团有限公司命名为中国石油管道应急救援响应中心。2016 年被原国家安全监管总局命名为国家油气管道应急救援（华北）基地，成为国内首批挂牌的应急救援基地。2018 年 1 月被国家安全生产应急救援指挥中心命名为国家油气管道应急救援廊坊队，2019 年 7 月明确为跨国（境）生产安全事故应急救援常备力量。管道救援廊坊队现有队员 595 名，设有应急救援管理办公室、工程技术部、经营管理部等 18 个管理部门，国内 2 个大队 12 支中队，国际设有非洲、中东 2 个分中心。队伍常备应急装备 3100 余台套，救援能力覆盖 1422 毫米以下、12 兆帕以内的各类介质的油气管道，包括因自然灾害、第三方破坏、施工缺陷、管道运行问题和管道本体缺陷造等造成的管道破裂、泄漏、卡堵等油气管道事故，为 28 个省、直辖市 100 余家油气管道企业，总里程 6 万余公里的油气管道提供应急产品设计制造、体检保驾、抢险维修服务
4	国家油气管道应急救援沈阳队	队伍依托东北石油管道有限公司建设，队伍机关部室位于辽宁省沈阳市皇姑区，队伍驻地位于辽宁省铁岭市银州区，2018 年 1 月被国家安全生产应急救援指挥中心命名为国家油气管道应急救援沈阳队。主要担负黑龙江、吉林、辽宁、内蒙古区域油气管道应急抢险任务。队伍现有 345 人，设抢险工程、维检修工程、抢险保驾等 7 个基层站队，配备有管道切割、管道开孔封堵、管道清洗、注氮吹扫、焊接、照明发电、无人机、应急救援车等各类救援装备 709 台套。具有石油化工工程施工总承包二级、长输压力管道带压封堵甲级、工业清洗 A 级等资质，能独立完成 ϕ100～1422 口径油气管道带压开孔及 ϕ114～1016 口径油气管道不停输带压封堵动火施工，具备 10000km 油气管道应急抢险保驾能力，可进行每小时 20000m^3 液氮转换量的氮气吹扫，同时具备每年 300×10^4m^3 储罐机械清洗和 100×10^4m^3 储罐大修能力

续表

序号	队伍名称	队伍简介
5	国家油气管道应急救援徐州队	国家油气管道应急救援徐州队与国家管网集团东部原油储运有限公司抢维修中心是一个机构两块牌子，驻地位于江苏省徐州市泉山区翟山新村。抢维修中心成立于2000年9月称“华东管道工程有限公司”，2012年8月更名为“中国石油化工股份有限公司管道储运分公司抢维修中心”，2016年9月原国家安全监管总局批复依托中国石化管道储运有限公司抢维修中心建设国家油气管道应急救援华东(徐州)基地，2018年1月被国家安全生产应急救援指挥中心命名为国家油气管道应急救援徐州队。主要承担华东区域内重特大、复杂油气管道抢险的社会应急救援任务，同时负责东部储运公司遍布14个省市34条7800余公里输油管道维抢修任务，实现油气储运设施运行维保业务全覆盖。管道救援徐州队设应急抢险队、应急特种机械作业队、应急运输队、SCADA系统维护中心、消防自控维保中心、机泵阀维护中心、电气技术作业队、油气管道抢维修技术研究所等9个基层站队，现有员工200余人。配备有现场侦检、应急抢修、通风照明、动力发电、应急指挥、不停输封堵、断管焊接、无损开挖、后勤运输保障等九大类装备500余台套
6	国家油气管道应急救援深圳队	队伍依托中国海油深圳海油工程水下技术有限公司建设，驻地位于广东省深圳市南山区后海滨路3168号海油大厦，2018年1月被国家安全生产应急救援指挥中心命名为国家油气管道应急救援深圳队，是国内唯一一支以海底油气管道为救援对象的专业维抢修机构，担负中国南海、东海海域油气田海底管道应急维抢修任务，覆盖水深从0至2000m。管道救援深圳队设指挥联络部、应急技术装备部和应急作业部3个部室，编制指战员22人，在中国海油内部建立了41名技术专家组成的后备技术力量，为海底油气管道应急救援提供强有力的技术支持。配备了1套应急指挥系统、5艘深水多功能作业船舶、17套各型号水下机器人(ROV)设备、1套300m饱和潜水系统、1套2000m海底管道维修系统等为海底油气管道应急救援提供强有力的装备保障

附件　2022年国家政策法规标准清单

附表1　2022年安全生产与应急部门规章清单

序号	部门规章名称	文　　号	发布时间
1	特种设备事故报告和调查处理规定（2022）	国家市场监督管理总局令第50号	2022.01.20
2	交通运输部、公安部、应急管理部关于修改《道路运输车辆动态监督管理办法》的决定（2022）	交通运输部、公安部、应急管理部令（2022年第10号）	2022.02.14
3	特种设备安全监督检查办法	国家市场监督管理总局令第57号	2022.05.26
4	应急管理行政执法人员依法履职管理规定	应急管理部令第9号	2022.10.26

附表2　2022年安全生产与应急规范性文件清单

序号	规章制度名称	文　　号	发布时间
1	国务院安全生产委员会关于印发《全国危险化学品安全风险集中治理方案》的通知	安委〔2021〕12号	2022.01.05
2	交通运输部关于进一步加强交通运输安全生产体系建设的意见	交安监发〔2022〕4号	2022.01.11
3	国家能源局综合司关于印发2022年电力安全监管重点任务的通知		2022.01.12
4	交通运输部关于国际海事组织《1974年国际海上人命安全公约》和《〈1973年国际防止船舶造成污染公约〉1978年议定书》等三项修正案生效的公告	交通运输部公告 2022年第8号	2022.01.13
5	应急管理部办公厅关于明确石油天然气企业安全生产许可证办理有关事项的函	应急厅函〔2022〕6号	2022.01.13
6	国家能源局综合司关于深刻汲取事故教训切实加强电力安全生产工作的通知	国能综通安全〔2022〕11号	2022.01.27
7	国家能源局关于印发《电力行业危险化学品安全风险集中治理实施方案》的通知	国能发安全〔2022〕21号	2022.01.28
8	国家矿山安全监察局关于印发《关于加强非煤矿山安全生产工作的指导意见》的通知	矿安〔2022〕4号	2022.02.08
9	应急管理部办公厅关于印发《化工园区安全风险智能化管控平台建设指南（试行）》和《危险化学品企业安全风险智能化管控平台建设指南（试行）》的通知	应急厅〔2022〕5号	2022.02.09
10	应急管理部关于印发《全国应急管理系统法治宣传教育第八个五年规划（2021—2025年）》的通知	应急〔2022〕11号	2022.02.10
11	市场监管总局办公厅关于印发《特种设备超期未检专项整治行动方案》《电梯质量安全提升行动方案》《“黑气瓶”整治巩固提升行动方案》的通知	市监特设发〔2022〕11号	2022.02.16

续表

序号	规章制度名称	文　号	发布时间
12	交通运输部关于进一步加强水上交通事故调查处理工作的通知	交海函〔2022〕83号	2022.02.21
13	交通运输部办公厅、公安部办公厅关于印发《公路安全设施和交通秩序管理精细化提升行动方案》的通知	交办公路〔2022〕14号	2022.02.21
14	国家矿山安全监察局关于深刻汲取事故教训扎实做好当前矿山安全工作的通知		2022.02.25
15	国务院安委会办公室关于近期三起典型事故有关情况的通报	安委办函〔2022〕14号	2022.03.04
16	应急管理部关于印发《"十四五"危险化学品安全生产规划方案》的通知	应急〔2022〕22号	2022.03.21
17	中华人民共和国海事局关于加强水上交通安全工作的紧急通知	海事明电〔2022〕1号	2022.03.23
18	住房和城乡建设部关于开展房屋市政工程安全生产治理行动的通知	建质电〔2022〕19号	2022.03.25
19	国家矿山安全监察局关于预防暴雨洪水等自然灾害引发矿山事故灾难的通知	矿安〔2022〕65号	2022.03.29
20	自然资源部办公厅关于切实加强监管执法 打非治违有效防范消除安全风险隐患的通知	自然资电发〔2022〕12号	2022.04.02
21	交通运输部关于印发《交通运输安全生产强化年实施方案》的通知	交安监发〔2022〕43号	2022.04.02
22	交通运输部办公厅关于公路水运工程建设领域落实安全生产强化年工作部署的通知	交办安监函〔2022〕660号	2022.04.02
23	市场监管总局办公厅关于加快推进燃气压力管道安全排查整治的通知	市监特设发〔2022〕28号	2022.04.02
24	交通运输部办公厅关于强化道路旅客运输安全工作的通知	交办运函〔2022〕539号	2022.04.03
25	国务院安委会办公室关于深入推进房屋市政工程安全生产治理行动的通知	安委办〔2022〕6号	2022.04.04
26	全国电力安全生产大检查工作方案	国能发安全〔2022〕44号	2022.04.07
27	国务院安委会办公室关于内蒙古包钢钢联股份有限公司脱硫脱硝环保项目"3·14"生产性火灾较大事故情况的通报	安委办函〔2022〕23号	2022.04.08

续表

序号	规章制度名称	文　　号	发布时间
28	交通运输部办公厅关于强化道路货物运输重点领域安全管理工作的通知		2022.04.08
29	国务院安全生产委员会关于印发《"十四五"国家安全生产规划》的通知	安委〔2022〕7号	2022.04.12
30	国务院安全生产委员会关于印发《"十四五"国家消防工作规划》的通知	安委〔2022〕2号	2022.04.14
31	国家矿山安全监察局关于开展矿山安全生产大检查工作的通知	矿安〔2022〕71号	2022.04.14
32	住房和城乡建设部关于印发《房屋市政工程生产安全重大事故隐患判定标准(2022版)》的通知	建质规〔2022〕2号	2022.04.19
33	应急管理部办公厅关于广东精美特种型材有限公司"4·3"较大爆炸事故的通报	应急厅函〔2022〕106号	2022.04.23
34	国家能源局综合司关于加强电化学储能电站安全管理的通知	国能综通安全〔2022〕37号	2022.04.26
35	市场监管总局办公厅关于印发《化工产业转移承接地危险化学品质量安全和相关特种设备安全隐患专项排查治理实施方案》的通知	市监特设发〔2022〕39号	2022.04.29
36	国务院安委会办公室 应急管理部关于开展2022年全国"安全生产月"活动的通知	安委办〔2022〕7号	2022.05.06
37	应急管理部关于印发《"十四五"应急管理标准化发展计划》的通知	应急〔2022〕34号	2022.05.06
38	国务院办公厅关于印发城市燃气管道等老化更新改造实施方案(2022—2025年)的通知	国办发〔2022〕22号	2022.05.10
39	应急管理部办公厅关于印发《工贸行业安全生产专项整治"百日清零行动"工作方案》的通知	应急厅函〔2022〕127号	2022.05.20
40	国家矿山安全监察局关于印发《矿山安全评价检测检验监督管理办法(试行)》的通知	矿安〔2022〕81号	2022.05.23
41	国务院办公厅关于印发全国自建房安全专项整治工作方案的通知	国办发明电〔2022〕10号	2022.05.24
42	交通运输部办公厅关于进一步做好道路运输安全生产专项整治巩固提升阶段有关工作的通知	交办运函〔2022〕824号	2022.06.01

续表

序号	规章制度名称	文　　号	发布时间
43	交通运输部安全委员会关于扎实做好夏季危险货物港口作业安全工作的通知	交安委明电〔2022〕13 号	2022. 06. 08
44	应急管理部办公厅关于印发《应急管理部重点实验室考核评估细则(试行)》的通知	应急厅〔2022〕10 号	2022. 06. 09
45	应急管理部、国家发展改革委、工业和信息化部、市场监管总局关于印发《危险化学品生产建设项目安全风险防控指南(试行)》的通知	应急〔2022〕52 号	2022. 06. 10
46	国家能源局关于印发《防止电力建设工程施工安全事故三十项重点要求》的通知	国能发安全〔2022〕55 号	2022. 06. 18
47	市场监管总局办公厅关于实施《特种设备安全监督检查办法》若干问题的意见	市监特设发〔2022〕59 号	2022. 06. 22
48	交通运输部办公厅关于进一步做好道路客运安全管理有关工作的通知	交办运函〔2022〕974 号	2022. 06. 27
49	应急管理部关于印发《“十四五”应急救援力量建设规划》的通知	应急〔2022〕61 号	2022. 06. 30
50	关于加强民爆行业汛期安全生产工作的通知	工安全函〔2022〕93 号	2022. 07. 01
51	国务院办公厅关于印发国家防汛抗旱应急预案的通知	国办函〔2022〕48 号	2022. 07. 07
52	国家减灾委员会关于印发《“十四五”国家综合防灾减灾规划》的通知	国减发〔2022〕1 号	2022. 07. 21
53	国务院安委会办公室关于印发《“十四五”全国道路交通安全规划》的通知	安委办〔2022〕8 号	2022. 07. 28
54	交通运输部办公厅关于印发港口安全类重大风险专项防控措施的通知	交办水函〔2022〕1107 号	2022. 07. 28
55	应急管理部 国家矿山安全监察局关于印发《“十四五”矿山安全生产规划》的通知	应急〔2022〕64 号	2022. 08. 10
56	财政部、应急管理部、国家矿山安全监察局关于印发《安全生产预防和应急救援能力建设补助资金管理办法》的通知	财资环〔2022〕93 号	2022. 09. 02
57	国家减灾委员会关于调整国家减灾委员会专家委员会组成人员的通知	国减发〔2022〕4 号	2022. 09. 26
58	应急管理部 工业和信息化部 公安部 生态环境部 交通运输部 农业农村部 卫生健康委 市场监管总局 铁路局 航局 公告	2022 年第 8 号	2022. 11. 07

附表 3　2022 年 1 月 1 日起实施的安全生产与应急有关标准清单

序号	标准号	标准名称	发布日期	实施日期
1	GB 39800. 1—2020	个体防护装备配备规范第 1 部分：总则	2020. 12. 24	2022. 01. 01
2	GB 39800. 2—2020	个体防护装备配备规范第 2 部分：石油、化工、天然气	2020. 12. 24	2022. 01. 01
3	GB 39800. 3—2020	个体防护装备配备规范第 3 部分：冶金、有色	2020. 12. 24	2022. 01. 01
4	GB 39800. 4—2020	个体防护装备配备规范第 4 部分：非煤矿山	2020. 12. 24	2022. 01. 01
5	GB 55001—2021	工程结构通用规范	2021. 04. 09	2022. 01. 01
6	GB 55002—2021	建筑与市政工程抗震通用规范	2021. 04. 09	2022. 01. 01
7	GB 55003—2021	建筑与市政地基基础通用规范	2021. 04. 09	2022. 01. 01
8	GB 55006—2021	钢结构通用规范	2021. 04. 09	2022. 01. 01
9	GB 55007—2021	砌体结构通用规范	2021. 04. 09	2022. 01. 01
10	GB 55009—2021	燃气工程项目规范	2021. 04. 09	2022. 01. 01
11	GB 55010—2021	供热工程项目规范	2021. 04. 09	2022. 01. 01
12	GB/T 39757—2021	建筑施工机械与设备 混凝土泵和泵车安全使用规程	2021. 03. 09	2022. 02. 01
13	SH/T 3164—2021	石油化工仪表系统防雷设计规范	2021. 08. 21	2022. 02. 01
14	SY/T 7619—2021	二氧化碳环境油管和套管防腐设计规程	2021. 11. 16	2022. 02. 16
15	AQ/T 1009—2021	矿山救护队标准化考核规范	2021. 12. 24	2022. 03. 01
16	AQ/T 1118—2021	矿山救援培训大纲及考核规范	2021. 12. 24	2022. 03. 01
17	GB 40555—2021	海船机舱消防应急操作技术要求	2021. 08. 10	2022. 03. 01
18	GB 40556—2021	海船机舱进水应急操作技术要求	2021. 08. 10	2022. 03. 01
19	GB/T 15382—2021	气瓶阀通用技术要求	2021. 08. 20	2022. 03. 01
20	GB/T 20368—2021	液化天然气（LNG）生产、储存和装运	2021. 08. 20	2022. 03. 01

续表

序号	标准号	标准名称	发布日期	实施日期
21	GB/T 29168. 1—2021	石油天然气工业管道输送系统用感应加热弯管、管件和法兰第1部分：感应加热弯管	2021. 08. 20	2022. 03. 01
22	GB/T 29329—2021	废弃化学品术语	2021. 08. 20	2022. 03. 01
23	GB/T 32125—2021	工业废盐酸的处理处置规范	2021. 08. 20	2022. 03. 01
24	GB/T 38206. 4—2021	气动元件可靠性评估方法第4部分：调压阀	2021. 08. 20	2022. 03. 01
25	GB/T 38206. 5—2021	气动元件可靠性评估方法第5部分：止回阀、梭阀、双压阀(与阀)、单向节流阀及快排阀	2021. 08. 20	2022. 03. 01
26	GB/T 40317—2021	氧气管线用不锈钢无缝钢管	2021. 08. 20	2022. 03. 01
27	GB/T 40378—2021	化学实验室废水处理装置技术规范	2021. 08. 20	2022. 03. 01
28	GB/T 40431—2021	电气运行场所的人身安全约束指南	2021. 08. 20	2022. 03. 01
29	GB/T 40437—2021	电气安全 风险预警指南	2021. 08. 20	2022. 03. 01
30	GB/T 40497—2021	海上设施防火与防爆设计评估原则	2021. 08. 20	2022. 03. 01
31	GB/T 40530—2021	船舶和海上技术 液化天然气运输船液货舱安全阀 设计与试验要求	2021. 08. 20	2022. 03. 01
32	GB/T 40531. 1—2021	船舶与海上技术 船用气体探测器规范 第1部分：围蔽处所的便携式气体探测器	2021. 08. 20	2022. 03. 01
33	GB/T 40545—2021	煤层气井压裂作业导则	2021. 08. 20	2022. 03. 01
34	GB/T 40546—2021	煤层气井排采工程设计规范	2021. 08. 20	2022. 03. 01
35	GB/T 40547—2021	煤层气钻完井设计指南	2021. 08. 20	2022. 03. 01
36	GB/T 40548—2021	煤层气井分层控压合层排采技术规范	2021. 08. 20	2022. 03. 01
37	DL/T 1055—2021	火力发电厂汽轮机技术监督导则	2021. 12. 22	2022. 03. 22
38	DL/T 1102—2021	配电变压器运行规程	2021. 12. 22	2022. 03. 22
39	DL/T 2402—2021	工业园区综合能源需求响应系统通用技术规范	2021. 12. 22	2022. 03. 22
40	DL/T 2403—2021	工业园区综合能源系统互动技术导则	2021. 12. 22	2022. 03. 22
41	DL/T 2428—2021	危险废物焚烧烟气净化系统技术规范	2021. 12. 22	2022. 03. 22
42	DL/T 5840—2021	电气装置安装工程电力变压器、油浸电抗器、互感器施工及验收规范	2021. 12. 22	2022. 03. 22
43	DL/T 5841—2021	电气装置安装工程母线装置施工及验收规范	2021. 12. 22	2022. 03. 22
44	DL/T 779—2021	带电作业用绝缘绳索类工具	2021. 12. 22	2022. 03. 22

续表

序号	标准号	标准名称	发布日期	实施日期
45	DL/T 869—2021	火力发电厂焊接技术规程	2021. 12. 22	2022. 03. 22
46	DL/T 876—2021	带电作业绝缘配合导则	2021. 12. 22	2022. 03. 22
47	DL/T 879—2021	便携式接地和接地短路装置	2021. 12. 22	2022. 03. 22
48	DL/T 892—2021	电站汽轮机技术条件	2021. 12. 22	2022. 03. 22
49	NB/T 10885—2021	煤层气井固井施工设计及作业规程	2021. 12. 22	2022. 03. 22
50	NB/T 10886—2021	煤矿采空区地面钻井作业规程	2021. 12. 22	2022. 03. 22
51	NB/T 10891—2021	煤层气 L 型水平井钻完井设计规范	2021. 12. 22	2022. 03. 22
52	NB/T 10899—2021	光伏发电站继电保护技术监督	2021. 12. 22	2022. 03. 22
53	NB/T 10900—2021	光伏发电站电能质量技术监督	2021. 12. 22	2022. 03. 22
54	NB/T 10906—2021	陆上风电场工程风电机组基础施工规范	2021. 12. 22	2022. 03. 22
55	NB/T 10910—2021	海上风电场工程安全标识设置设计规范	2021. 12. 22	2022. 03. 22
56	NB/T 10912—2021	海冰地区海上风电场工程设计导则	2021. 12. 22	2022. 03. 22
57	HJ 1230—2021	工业企业挥发性有机物泄漏检测与修复技术指南	2021. 12. 21	2022. 04. 01
58	JB/T 14161—2021	离心式流程泵安全运行技术规范	2021. 12. 02	2022. 04. 01
59	JT/T 1375. 1—2022	公路水运工程施工安全风险评估指南第 1 部分：总体要求	2022. 01. 13	2022. 04. 13
60	JT/T 1386. 4—2022	海事电子证照第 4 部分：水上水下作业和活动许可证	2022. 01. 13	2022. 04. 13
61	JT/T 1386. 10—2022	海事电子证照第 10 部分：危险化学品水路运输从业资格证书	2022. 01. 13	2022. 04. 13
62	JT/T 1386. 11—2022	海事电子证照第 11 部分：符合证明与安全管理证书	2022. 01. 13	2022. 04. 13
63	JT/T 1404—2022	公路水运工程安全生产条件通用要求	2022. 01. 13	2022. 04. 13
64	JT/T 1405—2022	公路水运工程项目生产安全事故应急预案编制要求	2022. 01. 13	2022. 04. 13
65	QX/T 646—2022	雷电防护装置检测资质认定现场操作考核规范	2022. 01. 07	2022. 04. 13
66	TSGZ 7002—2022	特种设备检测机构核准规则	2022. 05. 31	2022. 05. 31
67	AQ/T 3033—2022	化工建设项目安全设计管理导则	2022. 03. 13	2022. 06. 12

续表

序号	标准号	标准名称	发布日期	实施日期
68	GB/T 41205.1—2021	应急物资编码与属性描述 第1部分：个体防护装备	2021.12.31	2022.07.01
69	GB/T 41205.2—2021	应急物资编码与属性描述 第2部分：洗消器材及设备	2021.12.31	2022.07.01
70	GB/T 41205.3—2021	应急物资编码与属性描述 第3部分：搜救设备	2021.12.31	2022.07.01
71	GB/T 41263—2022	工控系统动态重构主动防御体系架构规范	2022.03.09	2022.10.01
72	GB/T 41394—2022	爆炸危险化学品储罐防溢系统功能安全要求	2022.04.15	2022.11.01
73	GB/T 50759—2022	油气回收处理设施技术标准	2022.09.08	2022.12.01
74	GB/T 50779—2022	石油化工建筑物抗爆设计标准	2022.09.08	2022.12.01
75	GB/T 51450—2022	金属非金属矿山充填工程技术标准	2022.09.08	2022.12.01
76	XF/T 3014.1—2022	消防数据元 第1部分：基础业务信息	2022.01.01	2022.03.01
77	XF/T 3015.1—2022	消防数据元限定词 第1部分：基础业务信息	2022.01.01	2022.03.01
78	XF/T 3016.1—2022	消防信息代码 第1部分：基础业务信息	2022.01.01	2022.03.01
79	XF/T 3017.1—2022	消防业务信息数据项 第1部分：灭火救援指挥基本信息	2022.01.01	2022.03.01
80	XF/T 3017.2—2022	消防业务信息数据项 第2部分：消防产品质量监督管理基本信息	2022.01.01	2022.03.01
81	XF/T 3017.3—2022	消防业务信息数据项 第3部分：消防装备基本信息	2022.01.01	2022.03.01
82	XF/T 3017.4—2022	消防业务信息数据项 第4部分：消防信息通信管理基本信息	2022.01.01	2022.03.01
83	XF/T 3017.5—2022	消防业务信息数据项 第5部分：消防安全重点单位与建筑物基本信息	2022.01.01	2022.03.01
84	XF/T 3018—2022	消防业务信息系统运行维护规范	2022.01.01	2022.03.01
85	GB 55008—2021	混凝土结构通用规范	2021.09.08	2022.04.01
86	GB 55015—2021	建筑节能与可再生能源利用通用规范	2021.09.08	2022.04.01
87	GB 55016—2021	建筑环境通用规范	2021.09.08	2022.04.01
88	GB 55017—2021	工程勘察通用规	2021.09.08	2022.04.01

续表

序号	标准号	标准名称	发布日期	实施日期
89	GB 55018—2021	工程测量通用规范	2021. 09. 08	2022. 04. 01
90	GB 55021—2021	既有建筑鉴定与加固通用规范	2021. 09. 08	2022. 04. 01
91	GB 55022—2021	既有建筑维护与改造通用规范	2021. 09. 08	2022. 04. 01
92	GB 19815—2021	离心机安全要求	2021. 04. 30	2022. 05. 01
93	GB 40159—2021	埋刮板输送机 安全规范	2021. 04. 30	2022. 05. 01
94	GB 40160—2021	升降工作平台安全规则	2021. 04. 30	2022. 05. 01
95	GB 40161—2021	过滤机 安全要求	2021. 04. 30	2022. 05. 01
96	GB 40165—2021	固定式电子设备用锂离子电池和电池组安全技术规范	2021. 04. 30	2022. 05. 01
97	GB 40880—2021	煤矿瓦斯等级鉴定规范	2021. 10. 11	2022. 05. 01
98	GB 40881—2021	煤矿低浓度瓦斯管道输送安全保障系统设计规范	2021. 10. 11	2022. 05. 01
99	GB 50273—2022	锅炉安装工程施工及验收标准	2022. 01. 05	2022. 05. 01
100	GB/T 16895. 10—2021	低压电气装置 第 4-44 部分：安全防护电压骚扰和电磁骚扰防护	2021. 10. 11	2022. 05. 01
101	GB/T 16895. 33—2021	低压电气装置 第 5-56 部分：电气设备的选择和安装安全设施	2021. 10. 11	2022. 05. 01
102	GB/T 17215. 231—2021	电测量设备(交流)通用要求、试验和试验条件 第 31 部分：产品安全要求和试验	2021. 10. 11	2022. 05. 01
103	GB/T 20115. 1—2021	工业燃料加热装置基本技术条件 第 1 部分：通用部分	2021. 10. 11	2022. 05. 01
104	GB/T 24621. 1—2021	低压成套开关设备和控制设备的电气安全应用指南 第 1 部分：成套开关设备	2021. 10. 11	2022. 05. 01
105	GB/T 25285. 1—2021	爆炸性环境爆炸预防和防护 第 1 部分：基本原则和方法	2021. 10. 11	2022. 05. 01
106	GB/T 25285. 2—2021	爆炸性环境爆炸预防和防护 第 2 部分：矿山爆炸预防和防护的基本原则和方法	2021. 10. 11	2022. 05. 01
107	GB/T 3836. 1—2021	爆炸性环境 第 1 部分：设备通用要求	2021. 10. 11	2022. 05. 01
108	GB/T 3836. 13—2021	爆炸性环境 第 13 部分：设备的修理、检修、修复和改造	2021. 10. 11	2022. 05. 01

续表

序号	标准号	标准名称	发布日期	实施日期
109	GB/T 3836.28—2021	爆炸性环境 第28部分：爆炸性环境用非电气设备基本方法和要求	2021.10.11	2022.05.01
110	GB/T 3836.30—2021	爆炸性环境 第30部分：地下矿井爆炸性环境用设备和元件	2021.10.11	2022.05.01
111	GB/T 3836.32—2021	爆炸性环境 第32部分：电子控制火花时限本质安全系统	2021.10.11	2022.05.01
112	GB/T 3836.33—2021	爆炸性环境 第33部分：严酷工作条件用设备	2021.10.11	2022.05.01
113	GB/T 3836.34—2021	爆炸性环境 第34部分：成套设备	2021.10.11	2022.05.01
114	GB/T 3836.35—2021	爆炸性环境 第35部分：爆炸性粉尘环境场所分类	2021.10.11	2022.05.01
115	GB/T 40575—2021	工业机器人能效评估导则	2021.10.11	2022.05.01
116	GB/T 40581—2021	电力系统安全稳定计算规范	2021.10.11	2022.05.01
117	GB/T 40585—2021	电网运行风险监测、评估及可视化技术规范	2021.10.11	2022.05.01
118	GB/T 40587—2021	电力系统安全稳定控制系统技术规范	2021.10.11	2022.05.01
119	GB/T 40598—2021	电力系统安全稳定控制策略描述规则	2021.10.11	2022.05.01
120	GB/T 40599—2021	继电保护及安全自动装置在线监视与分析技术规范	2021.10.11	2022.05.01
121	GB/T 40606—2021	电网在线安全分析与控制辅助决策技术规范	2021.10.11	2022.05.01
122	GB/T 40609—2021	电网运行安全校核技术规范	2021.10.11	2022.05.01
123	GB/T 40614—2021	光热发电站性能评估技术要求	2021.10.11	2022.05.01
124	GB/T 40617—2021	电气场所的安全生态构建指南	2021.10.11	2022.05.01
125	GB/T 40640.1—2021	化学品管理信息化 第1部分：数据交换	2021.10.11	2022.05.01
126	GB/T 40640.2—2021	化学品管理信息化 第2部分：信息安全	2021.10.11	2022.05.01
127	GB/T 40640.4—2021	化学品管理信息化 第4部分：化学品定位系统通用规范	2021.10.11	2022.05.01
128	GB/T 40640.5—2021	化学品管理信息化 第5部分：化学品数据中心	2021.10.11	2022.05.01
129	GB/T 40682—2021	工业自动化和控制系统安全 IACS 服务提供商的安全程序要求	2021.10.11	2022.05.01

续表

序号	标准号	标准名称	发布日期	实施日期
130	GB/T 40702—2021	油气管道地质灾害防护技术规范	2021. 10. 11	2022. 05. 01
131	GB/T 40753—2021	供应链安全管理体系 ISO 28000 实施指南	2021. 11. 26	2022. 05. 01
132	GB/T 40773—2021	变电站辅助设施监控系统技术规范	2021. 10. 11	2022. 05. 01
133	GB/T 40788—2021	船舶与海上技术海上风能港口与海上作业	2021. 10. 11	2022. 05. 01
134	GB/T 40862—2021	输变电设施运行可靠性评价指标导则	2021. 10. 11	2022. 05. 01
135	GB/T 40874—2021	原油和石油产品 散装货物输转 管线充满指南	2021. 10. 11	2022. 05. 01
136	GB/Z 40776—2021	低压开关设备和控制设备火灾风险分析和风险降低措施	2021. 10. 11	2022. 05. 01
137	JG/T 577—2022	外墙外保温用防火分隔条	2022. 02. 11	2022. 05. 01
138	GB 41022—2021	煤矿瓦斯抽采基本指标	2021. 12. 01	2022. 06. 01
139	GB/T 21072—2021	通用仓库等级	2021. 11. 26	2022. 06. 01
140	GB/T 28581—2021	通用仓库及库区规划设计参数	2021. 11. 26	2022. 06. 01
141	GB/T 40640. 3—2021	化学品管理信息化 第 3 部分：电子标签应用	2021. 11. 26	2022. 06. 01
142	GA 1551. 6—2021	石油石化系统治安反恐防范要求 第 6 部分：石油天然气管道企业	2021. 12. 28	2022. 07. 01
143	GB/T 10892—2021	固定的空气压缩机 安全规则和操作规程	2021. 12. 31	2022. 07. 01
144	GB/T 14088—2021	船用卤代烷灭火系统	2021. 12. 31	2022. 07. 01
145	GB/T 18188. 1—2021	溢油分散剂 第 1 部分：技术条件	2021. 12. 31	2022. 07. 01
146	GB/T 20303. 2—2021	起重机 司机室和控制站 第 2 部分：流动式起重机	2021. 12. 31	2022. 07. 01
147	GB/T 20863. 1—2021	起重机 分级 第 1 部分：总则	2021. 12. 31	2022. 07. 01
148	GB/T 23251—2021	煤化工用煤技术导则	2021. 12. 31	2022. 07. 01
149	GB/T 23511—2021	石油天然气工业 海洋结构的通用要求	2021. 12. 31	2022. 07. 01
150	GB/T 24818. 2—2021	起重机 通道及安全防护设施 第 2 部分：流动式起重机	2021. 12. 31	2022. 07. 01
151	GB/T 26473—2021	起重机 随车起重机安全要求	2021. 12. 31	2022. 07. 01
152	GB/T 26978—2021	现场组装立式圆筒平底钢质低温液化气储罐的设计与建造	2021. 12. 31	2022. 07. 01

续表

序号	标准号	标准名称	发布日期	实施日期
153	GB/T 30574—2021	机械安全 安全防护的实施准则	2021. 12. 31	2022. 07. 01
154	GB/T 31428—2021	煤化工术语	2021. 12. 31	2022. 07. 01
155	GB/T 33440—2021	天然气互换性一般要求	2021. 12. 31	2022. 07. 01
156	GB/T 35212. 3—2021	天然气处理厂气体及溶液分析与脱硫、脱碳及硫黄回收分析评价方法 第3部分：硫黄回收及尾气处理催化剂技术要求及分析评价方法	2021. 12. 31	2022. 07. 01
157	GB/T 41012—2021	含有色金属固体废物回收利用技术规范	2021. 12. 31	2022. 07. 01
158	GB/T 41015—2021	固体废物玻璃化处理产物技术要求	2021. 12. 31	2022. 07. 01
159	GB/T 41025—2021	煤层气废弃井处置指南	2021. 12. 31	2022. 07. 01
160	GB/T 41029—2021	石油天然气钻井海洋弃井作业规程	2021. 12. 31	2022. 07. 01
161	GB/T 41089—2021	基于雷电临近预警的电子系统隔离防雷技术规范	2021. 12. 31	2022. 07. 01
162	GB/T 41091—2021	人员密集场所电气安全风险评估和风险降低指南	2021. 12. 31	2022. 07. 01
163	GB/T 41092—2021	多重应用环境场所电气安全风险评估和风险降低指南	2021. 12. 31	2022. 07. 01
164	GB/T 41093—2021	机床安全 车床	2021. 12. 31	2022. 07. 01
165	GB/T 41095—2021	机械振动 选择适当的机器振动标准的方法	2021. 12. 31	2022. 07. 01
166	GB/T 41098—2021	起重机 安全 起重吊具	2021. 12. 31	2022. 07. 01
167	GB/T 41108. 1—2021	机械安全 联锁装置的安全要求 第1部分：直接断开位置开关	2021. 12. 31	2022. 07. 01
168	GB/T 41108. 2—2021	机械安全 联锁装置的安全要求 第2部分：带防护锁定的联锁装置	2021. 12. 31	2022. 07. 01
169	GB/T 41108. 3—2021	机械安全 联锁装置的安全要求 第3部分：截留钥匙联锁装置及系统	2021. 12. 31	2022. 07. 01
170	GB/T 41118—2021	机械安全 联锁装置的安全要求	2021. 12. 31	2022. 07. 01
171	GB/T 41141—2021	高压海底电缆风险评估导则	2021. 12. 31	2022. 07. 01
172	GB/T 41164—2021	碎软低渗煤层顶板水平井分段压裂技术规范	2021. 12. 31	2022. 07. 01
173	TB/T 2832—2021	交流电气化铁路对油(气)管道干扰的防护	2021. 12. 08	2022. 07. 01

续表

序号	标准号	标准名称	发布日期	实施日期
174	YD/T 4042. 1—2022	智慧化工园区大数据平台 第 1 部分：参考架构	2022. 04. 08	2022. 07. 01
175	YD/T 4042. 2—2022	智慧化工园区大数据平台 第 2 部分：应用技术要求	2022. 04. 08	2022. 07. 01
176	YD/T 4042. 3—2022	智慧化工园区大数据平台 第 3 部分：综合业务管理技术要求	2022. 04. 08	2022. 07. 01
177	YD/T 4042. 4—2022	智慧化工园区大数据平台 第 4 部分：平台运维管理技术要求	2022. 04. 08	2022. 07. 01
178	GA/T 1044. 2—2022	道路交通事故现场安全防护规范 第 2 部分：普通公路	2022. 04. 08	2022. 08. 01
179	GB/T 26429—2022	设备工程监理规范	2022. 04. 15	2022. 08. 01
180	GB 24539—2021	防护服装 化学防护服	2022. 08. 10	2022. 09. 01
181	GB 40554. 1—2021	海洋石油天然气开采安全规程 第 1 部分：总则	2022. 08. 10	2022. 09. 01
182	GB 6095—2021	坠落防护 安全带	2022. 08. 10	2022. 09. 01
183	JT/T 347—2022	钢质船舶岸电受电设施技术要求	2022. 06. 09	2022. 09. 09
184	CB/T 4519—2022	船舶行业企业电动工具和气动工具安全管理规定	2022. 04. 08	2022. 10. 01
185	CB/T 4520—2022	船舶行业企业职业卫生档案管理规定	2022. 04. 08	2022. 10. 01
186	CB/T 4521—2022	船舶行业企业工业管道和气体橡胶软管安全管理规定	2022. 04. 08	2022. 10. 01
187	CB/T 4524—2022	船舶行业企业作业现场消防器材配备要求	2022. 04. 08	2022. 10. 01
188	CB/T 4525—2022	船舶行业企业危险源辨识与管理要求	2022. 04. 08	2022. 10. 01
189	GB 30871—2022	危险化学品企业特殊作业安全规范	2022. 03. 15	2022. 10. 01
190	GB 55023—2022	施工脚手架通用规范	2022. 03. 10	2022. 10. 01
191	GB 55024—2022	建筑电气与智能化通用规范	2022. 03. 10	2022. 10. 01
192	GB 55025—2022	宿舍、旅馆建筑项目规范	2022. 03. 10	2022. 10. 01
193	GB 55028—2022	特殊设施工程项目规范	2022. 03. 10	2022. 10. 01
194	GB 55029—2022	安全防范工程通用规范	2022. 03. 10	2022. 10. 01

续表

序号	标准号	标准名称	发布日期	实施日期
195	GB 5768.2—2022	道路交通标志和标线 第 2 部分：道路交通标志	2022.03.15	2022.10.01
196	GB/T 1094.11—2022	电力变压器 第 11 部分：干式变压器	2022.03.09	2022.10.01
197	GB/T 13861—2022	生产过程危险和有害因素分类与代码	2022.03.09	2022.10.01
198	GB/T 15385—2022	气瓶水压爆破试验方法	2022.03.09	2022.10.01
199	GB/T 22724—2022	液化天然气设备与安装陆上装置设计	2022.03.09	2022.10.01
200	GB/T 30579—2022	承压设备损伤模式识别	2022.03.09	2022.10.01
201	GB/T 30580—2022	电站锅炉主要承压部件寿命评估技术导则	2022.03.09	2022.10.01
202	GB/T 41248—2022	燃气计量系统	2022.03.09	2022.10.01
203	GB/T 41253—2022	过程工业安全监测系统有效性评估规范	2022.03.09	2022.10.01
204	GB/T 41254—2022	爆炸保护系统的功能安全评估方法	2022.03.09	2022.10.01
205	GB/T 41255—2022	智能工厂通用技术要求	2022.03.09	2022.10.01
206	GB/T 41257—2022	数字化车间功能安全要求	2022.03.09	2022.10.01
207	GB/T 41260—2022	数字化车间信息安全要求	2022.03.09	2022.10.01
208	GB/T 41261—2022	过程工业报警系统管理	2022.03.09	2022.10.01
209	GB/T 41295.1—2022	功能安全应用指南 第 1 部分：危害辨识和需求分析	2022.03.09	2022.10.01
210	GB/T 41295.2—2022	功能安全应用指南 第 2 部分：设计和实现	2022.03.09	2022.10.01
211	GB/T 41295.3—2022	功能安全应用指南 第 3 部分：测试验证	2022.03.09	2022.10.01
212	GB/T 41295.4—2022	功能安全应用指南 第 4 部分：管理和维护	2022.03.09	2022.10.01
213	GB/T 41312.1—2022	化工用设备渗透性检测方法 第 1 部分：石墨及其衬里设备	2022.03.09	2022.10.01
214	GB/T 41315—2022	城镇燃气输配系统用安全切断阀	2022.03.09	2022.10.01
215	GB/T 41319—2022	液化天然气(LNG)加液装置	2022.03.09	2022.10.01
216	GB/T 41323—2022	腐蚀控制工程全生命周期术语	2022.03.09	2022.10.01
217	GB/T 41336—2022	建筑幕墙防火性能分级及试验方法	2022.03.09	2022.10.01
218	GB/T 41344.1—2022	机械安全 风险预警 第 1 部分：通则	2022.03.09	2022.10.01
219	GB/T 41344.2—2022	机械安全 风险预警 第 2 部分：监测	2022.03.09	2022.10.01

续表

序号	标准号	标准名称	发布日期	实施日期
220	GB/T 41344. 3—2022	机械安全 风险预警 第3部分：分级	2022. 03. 09	2022. 10. 01
221	GB/T 41344. 4—2022	机械安全 风险预警 第4部分：措施	2022. 03. 09	2022. 10. 01
222	GB/T 41346. 1—2022	机械安全 机械装备转运安全防护 第1部分：结构设计准则	2022. 03. 09	2022. 10. 01
223	GB/T 41346. 2—2022	机械安全 机械装备转运安全防护 第2部分：拉紧装置安全要求	2022. 03. 09	2022. 10. 01
224	GB/T 41348—2022	机械安全 双手操纵装置技术条件	2022. 03. 09	2022. 10. 01
225	GB/T 41349—2022	机械安全 急停装置技术条件	2022. 03. 09	2022. 10. 01
226	GB/T 41351—2022	机械安全 安全相关无线控制装置通用技术条件	2022. 03. 09	2022. 10. 01
227	GB/T 41355—2022	机械安全 自主移动式机械与人体之间的动态安全距离确定方法	2022. 03. 09	2022. 10. 01
228	GB/T 4584—2022	压力机用光电保护装置技术条件	2022. 03. 09	2022. 10. 01
229	GB/T 5842—2022	液化石油气钢瓶	2022. 03. 09	2022. 10. 01
230	GB/T 8334—2022	液化石油气钢瓶定期检验与评定	2022. 03. 09	2022. 10. 01
231	GB/T 9251—2022	气瓶水压试验方法	2022. 03. 09	2022. 10. 01
232	HJ 1259—2022	危险废物管理计划和管理台账制定技术导则	2022. 06. 20	2022. 10. 01
233	GB 16994. 1—2021	港口作业安全要求 第1部分：油气化工码头	2021. 12. 01	2022. 12. 01
234	GB 16994. 2—2021	港口作业安全要求 第2部分：石油化工库区	2021. 12. 01	2022. 12. 01
235	GB 16994. 3—2021	港口作业安全要求 第3部分：危险货物集装箱	2021. 12. 01	2022. 12. 01
236	GB/T 50779—2022	石油化工建筑物抗爆设计标准	2022. 09. 08	2022. 12. 01
237	GB/T 50759—2022	油气回收处理设施技术标准	2022. 09. 08	2022. 12. 01
238	TSG 81—2022	场（厂）内专用机动车辆安全技术规程	2022. 08. 03	2022. 12. 01
239	GB 50650—2011（2022版）	石油化工装置防雷设计规范	2010. 12. 24	2011. 12. 01
240	GB/T 50789—2012（2022版）	±800kV直流换流站设计规范	2012. 10. 11	2012. 12. 01